EUROPAVERLAG

JOACHIM SÜSS

DIE ENTSCHLOSSENE GENERATION

Kriegsenkel
verändern
Deutschland

EUROPAVERLAG

© 2017 Europa Verlag GmbH & Co. KG,
Berlin · München · Zürich · Wien
Umschlaggestaltung und Motiv:
Hauptmann & Kompanie Werbeagentur, Zürich
Satz: BuchHaus Robert Gigler, München
Druck und Bindung: Pustet, Regensburg
ISBN 978-3-95890-118-6

Für Gabi, meine wunderbare Frau,
und für Luisa Sophie und Marie Elen,
meine mutigen Töchter

INHALT

VORWORT

Wichtige Entwicklungen bereiten sich oftmals im Stillen vor. Das ist auch bei diesem Thema so, das vor einigen Jahren scheinbar plötzlich mit großer Dynamik und publizistischer Wucht auf unserer gesellschaftlichen Agenda erschienen ist: das Thema Kriegsenkel. Inzwischen meinen die meisten zu wissen, was unter »Kriegsenkel« zu verstehen ist. Dabei ist der Begriff selbst sehr plakativ und keineswegs eindeutig. Die Faszination, die er auf viele Menschen auszuüben scheint, hat aber möglicherweise gerade mit dieser Unschärfe zu tun.

In diesem Buch geht es um das Phänomen »Kriegsenkel«. Und es geht um die Generation, die mit dem Thema am stärksten verbunden ist: die Babyboomer, die Generation der geburtenstarken Jahrgänge. Es ist die mittlere Generation, die in Deutschland heute an den Schalthebeln der Macht in Politik, Wirtschaft, Wissenschaft und Kunst steht. Aber es ist auch eine Generation, die über Jahrzehnte hinweg kein kongruentes Gefühl für sich selbst entwickeln konnte. Sie verstand sich selbst einfach nicht. Ihre Angehörigen litten unter unklaren Gefühlslagen, merkwürdigen Stimmungen und seltsamen Regungen – Disko und Punk, Schmidt und Kohl, Wackersdorf und Aids: Das eigene Profil, ein spezifischer Generationenauftrag, war einfach nicht zu finden – oder, vielleicht auch: nicht einfach so, nicht einfach beiläufig zu finden. Tiefer und ausdauernder zu graben, das war offensichtlich die Aufgabe für die Babyboomer.

Und sie nahmen diese Aufgabe entschlossen in Angriff und machten sich auf die Suche nach dem Kern ihrer generationalen Identität.

Die Angehörigen der geburtenstarken Jahrgänge in Deutschland waren die Ersten, die den Verdacht äußerten, die Erfahrungen ihrer eigenen Eltern im Dritten Reich und im Zweiten Weltkrieg, vor allem wenn sie traumatischer Natur waren, könnten möglicherweise auch etwas mit ihrem eigenen Leben zu tun haben. Ab der Jahrtausendwende begannen sie, einen vergessenen Wirkungszusammenhang zu untersuchen, der seit Jahrtausenden zum Wissensbestand der Menschheit gehört: »Die Väter haben saure Trauben gegessen, aber den Kindern sind die Zähne davon stumpf geworden«, so heißt es schon im Alten Testament.

Sie fingen irgendwann nach der Jahrtausendwende damit an, behutsam die Terra incognita ihres transgenerationalen Erbes zu erkunden und eine Sprache für ihr Erbe zu formulieren. Und sie fanden eine neue Selbstbezeichnung und nannten sich fortan »Kriegsenkel«. Zahlreiche Kriegsenkel haben ihre Erkenntnisse in Gesprächskreisen und Seminaren öffentlich gemacht, sie haben sich in Foren und Kriegsenkel-Gruppen zu ihrem Leben und ihrer Familiengeschichte geäußert und ihren Erfahrungsweg in vielen Büchern beschrieben.

Zwar ist jede Kriegsenkel-Biografie individuell einzigartig, dennoch existieren typische Elemente und Aspekte, gibt es vergleichbare Entwicklungsmuster und Strukturen, die sich innerhalb der jeweils persönlichen Erkenntnisarbeit finden. So können wir von einer spezifischen Kriegsenkel-Erfahrung sprechen, die sich als ein dynamischer autobiografischer Erkenntnisprozess abbildet, den ich Kriegsenkel-Weg nenne. Dieser Weg kennt einen Anfang und ein Ziel, auf das er sich zubewegt, und er bringt Resultate hervor, die sich sowohl auf den Einzelnen auswirken, der ihn beschreitet, als auch auf sein Umfeld und die Gesellschaft, in der er lebt.

Was macht das Phänomen Kriegsenkel aus? Dieser Frage gehe ich im vorliegenden Buch nach, das in drei Teile gegliedert ist.

Im ersten Teil, »Die Kriegsenkel-Erfahrung«, beschreibe ich die Entwicklung des Themas von den Anfängen bis heute. Was ist damit gemeint, wenn wir Kriegsenkel sagen? Gegen welche Widerstände und Tabus musste angekämpft werden? Warum ist gerade dieses Thema so bedeutsam geworden, und zwar heute und in dieser Zeit? Deutschland ist im Hinblick auf das Thema immer noch ein geteiltes Land, und in den neuen Ländern kommt die Auseinandersetzung damit erst langsam in Gang. Welche Gründe gibt es dafür?

Im zweiten Teil, »Der Weg der Kriegsenkel«, beschreibe ich den Prozess, der sich in der Kriegsenkel-Erfahrung ausdrückt. Dabei gehe ich von den konkreten zeitgeschichtlichen Rahmenbedingungen der Babyboomer in Kindheit, Jugendzeit und Erwachsenenalter aus und zeige, durch welche gesellschaftspolitischen und sozialen Umstände Babyboomer zu Kriegsenkeln wurden. Ich beschreibe die innere Dynamik ihres Weges und stelle die entscheidenden Schritte dar, die schließlich in die alles befreiende, transformierende Einsicht münden – die Entdeckung des transgenerationalen Erbes. Wieder zeigt sich, dass die einzelnen Aspekte der Kriegsenkel-Erfahrung und die jeweiligen Phasen des Kriegsenkel-Weges einem Muster folgen, das kulturgeschichtlich vielfach überliefert ist, nämlich dem Mythos der Heldenreise.

Der dritte Teil dieses Buches, »Wie Kriegsenkel Deutschland verändern«, beschreibt die verändernden Potenziale des Kriegsenkel-Weges, sowohl für das persönliche Leben derjenigen, die ihn gegangen sind, wie auch für unser Land.

Die Babyboomer sind die eigentlichen Pioniere dieses Themas. Sie sind wahre Entdecker, die nicht selten unter hohem persönlichem Einsatz das Wagnis einer Reise in die Vergangenheit eingegangen sind. Sie haben Licht in einen dunklen Keller gebracht, der noch von den Trümmern eines längst vergangenen Krieges verschüttet war. Sie haben sich an ein noch unbearbeitetes Kapitel unserer gemeinsamen Geschichte herangewagt und dort nach Wahrheit gesucht. Und nicht selten war das unwegsame Land, in das sie sich hineinbegeben mussten, mit Fallen und Minen bestückt.

Diese Pioniere haben oft jahrelang um die Legitimität ihrer Hypothesen und Einsichten in das transgenerationale Erbe ringen müssen. Heute ist ihre Erkenntnis Allgemeingut geworden. Die Wege, die sie gebahnt haben, stehen nun allen offen. Auf ihnen ist Heilung zu finden, neues Selbstvertrauen und Vertrauen in das Leben, die Fähigkeiten zu akzeptieren und zu lieben. Und die Fähigkeit, sich gesellschaftlich einzubringen. Alle, die den Kriegsenkel-Weg gehen, können wissen: Er ist zu schaffen. Dieser Weg hat einen Anfang, und er hat ein Ende.

DIE KRIEGSENKEL-ERFAHRUNG

Ich bin geboren und aufgewachsen in einer Welt voller Hass, in einer Zeit, in der die beißenden Rauchwolken des Krieges sich erst seit recht kurzer Zeit verflüchtigt hatten. Ich machte meinen Weg, und wo ich auch hinkam, spürte ich das Erdreich zittern ... Ich konnte zwar mit den Augen nichts wahrnehmen, doch ich spürte, welche unerträgliche Spannung in der Luft lag: Menschen, die ihr Leben lebten und sich dabei selbst fremd waren. *Entweder sie reagierten in ganz unangemessenen Ausbrüchen von Gefühlen, oder sie zogen sich in Apathie zurück.*

Susanna Tamaro

MANIFEST DER KRIEGSENKEL

Wir suchen den einen Ton,
den Ton unseres Lebens,
auf den wir gestimmt sind,
von Anfang an.
Den Stimmton unserer Existenz
im universellen Einklang des Lebens.

Wir wollen verstehen,
warum wir sind, was wir sind.
Aber wir stoßen an Grenzen und kommen nicht weiter.
Was steht im Weg?
Das müssen wir begreifen.

Unsere Lebensreise gleicht einer Expedition in ein
unbekanntes, wegloses Land.
Antworten suchend,
auf Erklärungen hoffend:
Warum spüre ich den Boden unter meinen Füßen nicht?
Warum habe ich das Gefühl, weniger wert zu sein,
woher dieses Lebensgefühl in Moll,
so voller Unsicherheiten und Ängste
vor allem und jedem?

Warum empfinde ich so?
Wer bin ich?

Unser Leben gleicht einem Purgatorium.
Wir tragen die Stigmata einer dunklen Vergangenheit an
Körper, Geist und Seele.

Wir können nicht entrinnen,
indem wir wegschauen.
Wir müssen unseren Weg gehen,
wie schwer er auch sein mag.

Wir sind eine Generation an der Schnittstelle der Gezeiten
unserer Geschichte.
Mit uns endet das Alte, das noch nicht ganz vergangen ist –
ein Erbe, das uns ungefragt zugefallen ist.
Und mit uns will etwas Neues beginnen.
Also müssen wir das Erbe austragen,
damit dieses Neue zur Welt kommen kann.

Auch uns hat Pontius Pilatus verurteilt,
den Kreuzweg zu gehen.
Auch uns ist die Schuld anderer aufgeladen worden.
Wir sind Sühneopfer für Verbrechen,
die in der Jugend unserer Mütter und Väter begangen
wurden.

Aber unser Kreuz zerfällt schon,
kaum dass wir begonnen haben, es zu tragen.
Krümelt zu Humus neuen Lebens
im Frühling Europas.

DIE GESCHICHTE UNTER UNSEREN FÜSSEN

Auf der Insel Usedom, am nordöstlichsten Zipfel Deutschlands, erhebt sich ein Hügel, der Golm. Inmitten der ansonsten weitgehend flachen Küstenlandschaft der mecklenburg-vorpommerschen Ostseeküste ist der Golm schon eine Besonderheit. Mit seinen knapp 70 m Höhe stellt er die höchste Erhebung auf Usedom dar und bietet ein einzigartiges Panorama über diesen Abschnitt des Küstenlandes. Für Tausende Besucher, Anwohner wie Urlauber, ist er Jahr für Jahr ein beliebtes Ausflugsziel, aber der Golm ist kein gewöhnlicher Berg.

Am 12. März 1945 wurde die nahe gelegene Hafenstadt Swinemünde von einem verheerenden Luftangriff getroffen. Swinemünde war Stützpunkt der Kriegsmarine und 1945 Auffanglager für etwa 100 000 Flüchtlinge, die aus Ostpreußen vor der Roten Armee geflohen waren und sich auf Schiffen im Hafen, in Notquartieren und im übrigen Stadtgebiet drängten. Etwa 20 000 Menschen, überwiegend Flüchtlinge, aber auch Einwohner der Stadt Swinemünde kamen bei diesem Angriff ums Leben. Fast alle wurden in Massengräbern auf dem Golm bestattet, der schon zuvor als Soldatenfriedhof für Heer und Marine Verwendung gefunden hatte.

Der Golm ist heute eine der größten Kriegsgräber- und

Kriegsopferstätten in Deutschland. Bis 1945 gehörte er zur Hafenstadt Swinemünde und war schon damals ein gern besuchtes Naherholungsgebiet. Heute liegt er auf dem Gebiet der Gemeinde Garz, unmittelbar an der Grenze zu Polen. Die Toten aber, sie blicken weiterhin auf ihre alte Heimatstadt, die immer noch zu ihren Füßen, nun aber in einem anderen Land liegt und fern erscheint. Swinemünde gehört heute zu Polen und heißt Świnoujście.

Der Luftangriff auf diese Hafenstadt war jahrzehntelang aus dem Bewusstsein der Öffentlichkeit verschwunden. Die Grenzverschiebungen nach 1945 und die politischen Verhältnisse im Osten Deutschlands ließen in Mittel- und Osteuropa keine adäquate Gedenkkultur entstehen. Dies änderte sich erst mit der Wende 1989/90. Mittlerweile findet am Jahrestag der Angriffe auf Swinemünde, am 12. März, regelmäßig eine Gedenkveranstaltung auf dem Golm statt.

Nicht allen, vor allem wahrscheinlich vielen Urlaubern nicht, ist die besondere Geschichte dieses Ortes vertraut. Im Grunde befinden sie sich auf einem riesigen Grabhügel, an dessen Flanken Menschen bestattet sind, die früher in der angrenzenden, heute polnischen Stadt lebten. Sie stehen auf einem Boden voller Geschichte und Geschichten, auf einem gewaltigen Gräberfeld, dessen Tote nur zu einem kleineren Teil namentlich bekannt sind.

So steht der Golm am nordöstlichsten Zipfel Deutschlands paradigmatisch für die Situation in diesem Land. Die Menschen in ihm bewegen sich, wo auch immer sie gehen oder stehen, über den Abgründen der Zeit. Nur ein klein wenig unter der Krume, die an der Oberfläche den Wechsel der Jahreszeiten und damit so etwas wie Beständigkeit, Verlässlichkeit, aber auch Normalität bedeutet. Dort ist die Vergangenheit weiter präsent. Dort lebt die Geschichte unseres Landes weiter.

Dies ist nicht nur sinnbildlich gemeint, denn die Vergangenheit macht sich bemerkbar, führt uns ihre Gegenwärtigkeit in vielerlei Hinsicht beständig vor Augen, ganz materiell, aber auch in geistiger Hinsicht. In regelmäßigen Abständen müssen überall in Deutschland Innenstädte und Industrieanlagen geräumt werden, weil bei Bauarbeiten Blindgänger aus dem Zweiten Weltkrieg entdeckt worden sind und entschärft werden müssen. Auf den Schlachtfeldern dieses Krieges werden bis heute gefallene Soldaten exhumiert, manchmal Angehörige der Wehrmacht und der Roten Armee dicht nebeneinanderliegend wie auf den Seelower Höhen östlich von Berlin.

Und wer wüsste nicht, wie lebendig die geistigen Hinterlassenschaften der nationalsozialistischen Ideologie noch immer sind, deren Gespenster uns ganz aktuell unter den Stichworten »NSU« und »Pegida«, aber auch in Gestalt grassierender Fremdenfeindlichkeit in einer nie da gewesenen Anschlagswelle auf Flüchtlingsunterkünfte begegnen.

Besuchern, die den Golm erstiegen haben, eröffnet sich ein großartiges Panorama auf die Stadt Świnoujście. Wie in einem Brennglas steht der weithin sichtbare Hügel für die Überlagerung historischer Räume in der Mitte Europas. Swinemünde und sein Aussichtsberg gehörten bis 1945 so selbstverständlich zum Deutschen Reich wie Breslau und Berlin. Wohl niemand hätte sich zu dieser Zeit ausmalen können, dass sich nicht nur die Stadtgrenzen dieser Hafenstadt weiter nach Osten, in Richtung Zentrum verschieben könnten, sondern dass einmal eine Staatsgrenze von Norden nach Süden durch die Stadt laufen würde, ähnlich wie in Berlin zur Zeit der Mauer. Die Westverschiebung Polens, von den Alliierten im Februar 1945 auf der Konferenz von Jalta endgültig beschlossen, führte dazu, dass die Grenze der Volksrepublik Polen plötzlich unmittelbar westlich der Stadt entlangführte.

Nachdem das sogenannte Großdeutsche Reich seinen Untergang selbst herbeigeführt hatte, lag der Golm an der nordöstlichen Grenze der SBZ, der sowjetischen Besatzungszone, und ab 1949 in der DDR. Die Wende und die darauf folgende Wiedervereinigung der beiden deutschen Staaten machten diese Grenze wieder durchlässig. 2004 wurde Polen in die Europäische Union aufgenommen. Eine Staatengrenze zwischen der Stadt Świnoujście und ihrem früheren Hausberg existiert zwar noch, aber sie ist für die Menschen in dieser Gegend und Besucher kaum noch wahrnehmbar. Heute sind beide Teile des alten Swinemünde im supranationalen Organismus der Europäischen Union wiedervereinigt.

Die Toten im Boden unter unseren Füßen, nicht nur diejenigen, die auf den großen Kriegsgräberstätten ihre letzte Ruhe gefunden haben, sondern auch die unzählbaren, die noch ungeborgen in der Erde ruhen, sie alle stehen für die Abgründigkeit der deutschen Geschichte und für das damit verbundene Trauma der Weltkatastrophe in der Mitte des 20. Jahrhunderts. Die Zahlen sprechen Bände: Im Jahr 2014 (!) wurden vom Volksbund Deutsche Kriegsgräberfürsorge 31 698 Gefallene des Zweiten Weltkriegs exhumiert, überwiegend in Weißrussland, Russland, der Ukraine und Polen. 2015 sollten ca. 29 000 Kriegstote umgebettet, das heißt exhumiert und neu bestattet werden.

Am ersten Weihnachtsfeiertag des Jahres 2016 wurden in Augsburg 54 000 Menschen aus ihren Häusern und Wohnungen evakuiert, damit eine britische Fliegerbombe aus dem Zweiten Weltkrieg geborgen und entschärft werden konnte. Die große Zahl der Evakuierten war notwendig geworden, weil die Bombe des Typs HC 4000 LB mit einem Gewicht von 1,8 t zu den Luftminen mit der größten Zerstörungskraft der Royal Air Force gehörte. Für die Stadt Augsburg bedeutete dies die größte Evakuierungsaktion seit dem Ende des Krieges. Die *Süddeutsche Zeitung* vom 20. Dezember 2016 listete einige der Entschärfungsaktionen auf, die es zuvor gegeben hatte: Am 27. November 2016 mussten 8000 Menschen in Osnabrück in Sicherheit gebracht werden, um eine 250-kg-Fliegerbombe entschärfen zu können. Am 6. Dezember wurden in Berlin 2600 Personen wegen einer 50-kg-Bombe evakuiert; am 7. Dezember mehr als 1000 Menschen in München wegen einer 250-kg-Fliegerbombe und am 12. Dezember 1100 Menschen in Köln wegen einer 500-kg-Bombe.

Experten schätzen, dass zwischen 5 und 15 Prozent der über deutschen Großstädten abgeworfenen Bomben nicht explodierten. Etwa 100 000 Blindgänger liegen immer noch im Erdreich der Städte, unmittelbar unter der Oberfläche, unter Gebäuden, Straßen und Plätzen. Eine systematische Suche nach ihnen gibt es nicht. Wenn solche Blindgänger entdeckt werden, dann meist zufällig bei Bauarbeiten. Die Kosten gehen jährlich in die Millionen, die Fachleute der Kampfmittelräumdienste schätzen, dass diese Art der Vergangenheitsbewältigung noch Jahrzehnte weitergehen wird.

Der Boden Europas ist von der katastrophalen Geschichte der ersten Hälfte des 20. Jahrhunderts buchstäblich durchtränkt, nicht nur in Deutschland ist das so. Man muss nur genau hinschauen, dann zeigt sich eine andere Geschichte als die, die uns die Oberfläche unserer Gegenwart präsentiert.

Der Direktor des Humboldtforums im neu aufgebauten Berliner Stadtschloss, der Brite Neil MacGregor, organisierte in seiner früheren Funktion als Direktor des British Museum in London eine furiose Ausstellung unter dem Titel »Deutschland – Erinnerungen einer Nation«. In seinem gleichnamigen Buch findet sich das Bild eines Kanaldeckels aus Kaliningrad. Nun möchte man meinen, dass Kanaldeckel vielleicht nicht unbedingt zu den bevorzugten Objekten eines derart renommierten Hauses wie des British Museum gehören sollten. Doch dieser Kanaldeckel trägt – mitten in der lange unzugänglichen russischen Enklave und nach der gründlichen stalinistischen Auslöschung der preußischen Vergangenheit – die Aufschrift: »1937 – Königsberg«. Er ist ein stummer Zeuge der deutschen Geschichte von Kaliningrad, die 1945 ihr Ende gefunden hatte.

In der Hauptstadt der polnischen Woiwodschaft Niederschlesien, Wrocław, wurde kürzlich mit der Restaurierung eines alten Straßenbahnwagens Baujahr 1915 begonnen. Der ramponierte Wagenkasten hatte die Zeitläufte bis heute wundersamerweise überdauert. Vor dem gotischen Rathaus der Stadt wurde auf großen Tafeln auf das Restaurierungsprojekt des dortigen Verkehrsbetriebes hingewiesen. Eine Zeichnung zeigte das demnächst wieder in den historischen Originalzustand zurückversetzte Fahrzeug mit der Nummer 325 und der Eigentümerkennung der »Breslauer-Straßen-Eisenbahn-Verkehrsgesellschaft«.

Im Fußgängertunnel unter den Bahnsteigen des Hauptbahnhofs, Wrocław Glowny, findet sich die Gravur »Ausgang Flurstraße« – auf Deutsch.

Wir leben in einem Land, das eine sichtbare, begreifliche Gegenwart und eine unsichtbare, unbegreifliche Tiefe besitzt. Seine Gestalt heute bildet weder seine Geschichte noch seine Entwicklung in ihrer ganzen Tiefendimension ab. Bedeutende und weniger bedeutende deutsche Geschichtsorte befinden sich außerhalb seiner Grenzen. Breslau, Danzig, Königsberg sind heute keine deutschen Städte mehr und liegen in anderen Staaten. Wir haben uns über viele Jahre, bedingt durch den Kriegsausgang, den Kalten Krieg und die ideologische Konfrontation von Ost und West, nicht mehr für ihr Schicksal interessiert.

Da die Orte immer mehr in die Ferne rückten, übersahen wir lange auch das Schicksal ihrer früheren Bewohner. Aber diese

Bewohner waren unsere Mütter und Väter, manchmal auch unsere Geschwister, sie waren unsere Großmütter, Großväter, Onkel und Tanten. Und plötzlich, mit dem Fall der Grenzen in Europa vor einem Vierteljahrhundert, waren diese Städte und Regionen wieder da. Und mit ihnen forderte das Schicksal unserer Angehörigen unsere Aufmerksamkeit.

EIN BABYBOOMER-THEMA
PAR EXCELLENCE

Wir bahnen, wandern unseren Weg,
an Gestaden hin durch Schatten, von Erscheinungen bedrängt.
Walt Whitman

Angesichts der wachsenden Bedeutung, die das Thema Kriegsenkel derzeit erfährt, stellt sich nicht nur die Frage nach seiner
Relevanz für die individuelle Biografiearbeit. Die Frage stellt
sich auch, warum Begriff und Thema gerade jetzt, zu dieser
Zeit, wichtig geworden sind. Ist es ein Zufall, dass nach dem
Kriegskinder-Thema ab den 1990ern seit etwa zehn Jahren auch
das Interesse an diesem Thema zunimmt und weiter steigt?

In diesem Buch werden keine individuellen Kriegsenkel-Biografien vorgestellt. An Veröffentlichungen über Kriegsenkel,
ihre Erfahrungen und Probleme herrscht inzwischen kein Mangel mehr. Schon die ersten populären Bücher zum Thema, An-
ne-Ev Ustorfs »Wir Kinder der Kriegskinder« von 2008, Sabine
Bodes »Kriegsenkel – die Kinder der vergessenen Generation«,
das 2009 erschienen ist, führten uns einzelne Lebensgeschichten und Kriegsenkel-Schicksale vor Augen. Silke Satjukow mit
ihrer Anthologie »Kinder von Flucht und Vertreibung«, Hilke

Lorenz' Reportage »Weil der Krieg unsere Seelen frisst«, das Buch von Anne Drescher und ihren Mitautorinnen »Bis ins vierte Glied«, die literarisch angelegte Anthologie von Rosemarie Zens und Roswitha Schieb, »Zugezogen«, und andere Veröffentlichungen setzen diese Reihe fort.

Auch autobiografisch inspirierte Titel haben das transgenerationale Thema mehrfach aufgegriffen. Katharina Ohanas »Ich, Rabentochter«, Ulrike Draesners Generationenroman »Sieben Sprünge vom Rand der Welt«, Sabine Rennefanz' »Die Mutter meiner Mutter«, Matthias Lohres »Das Erbe der Kriegsenkel« oder aktuell Raimund Ungers »Die Heimat der Wölfe« variieren den Facettenreichtum des Kriegsenkel-Komplexes.

Der Tagungsband »Die dritte Generation und die Geschichte«, der 2016 vom Haus der Geschichte Baden-Württemberg herausgegeben wurde und die Laupheimer Gespräche des Vorjahres resümiert, legt schließlich einen interessanten weiteren Aspekt unseres Themas offen, nämlich die Erfahrung jüdischer Kriegsenkel. Die Beschäftigung mit den generationenübergreifenden Folgen der Shoa für die Nachkommen der Opfer setzte bereits in den 1980er-Jahren und damit zwei Jahrzehnte früher ein, bevor das Thema auch in Deutschland von einer breiteren Öffentlichkeit aufgegriffen wurde. In »Die dritte Generation und die Geschichte« fragen jüdische Kriegsenkel nicht mehr nur nach den transgenerationalen Folgen der Shoa, sondern verstärkt auch nach ihrer Identität im heutigen Deutschland, das ja immer noch das Land der Täter ist.

Es gibt gemeinsame Aspekte, die diejenigen miteinander verbindet, die sich mit dem Thema Kriegsenkel auseinandersetzen: Besonderheiten der Eltern-Kind-Beziehung, die Haltung zum Beruf, die Wahrnehmung von Beziehung und eigener Familie, Kinder – all dies und mehr deutet auf verwandte Konstanten in den verschiedenen Biografien hin. Das Thema entfaltet sich vor dem Hintergrund von Familienzusammenhängen, die vom Nationalsozialismus und von der von ihm ausgelösten Weltkatastrophe geprägt worden sind. Der historische Horizont ist bei jedem, für den das Thema relevant geworden ist, derselbe.

Diese Gemeinsamkeiten sind der Gegenstand des vorliegenden Buches, auf sie beziehe ich mich, wenn ich den Terminus »Kriegsenkel-Erfahrung« verwende. Die Kriegsenkel-Erfahrung ist folglich eine Abstraktion der vielen individuellen Erfahrungen, die mit dem Thema verbunden sind. Es geht mir darum, Typisches zu zeigen, um die tiefer liegenden Strukturen und Wirkmechanismen dieser besonderen Erfahrung offenzulegen, an der viele Menschen in Deutschland partizipieren.

Warum gehe ich diesen Weg? Würde es nicht reichen, weiterhin individuelle Fallstudien zu präsentieren? Nein! Heute muss niemand mehr Belege dafür sammeln, dass ein psychologischer Vorgang namens »transgenerationale Weitergabe« tatsächlich existiert. Dies war der Zweck der zuerst veröffentlichten Sammlungen von biografischen Fallstudien, nämlich zunächst einmal ein Bewusstsein für das Vorhandensein und die individuelle Relevanz einer Kriegsenkel-Erfahrung herzustellen. Inzwischen ist dies gut belegt, u.a. durch die sozialpsychologische Forschung.

Mittlerweile geht es darum, den nächsten Schritt zu gehen. Wenn wir verstanden haben, dass das Erbe von Diktatur und Krieg generationenübergreifend weiterwirkt, dann stellt sich natürlich auch die Frage, wie es auf der gesellschaftlichen Ebene wirkt, also nicht nur im persönlichen Leben des Einzelnen, sondern kollektiv. Darauf spielt der Untertitel des vorliegenden Buches an: »Kriegsenkel verändern Deutschland«. Die Auseinandersetzung mit dem innerhalb der Familien in Deutschland virulenten nationalsozialistischen Erbe trägt Früchte. Welche dies sind, in welcher Hinsicht und in welchen Bereichen sich die familienbiografische Arbeit der mittleren Generation in unserem Land auswirkt, auch darum geht es in diesem Buch.

Zuvor jedoch gilt es zu verstehen, worin das Wesen jener Erfahrung besteht, die ich als Kriegsenkel-Erfahrung bezeichne. Was macht die Kriegsenkel-Erfahrung in ihrem Kern aus? Welche Aspekte und welche Merkmale gehören zu ihr? Gibt es immanente Strukturen und Komponenten, die wesensmäßig zu dieser Kriegsenkel-Erfahrung gehören? Wie lässt sich das Gemeinsame beschreiben, das allen individuellen Erfahrungen innewohnt? Was ist ihre Essenz, ihr Wesenskern?

Um diese Fragen zu beantworten, untersuche ich das Zustandekommen und die Entwicklung der Kriegsenkel-Erfahrung. Da sich Erfahrungen aber nicht im gesellschaftsfernen, leeren Raum einstellen, sondern von den jeweils herrschenden Zeitbedingungen abhängen, ist die jeweilige Zeitgeschichte mein Bezugsrahmen.

Dafür unterteile ich sie in die biografischen Abschnitte Adoleszenz (Nebeljahre), Weg in die Selbstständigkeit (Überleben im Flachland), Zeit bis zur Lebensmitte (Chronifizierung der Vorläufigkeit) und zeichne schließlich den Weg bis zur Entdeckung des transgenerationalen Erbes nach. Ich frage jeweils nach den Besonderheiten der zeitgeschichtlichen Entwicklungen, in die jede Phase eingebettet ist, um die einzelnen Aspekte der Kriegsenkel-Erfahrung herauszuarbeiten. Betrachtet man diese Phasen in ihrer chronologischen Abfolge, dann entsteht das, was ich als den Kriegsenkel-Weg bezeichne. Ihn interpretiere ich anschließend mithilfe des in der Kulturgeschichte reichlich belegten Mythos von der Heldenreise, bevor ich der Frage nachgehe, wie sich die Kriegsenkel-Erfahrung auf unser Land und unsere Gesellschaft auswirkt.

Das Kriegsenkel-Thema ist das Babyboomer-Thema par excellence. Die geburtenstarken Jahrgänge haben als Erste die Beziehung zu ihren Eltern untersucht und nach Verbindungslinien zwischen ihrer eigenen Lebensgeschichte und den Erfahrungen ihrer Kriegskinder-Eltern in den dunklen deutschen Jahren gefragt. Hier findet keine partikulare Weltsicht einer Minderheit ihren Ausdruck, sondern ein Lebensgefühl, das viele Deutsche inzwischen teilen. Der Begriff Kriegsenkel bringt auf den Punkt, was von zahlreichen Menschen in diesem Land für wesentlich gehalten wird.

Aber auch viele jüngere Menschen, die nicht mehr den geburtenstarken Jahrgängen angehören, bezeichnen sich als Kriegsenkel. Sie müssen nicht mehr den mühsamen und langen Weg gehen, den die Babyboomer ihnen vorausgegangen sind, sondern sie können von dem bereits Erreichten und von den vielfach kommunizierten Erkenntnissen profitieren. Dennoch waren es die Angehörigen der geburtenstarken Jahrgänge in Deutschland, die heute etwa 40- bis 60-Jährigen, die die Sprache für den transgenerationalen Wirkungszusammenhang entwickelt und diese mit ihren Erfahrungen aufgeladen haben. Sie haben das Wort geschliffen und das Thema gesetzt. Ihre Einsichten und ihr Lebensgefühl drücken sich im Begriff Kriegsenkel aus.

Sie sind die Wegbereiter, die das Thema nicht nur sich selbst, sondern auch kommenden Generationen erschlossen haben. Deshalb gehe ich von der Lebensgeschichte der Babyboomer aus und befrage die Jahrzehnte ihrer Lebenszeit nach den charakteristischen Elementen der Kriegsenkel-Erfahrung.

Mir geht es nicht um eine Reduktion der biografischen Vielfalt von Kriegsenkel-Identitäten, auch nicht um die Einebnung ihrer individuellen Bedeutung. Mein Ziel ist es vielmehr, eine vergessene Dimension menschlicher Existenz in ihrer universellen Bedeutung aufzuzeigen. Indem ich die Kriegsenkel-

Erfahrung anhand der geburtenstarken Jahrgänge beschreibe, zeige ich zugleich etwas Allgemeingültiges. Die generationenübergreifenden Wirkungszusammenhänge, die wir hier an diesem Beispiel erkennen können, finden auch anderswo statt. Gewaltregime, Kriege, erzwungene Flucht und Vertreibung, die durch sie hervorgerufenen Traumatisierungen beschädigen nicht nur die Opfer selbst. Sie entfalten eine Wirkung weit über die Betroffenengeneration hinaus und erreichen auch das Leben ihrer Kinder und Enkel, das sie belasten und in seiner guten Entwicklung beeinträchtigen können.

Die Flucht und Vertreibung der Deutschen als zentraler Kriegsenkel-Faktor

In meiner Darstellung nehme ich immer wieder Bezug auf die Flucht und Vertreibungserfahrung und die damit verbundenen Folgen für die deutsche Zivilbevölkerung am Ende des Zweiten Weltkriegs. Die Mehrzahl der Kriegsenkel hat einen solchen familiären Hintergrund. Die Zahl der Betroffenen ist in der Tat gewaltig: 12 bis 15 Millionen Menschen wurden zu Heimatvertriebenen, zwei Millionen überlebten die Flucht nicht. Die Bombardierung deutscher Städte, die den Durchhaltewillen der Bevölkerung brechen sollte, forderte weitere 500 000 Opfer. Die Zahlen zeigen: Flucht und Vertreibung sind ein zentrales Kriegsenkel-Thema.

Über die Anzahl der von Soldaten der Roten Armee vergewaltigten Frauen und Mädchen am Ende des Krieges liegen keine genauen Daten vor, man geht von hunderttausend bis maximal zwei Millionen Betroffenen aus. Hinzu kamen Millionen traumatisierter Soldaten der deutschen Wehrmacht, die nicht nur das Grauen der Front erlebt, sondern auch die Kriegsgefangenschaft hinter sich hatten.

Am Thema Flucht und Vertreibung lassen sich die inneren Zusammenhänge und die Essenz der Kriegsenkel-Erfahrung anschaulich herausarbeiten. Es zeigt, worum es im Wesentlichen geht. Die gewonnenen Erkenntnisse sind deshalb für den gesamten Themenkomplex Kriegsenkel relevant, mithin also auch für diejenigen, in deren Familienhintergrund weder eine dramatische Flucht noch eine dramatische Fronterfahrung zu finden ist, sondern »nur« der Alltag unter dem Hakenkreuz.

Die Folgen der dramatischen Gebietsverschiebungen und -verluste nach dem Zweiten Weltkrieg betreffen alle Deutschen, ob sie einen Vertriebenenhintergrund besitzen oder nicht. Ebenso betrifft uns alle die moralische Verantwortung für die Verbrechen der Nationalsozialisten. Eine Folge für unser Land ist, dass prägende Kultur- und Geschichtsräume für Deutschland verloren gegangen sind. Auch vor diesem Hintergrund ist es wichtig, den Gesichtspunkt von Flucht und Vertreibung in einer Phänomenologie der Kriegsenkel-Erfahrung besonders auszuleuchten, weil die Auseinandersetzung mit dem transgenerationalen Erbe heimatvertriebener Eltern auch den Blick ihrer Kinder auf deren Herkunftsorte erforderlich macht. Dies führt schließlich zu einer neuen, von den Dämonen der Vergangenheit befreiten Begegnung mit dem historischen Deutschland im heutigen Europa, wie ich im dritten Teil dieses Buches zeigen werde.

GEAHNTE WAHRHEITEN

Damit ich mich ein bisschen besser verstehen kann, muss ich um die Vergangenheit wissen. Nur dann kann ich in der Gegenwart leben. Und nur dann wird Zukunft möglich.

Andrea Schwarz

Für die historische Zeitempfindung gilt im Grunde das Gleiche wie für die individuelle Zeitwahrnehmung. Wir unterscheiden zwischen der objektiven und der subjektiven Zeit. Die objektive Zeit, das ist diejenige, die wir mit unseren Uhren messen. Sie folgt, wo auch immer wir uns aufhalten, den gleichen physikalischen Prozessen. Sie verläuft immer gleichmäßig im Stunden-, Minuten- und Sekundentakt. Völlig anders die subjektive Zeit. Sie ist stark an die Intensität unseres Lebens gekoppelt und verläuft in schönen Momenten viel zu schnell und in anderen, die wir als weniger schön oder unangenehm empfinden, zäh und viel zu langsam ab. Wir sagen dann: Die Minuten dehnen sich zu Stunden, obwohl die Uhr an unserem Armgelenk weiter in ihrem gleichmäßigen Takt schlägt.

Auch unsere subjektive Wahrnehmung historischer Zeiten folgt nicht dem ebenmäßigen Takt der Jahre, Jahrzehnte und

Jahrhunderte. Schüler in Mitteldeutschland, die nach der Wende geboren wurden, empfinden die DDR oft als so weit weg wie den Dreißigjährigen Krieg. Ähnlich ging es vielen Angehörigen der geburtenstarken Jahrgänge, was die Nazizeit und den Zweiten Weltkrieg betrifft. In ihrer Kindheit, manchmal auch noch als junge Erwachsene, schien ihnen diese Vergangenheit »ewig her« zu sein, so weit weg wie das deutsche Kaiserreich und die napoleonischen Kriege. Erst spät wurde ihnen klar, dass das Kriegsende 1945 gerade einmal 10, 15 oder 20 Jahre zurücklag, als sie auf die Welt kamen.

Mit zunehmendem Alter wird die Einschätzung immer präziser, wie vergangen die Vergangenheit denn wirklich ist. Was in Kindheit und Jugend noch unendlich weit weg schien, rückt in späteren Jahren viel näher an das Bewusstsein heran, erscheint viel weniger vergangen, als es lange empfunden wurde. Das hat damit zu tun, dass die Vergangenheit in Gestalt der eigenen Familiengeschichte bzw. der Geschichte der eigenen Nation auf einmal Relevanz für das eigene Leben gewinnt; Wir begreifen allmählich, dass diese Geschichte Aspekte enthält, die die eigene Biografie konkret und nachweisbar beeinflussen.

Die Vergangenheit ist niemals wirklich vergangen, sondern sie wirkt in tausenderlei Facetten in die Gegenwart hinein. Diese Erkenntnis ist nicht neu, sie ist Bestandteil der menschlichen Erfahrungsgeschichte durch alle Zeiten. In den Jahren und Jahrzehnten nach dem Ende des Zweiten Weltkriegs wurde sie auch für uns Deutsche zu einer vertrauten Konstante unseres Selbstverständnisses.

Neu ist das Bewusstsein, dass die Einflüsse und Wirkkräfte der Geschichte nicht abstrakt und anonym im Raum des Kollektiver verbleiben, sondern einen konkreten, nachweisbaren Einfluss auf die Lebensgeschichte des Einzelnen ausüben können und dass diese Einflüsse auch dort existieren, wo Aspekte der

Geschichte lange Zeit ausgeblendet wurden. Dieses Bewusstsein begann sich in Deutschland spürbar ab Mitte des vergangenen Jahrzehnts zu entwickeln.

Ein neuer Generationenbegriff entsteht

Es ist die mittlere Generation in Deutschland, der immer klarer wird, dass sie ein untrennbarer Teil der Geschichte des Landes ist, in dem sie aufgewachsen ist, und dass dessen Geschichte in ihr individuelles Leben hineinwirkt – fundamentaler, stärker, prägender, als dies noch vor wenigen Jahren zu vermuten gewesen wäre. Als Sinnbild für diese Entwicklung und als prägender Inbegriff hat sich »Kriegsenkel« durchgesetzt. Schon ist von einer »Generation Kriegsenkel« die Rede, manche sprechen auch von einer »Kriegsenkel-Bewegung«.

Der Begriff Kriegsenkel selbst hat eine enorme Identifikationskraft entfaltet. Noch vor etwa zehn Jahren war er nur Insidern geläufig, und wer davon hörte, der konnte meinen, es handele sich eher um eine esoterische Angelegenheit, zumal sich seine genaue Bedeutung dem Uneingeweihten nicht auf den ersten Blick erschließt. Inzwischen hat er sich aber auf breiter Ebene etabliert, gilt als seriös und wird in fachlichen Zusammenhängen ebenso verwendet wie in Presse, Funk und Fernsehen.

Wer ist mit »Kriegsenkel« gemeint?

Es ist nicht einfach, den Zeitpunkt zu bestimmen, an dem der Begriff »Kriegsenkel« zum ersten Mal in Erscheinung getreten ist. Klar ist, dass er von »Kriegskinder« abgeleitet wurde, einem Terminus, der schon in den 1990er-Jahren aufkam. Im Gegensatz zum noch zu beschreibenden Bedeutungsgehalt des Wortes Kriegsenkel verfügt dieser über eine – ich will es so nennen –

größere Verwurzelung im Faktischen, weil es konkrete historische Prozesse selbst waren, nämlich NS-Diktatur und Krieg, die das Leben und Schicksal der Kriegskinder prägten.

Kriegsenkel sind also ihrerseits die Kinder, nämlich die unmittelbaren Nachkommen der Kriegskinder. Als Kriegskinder werden Menschen bezeichnet, die während des Nationalsozialismus, im Krieg und in der unmittelbaren Nachkriegszeit noch im Kindes- oder Jugendlichenalter waren. Aufgrund ihres Alters waren sie in ihrer großen Mehrheit zwar Mitglied in den entsprechenden Parteiorganisationen, »Jungvolk«, »Bund deutscher Mädel«, »Hitlerjugend«, aber wohl kaum an den Verbrechen der Nationalsozialisten oder an Kriegshandlungen beteiligt. Dies ist eine im Hinblick auf die sozialpsychologische Diagnostik der Nachkriegsgenerationen wichtige Aussage. Altersbedingt wurden sie stattdessen tendenziell eher Opfer der damaligen Zeitumstände, weil sie der Gewalt und dem Krieg, aber auch den Entbehrungen während der Flucht und Vertreibung nur wenig entgegenzusetzen hatten.

Die Kriegskinder ordnet man meist den Geburtsjahrgängen zwischen 1930 und 1945 zu. Verschiedentlich ist aber auch zu hören, dass diese Zeitspanne variabler ausfallen könnte und um einige Jahre nach hinten bzw. nach vorne verlängert werden sollte. So würden auch die Weltwirtschaftskrise in der Weimarer Republik und die chaotischen Nachkriegsjahre sowie die furchtbaren Vertreibungswellen von 1946 bis 1948 in die Geburtsspanne der Kriegskinder mit einbezogen werden.

Allerdings ist die Zuordnung zu bestimmten Jahrgängen relativ unscharf. So wäre der 1927 in Danzig geborene Schriftsteller und Literatur-Nobelpreisträger Günter Grass der gängigen Definition zufolge ein Kriegskind, obwohl er sich im Alter von 17 Jahren freiwillig zum Dienst in der Waffen-SS gemeldet hatte und damit nach gängiger Vorstellung eigentlich gar nicht als

Kriegskind gilt, sofern man »Kriegskind« nicht als unschuldig definiert, sondern als jung. Zu enge zeitliche Raster führen offensichtlich nicht weiter.

Doch zurück zu unserer Frage: Wer also ist gemeint, wenn wir von Kriegsenkeln sprechen? Auch hier stoßen wir auf Unklarheiten. Unbestritten ist: Die meisten Menschen, die sich als Kriegsenkel bezeichnen, gehören den geburtenstarken Jahrgängen an, den sogenannten Babyboomern, die Mitte der 1950er- bis Ende der 1960er-Jahre zur Welt kamen, bis der sogenannte Pillenknick einsetzte und sich die Geburtenrate wieder rückläufig zu entwickeln begann.

Andere haben Eltern, die erst am Kriegsende geboren wurden; manchmal betrifft dies auch nur einen Elternteil. Damit wären wir bei den Jahrgängen angelangt, die bis etwa Mitte der 1980er-Jahre zur Welt kamen. Und in der Tat: Das Selbstverständnis als Kriegsenkel ist bei Vertretern dieser Generation inzwischen ebenso anzutreffen wie bei den Babyboomern. An Vorträgen, Seminaren und Gesprächskreisen, den sogenannten Kriegsenkel-Gruppen, nehmen immer häufiger Menschen teil, die um die 30 Jahre alt sind und den geburtenstarken Jahrgängen nicht mehr angehören.

Wenn wir diesen Beobachtungen folgen, dann wären Kriegsenkel Menschen, die etwa zwischen 30 und 60 Jahren alt sind. In diesem Wörtchen »etwa« drückt sich jedoch die ganze Unschärfe einer qualitativen Beschreibung des Kriegsenkel-Begriffes aus. Relativ neu ist der Begriff »Kriegs-Urenkel«. Rein systematisch betrachtet, bezieht er sich auf die Kinder der Kriegsenkel. Es wären also die Angehörigen der »Generation Y«, der etwa 30-Jährigen. Wer sich hier mit der Thematik befasst, neigt meiner Erfahrung nach aber auch eher dazu, sich als Kriegsenkel zu bezeichnen. Kriegs-Urenkel ist immer noch ein sehr umständlicher und daher kaum gebrauchter Begriff.

Wie verhält es sich mit Menschen, die nur ein Elternteil haben, das Kriegskind war? Bei mir selbst ist nur mein Vater Kriegskind im Sinne der genannten Rahmendaten, denn er wurde 1930 geboren. Meine Mutter dagegen, Jahrgang 1926, war ausgebildete Flakhelferin und hat am Ende des Krieges noch in dieser Funktion an Einsätzen gegen alliierte Bomberverbände teilgenommen. Sie wäre demnach kein Kriegskind. Bin ich also nur ein halber Kriegsenkel?

Der Begriff Kriegsenkel ist in quantitativer Hinsicht, was die Zuordnung zu bestimmten Jahrgängen und Generationen betrifft, recht unscharf, und diese Unschärfe ist mittels quantitativer Kriterien auch nicht aufzulösen.

Kriegsenkel sind keine 68er

Verhältnismäßig klar ist die Abgrenzung zu den sogenannten 68ern, der Vorgängergeneration. Deren Eltern haben die Zeit des Nationalsozialismus und den Zweiten Weltkrieg als Erwachsene erlebt. Sie haben das System in ihrer großen Mehrheit getragen und waren an der folgenden Katastrophe auf die eine oder andere Weise beteiligt, sei es direkt als Soldat, als Parteifunktionär oder »nur« als einfaches Parteimitglied.

Diejenigen, die Ende der 1960er-Jahre auf die Straßen gingen und demonstrierten, hatten sich mit konkreten Taten und Verhaltensweisen ihrer Eltern in einem verbrecherischen System auseinandersetzen müssen. Sie kritisierten ihre Ritterkreuz-Väter und Mutterkreuz-Mütter für ihre Rolle im Nazi-Regime, für ihre Handlungen und ihr Mitläufertum und auch für ihr verbissenes Schweigen danach, das auf die immer noch vorhandene innere Zustimmung zur Ideologie des Dritten Reiches hindeutete.

Die Kriegsenkel dagegen haben es in dieser Hinsicht sehr

viel schwerer. Die 68er dagegen hatten es mit konkreter Schuld und mit dem untoten Weiterleben der NS-Ideologie am heimischen Wohnzimmertisch zu tun. Die Verstrickungen lagen offen zutage.

Bei den Kriegsenkeln lag der Fall im Großen und Ganzen anders. Ihre Eltern waren überwiegend zu jung gewesen, um allgemein für deutsche Verbrechen verantwortlich gemacht werden zu können. Ihre Erfahrungen nach 1933 waren nicht so ohne Weiteres in den Kategorien von Schuld und Verstrickung zu fassen. Deshalb dauerte es bei ihnen auch wesentlich länger, oft viele Jahre und Jahrzehnte, bis sie bemerkten, dass der Schatten der dunklen deutschen Vergangenheit auch ihr Leben berührte.

Die Einflussfaktoren und Prägekräfte, mit denen sie sich auseinanderzusetzen hatten, waren viel subtiler und weniger klar wahrzunehmen als konkrete Verstrickungen in ein Unrechtsregime und totalitäre politische Einstellungen (Letztere gab bzw. gibt es bei den Eltern der Kriegsenkel leider auch hier und da). Kriegsenkel haben es mit destruktiven Kräften zu tun, mit den unterbewussten Resten der NS-Ideologie, die auf den ersten Blick nur schwer zu erkennen sind, und mit den Wirkungen von Erfahrungen, die Jahrzehnte zurückliegen, nicht aber mit diesen Erfahrungen selbst. Ihr Erkenntnisgebiet ist etwas Flüchtiges, Schemenhaftes und Ätherisches: der Schatten einer schlimmen Zeit und der durch sie verursachten Traumata, etwa wie der Sog eines vorbeifahrenden Schiffes, aber nicht das Schiff selbst, sondern die Wasserverdrängung, die seine Fahrt verursacht. Zum Skript ihres Lebens wurde die Folge, nicht das Ereignis. Und das macht es Kriegsenkeln so schwer, sich auf die Schliche zu kommen.

Der Exorzismus der 68er war die politische Aktion, der Gang auf die Straße, die Rebellion gegen die Väter und dann, mit einiger Verzögerung, auch die Rebellion gegen die Mütter, die Bestandteil der Auseinandersetzung der Frauen mit dem Patriarchat war. Das Mittel war die politische Utopie und sein Ziel die Befreiung von einer patriarchalischen, destruktiven Kultur. Der Exorzismus der Kriegsenkel ist dagegen mit einem Verzögerungszünder ausgestattet, denn die Nachwirkungen der Hitlerzeit lagen bei ihnen lange Zeit im Verborgenen.

Der Weg der Kriegsenkel führt im Unterschied zu den 68ern nicht auf die Straße, sondern nach innen: in die eigene Erfahrung und zu den eigenen Abgründen, zu den Wurzeln jener Werte und Normen, die die Erziehung und die Zeit ihrer Adoleszenz geprägt haben. Und er führt ins Innere der eigenen Familiengeschichte und zu den Erfahrungen von Eltern, Großeltern sowie anderen Angehörigen in der NS-Zeit, im Krieg und während der Vertreibung.

Forscher am eigenen Leben

Kriegsenkel sind Forscher am eigenen Leben. Diese Formulierung stammt von Petra Hugo, die das Institut »Trauer-Wege-Leben« leitet. Das in der Tat sind sie: Forscher, die genau wissen wollen, was sich unter der Oberfläche ihrer Biografie und Lebensgeschichte befindet, was ihr Selbstverständnis begründet und ausmacht. Die am Anfang ihres Weges noch nicht wissen, aber die sehr wohl ahnen, dass eine verborgene Geschichte, eine längst als erledigt geglaubte Vergangenheit eben doch noch höchst virulente Kräfte freisetzen kann, die sich noch auf das Leben von Menschen auswirken können, die Jahre, Jahrzehnte danach zur Welt gekommen sind.

Ich möchte eine neue Definition für »Kriegsenkel« vorschlagen. Eine quantitative Eingrenzung in bestimmte Geburtsjahrgänge allein scheint mir angesichts der beschriebenen Unschärfen nicht sinnvoll zu sein. Stattdessen schlage ich eine qualitative Definition vor:

Kriegsenkel sind Menschen, deren Biografie von Taten und Erfahrungen ihrer Eltern überschattet wird, die im Kontext von Unrecht und Gewalt stehen.

Damit bleibt es der individuellen Entscheidung des Einzelnen überlassen, ob er sich als Kriegsenkel bezeichnen möchte. Was sich gegenüber der quantitativen Zuordnung nach Jahrgängen nicht ändert, ist die Bezogenheit auf die Vorgängergeneration. Ein Kriegsenkel ist dieser Definition zufolge also jemand, der die offenen Fragen, die seine Lebensgeschichte aufwirft, im Kontext einer generationalen Beziehung zu beantworten sucht. Und sie zeigt: Das Phänomen Kriegsenkel ist universal und betrifft die Babyboomer genauso wie die Nachkommen der Flüchtlinge, die heute vor Krieg und Gewaltherrschaft flüchten müssen, um ihr Leben zu retten, wie zum Beispiel die Menschen aus Syrien.

Hartmut Radebold, Werner Bohleber und Jürgen Zinnecker haben eine Mischkategorisierung gewählt und ordnen die kriegsbetroffenen und die nachfolgenden Generationen in Deutschland folgenden Jahrgängen und Gruppen zu, wobei quantitative und qualitative Kriterien zum Tragen kommen (Transgenerationale Weitergabe, S. 8 f.). Dabei ergibt sich die folgende Systematik der transgenerationalen Traumafolgen:

> Die Jahrgänge 1905–1920 gelten bei den Autoren als erste kriegsbetroffene Generation.
> Die Jahrgänge zwischen 1927 und 1947 sind die zweite kriegsbetroffene Generation.
> Deren Kinder sind die dritte, nun aber indirekt kriegsbetroffene Generation.

> Ihre Kinder, die Enkelkinder der Kriegskinder des Zweiten Weltkriegs, gelten als vierte, ebenfalls indirekt kriegsbetroffene Generation.

Kriegsenkel gehören dieser Tabelle zufolge der dritten, Kriegsurenkel der vierten Kategorie an. Interessant ist die zeitliche Ausdehnung der transgenerationalen Traumafolgen bis in die Anfänge des 20. Jahrhunderts hinein. Die Jahrgänge der ab 1905 Geborenen sind die Kriegskinder des Ersten Weltkriegs und der chaotischen Nachkriegsjahre und damit die Eltern der Kriegskinder des Zweiten Weltkriegs. Der Zusammenhang ist deshalb so interessant, weil er auf eine kumulative Traumatisierung hindeutet, eine Mehrfachtraumatisierung durch die Aufeinanderfolge von Kriegen und politischen Katastrophen in der ersten Hälfte des 20. Jahrhunderts.

Die Wirkungskette traumatischer Erfahrungen kann sich also über mehrere Generationen erstrecken. Auch wenn die Generation der Kriegskinder-Eltern zunächst ursächlich für das transgenerationale Erbe der Kriegsenkel verantwortlich zu machen ist, sollten dennoch auch die Vorgängergenerationen nicht aus dem Blick geraten. Ihre Erfahrungen waren für ihre Nachkommen, die Eltern der Kriegsenkel, ebenfalls prägend; sie sind Bestandteil der familiengeschichtlichen Wahrheit und können überdies wichtige Aufschlüsse über das Leben der Kriegskinder und deren Motive und Einstellungen geben.

Bei NS-Tätern ging es ohnehin schon aus genealogischen Gründen um eine Großeltern-Enkel-Relation. Nach dem Krieg wurden die Taten meist verschwiegen, vor allem den eigenen Kindern gegenüber. Viele wollten die Wahrheit auch gar nicht wissen, um das heile Bild von den Eltern nicht zu beschädigen.

Also erfolgt die Aufarbeitung der NS-Täterschaft nicht selten erst in der dritten Generation. Ein gutes Beispiel ist das bereits

2003 erschienene Buch von Claudia Brunner und Uwe von Selt-
mann »Schweigen die Täter, reden die Enkel«. Beide Autoren
sind Nachkommen von NS-Tätern und waren die Ersten in ihren Familien, die das Schweigen über die Verbrechen ihrer Angehörigen unter dem Nationalsozialismus brachen.

Kriegsenkel-Kategorien

»Die« Kriegsenkel gibt es sicher nicht, sowie sich keine Generation, keine gesellschaftliche Gruppe über einen Leisten schlagen
lässt. Jede Kriegsenkel-Biografie ist individuell und einzigartig.
Trotzdem können wir drei Gruppen von Kriegsenkeln voneinander unterscheiden. Zum einen die Kriegsenkel, die aus einer
Flüchtlings- bzw. Vertriebenenfamilie stammen. Sie bilden die
größte Gruppe unter den Kriegsenkeln, weil die Flüchtlinge und
Vertriebenen aus den früheren deutschen Ostgebieten wie bereits dargelegt die größte Gruppe derjenigen bildet, die von den
Kriegsfolgen direkt betroffen waren. Zur zweiten Kategorie
gehören Kriegsenkel, deren Familienangehörige die alliierten
Bombenangriffe auf deutsche Großstädte miterlebt und überlebt hatten. Die dritte Kategorie bilden Kriegsenkel, die aus
»ganz normalen Familien« stammen, die die NS-Zeit und den
Krieg halbwegs unbeschadet überstanden hatten und die selbst
keine schwerwiegenden Erfahrungen machen mussten, die also
niemanden im Krieg verloren hatten, nicht vertrieben und auch
nicht ausgebombt wurden.

Die »Täterenkel« sind gesondert zu betrachten; ich komme
noch darauf zurück. Der Blick auf die eigene Lebensgeschichte
hängt auch vom familiären Hintergrund ab, entsprechend unterschiedlich sind die Kriegsenkel-Erfahrungen konturiert. Wer
aus einer Flüchtlings- bzw. Vertriebenenfamilie stammt, sucht
nach den Ursachen für Bindungslosigkeit und berufliche wie

auch persönliche Instabilität. Er erlebt sich als wurzellos, sehnt sich aber nach seinem akut noch nicht vorhandenen, aber erhofften Lebensort. Kriegsenkel, die der zweiten Kategorie angehören, nennen als Lebensthema häufig Ängste, auch Panikgefühle und ein Grundgefühl fundamentaler Unsicherheit. Ihre Hoffnung richtet sich auf ein Leben, das nicht mehr von einem Gefühl permanenter Gefährdung, gegen die man nichts ausrichten könne, überschattet wird. Kriegsenkel der dritten Kategorie berichten oft von diffusen und unklaren Empfindungen: »Irgendetwas stimmt mit mir nicht.« Sie suchen ihr transgenerationales Erbe in der »auffälligen Unauffälligkeit« ihrer Familiengeschichte unter dem Hakenkreuz.

Das Interesse der Kriegsenkel richtet sich sowohl auf die eigene Familiengeschichte als auch auf die eigene Biografie. Die Klärung der Familiengeschichte: Was haben ihre Eltern und Großeltern zwischen 1933 und 1945 getan, was haben sie erlebt? Wie standen sie zum NS-System? Welche Überzeugungen hatten sie und wofür standen sie ein? Waren sie vielleicht noch ganz zuletzt im »Volkssturm«? Was haben sie zu verantworten? Die Liste der Fragen ließe sich lange fortsetzen. Für Kriegsenkel, bei denen diese Fragen im Zentrum ihres Interesses stehen, geht es in erster Linie um Aufklärung verschwiegener Kapitel in der eigenen Familiengeschichte. Es geht darum, Licht ins Dunkel einer Vergangenheit zu bringen, über die im Familienalltag nicht gesprochen wurde, obwohl zu spüren war, wie sehr sie untergründig präsent blieb.

Diese Aufklärungsarbeit bildet den Hintergrund für die Klärung der eigenen Lebensgeschichte. Wie haben sich Erfahrungen, Taten und Schicksale von Familienangehörigen, insbesondere der Eltern, aber auch Großeltern in der NS-Zeit, im Krieg oder während der Vertreibung bzw. der Flucht aus den Ostgebieten auf die eigene Biografie ausgewirkt? Wo finden sich die

Spuren jener bösen Zeit im eigenen Leben? Wo zeigt sich der Traumaschatten der Katastrophe? Darum geht es: sich aus dem Schatten des Traumas der Kriegskinder-Eltern zu befreien und endlich zu einem selbstbestimmten, zu seinem eigenen Leben zu gelangen.

Nachdem wir den Begriff befragt und untersucht haben, gehen wir den nächsten Schritt. Welche Erfahrungen verdichten sich hier? In welchem biografischen Kontext wird er relevant? Wo also hat er seinen »Sitz im Leben«, wodurch gewinnt er Bedeutung?

PIONIERE

Meine Mutter ist aus Breslau im Sommer '44
Mit ihrer Käthe-Kruse-Puppe gefloh'n
Seit über sechzig Jahren muss sie weiterfahren
Mit ihrem Pferdewagen – und ich bin halt ihr Sohn.

Rainald Grebe

Flüchtlingskinder

Der Liedermacher, Kabarettist und Autor Rainald Grebe hat ein Lied geschrieben, das die Kriegsenkel-Erfahrung zu wenigen Versen verdichtet und auf den Punkt bringt. Das seinem Lied entnommene Motto dieses Kapitels bringt das Thema bereits gekonnt zur Sprache: Die Mutter musste gegen Ende des Krieges aus Breslau fliehen, eine Erfahrung, die ihr ganzes Leben prägte und dazu führte, dass sie immer »weiterfahren« muss, dass also die Flüchtlingserfahrung zu einem Identitätsstempel geworden ist. Und der Sänger ist, wie schon in dieser Strophe anklingt, auch in dieser Hinsicht ihr Sohn.

Was damit gemeint ist, wird in den folgenden Liedstrophen detailliert geschildert: Das Leben verläuft im Tournee-Modus rastlos von Ort zu Ort und hat kein Zentrum: »Ein Tag an einem

Ort ist ein Tag zu viel«, und: Dieses aufgescheuchte Leben, das »habe ich von meiner Mutter«. Deren Erbe wird auch in der Liedzeile zum Ausdruck gebracht, die die Kriegsenkel-Erfahrung ironisch auf folgende Spitze treibt: »Ich kaufe aus Prinzip nur 'n One-Way-Ticket. Für den Fall, dass ich nicht zurückkomm.« Ein berufliches Vorhaben jagt das nächste: »Nach dem nächsten Projekt kommt das nächste Projekt« – eine Formulierung, in der man das Echo der mütterlichen Flucht mit dem Pferdewagen im Leben ihres Sohnes förmlich hindurchhören kann.

Das Flüchtlingsschicksal der Mutter und das dauernd in Bewegung befindliche Leben des Sohnes sind ineinander verwoben, unentwirrbar miteinander verflochten: »Ich bin auf der Flucht Mama, lass die Pferde traben …« Eigene Wurzeln zu schlagen gelingt mit diesem Erbe auf dem Buckel nicht wirklich: »In den letzten fünf Jahren bin ich fünfmal umgezogen. Mit jeder neuen Wohnung ist die nächste schon gemietet«, heißt es weiter im Lied. Keine guten Bedingungen, um auch sozial anzukommen und sich auf Beziehungen einzulassen: »Und weil ich weiß, dass ich morgen schon woanders lande, hab ich keine Freunde, ich hab flüchtige Bekannte.«

Ein Heimatgefühl, die Verbundenheit zu einem bestimmten Ort, entsteht so nicht: »Meine Scholle hab ich an den Schuh'n«, lautet die ernüchternde Bilanz. Heimat, das bedeutet unter dem Vorzeichen einer »geerbten Vertreibung« rastlose Bewegung, ständiges Reisen ohne Ankommen, ohne Ziel.

Warum das Leben so rastlos und ohne Zentrum verläuft, erklärt noch einmal die letzte Liedstrophe. Sie erweitert den Radius von der Erfahrung eines Einzelnen auf viele, vom Singular der Reflexionen des Liedkomponisten und Sängers Rainald Grebe in den Plural der anderen Betroffenen: »Wir sind Flüchtlingskinder. Und ich bin ein Flüchtlingskind. Oh, Flüchtlingskinder flüchten, wo immer sie sind. Wir haben die Russen im Rücken, wo immer wir sind.« Aber »lieber so als auf der Gustloff!«, wie er augenzwinkernd formuliert.

Was Rainald Grebe in seinem Lied mit Humor und leichter Ironie schildert, ist eine Erfahrung, die viele Menschen in Deutschland machen. Die verschiedenen Aspekte, die diese Erfahrung umfasst, kommen auch im Lied zum Ausdruck: eine traumatische Fluchterfahrung im Leben der Eltern bzw. eines Elternteils, die zur Blaupause für das Leben ihrer Nachkommen wird. Sie selbst fühlen sich getrieben und rastlos, kommen nie an, weder bei sich selbst, d.h. im eigenen Leben, noch an einem Ort, der als Heimat gelten könnte. Umzug folgt auf Umzug, und auch beruflich wandert man von einem Durchgangsstadium ins nächste. Menschliche Beziehungen gestalten sich vor diesem Hintergrund ebenfalls ziemlich schwierig.

In der Zeitschrift *Brigitte Woman* beschrieb die Journalistin Karin Hagemeister 2015 ihre Kindheit im Nachkriegsdeutschland der 1960er- und 1970er-Jahre. Sie berichtet von den Anstrengungen ihrer Eltern, eine »normale« Familie zu sein wie alle anderen in ihrer Umgebung auch. Und doch entgeht ihr nicht, dass ihre Familie – und damit sie selbst – anders ist als die Menschen in der Nachbarschaft. Sie stammen fast alle aus der näheren Umgebung, ihre Familie dagegen kam mütterlicherseits aus Ostpreußen. Die Urgroßmutter starb während der Flucht, allein zurückgelassen im Schnee; Karins Mutter wurde als junge Frau nach Sibirien verschleppt und kam erst nach Jahren der Gefangenschaft frei, körperlich und seelisch schwer in Mitleidenschaft gezogen. Während Vater und Mutter um jeden Preis bemüht waren, nach außen das Bild einer gewöhnlichen Familie zu präsentieren, war das Leben zu Hause geprägt von innerer Zerrissenheit und voller Widersprüche.

»Ich begriff früh, dass meine Eltern nicht bloß geschont werden mussten. Vor allem meiner Mutter sollte ich das Leben wieder lebenswert machen. Meine Schwester und ich sollten ihren Traum von einer normalen Familie erfüllen. Nur war an unserer Familie kaum etwas normal.«

Karin Hagemeister schreibt, sie habe viele Jahre sehr unter ihrer Familiensituation gelitten, ohne sie verstehen und ändern zu können. Erst als sie auf das Kriegsenkel-Thema aufmerksam wurde, habe sich ihr ein Weg der Heilung und des Verstehens eröffnet. Viele Kriegsenkel können so eine Erfahrung sofort nachvollziehen.

Sprachstörungen

Wir schreiben das Jahr 2005. Eine Sommerparty bei Freunden im Garten. Die Gespräche drehen sich um den gerade beendeten Urlaub. Meine Frau und ich haben ihn ganz im Osten der Tschechischen Republik verbracht, in den Beskiden, in der Nähe von Ostrava, dem früheren Mährisch-Ostrau. Wir erzählten vom damals noch total desolaten Zustand der Transitautobahnen in Polen, vor allem um Breslau herum. Weiter östlich, hinter Oppeln, erlebten wir dagegen ein neu gebautes Teilstück, an dessen Standstreifen noch mehrere Hinweistafeln der Baufirmen zu sehen waren. Darauf dieser wunderbare Satz, der bei Autofahrern viele leidvolle Erinnerungen an Dauerbaustellen und Fahrbahnverengungen im deutschen Autobahnnetz wachruft: »Wir bauen für Sie.« Nur waren wir nicht in Deutschland unterwegs, sondern mitten in Polen.

Überhaupt: Breslau. Ich erinnere mich noch sehr gut an meine Empfindung, als ich diese Stadt einmal auf einer Party erwähnte. Ich weiß nicht, ob Sie das nachempfinden können, aber das hatte zu jener Zeit, ein paar Jahre nach der Wende und in Mitteldeutschland, wo ich noch immer lebe, einen gewissen Hautgout, es klang fast schon revanchistisch und war unter fortschrittlichen Deutschen verpönt. Hätte ich nicht besser »Wrocław« sagen sollen? So heißt diese viertgrößte polnische Stadt nämlich. Ich hätte auch sagen können, so heißt diese viertgrößte Stadt in Polen heute. Aber dieses Wörtchen »heute« impliziert ein »gestern«, und schon war ich wieder mitten im Dilemma meiner politisch korrekten Wortfindungsstörung. Niemand griff mich damals an, aber ich spürte deutlich, dass ich gerade eine unsichtbare Grenze überschritten und auf irgendeine Weise gegen eine stille Übereinkunft verstoßen hatte, die definierte, was man sagen oder besser nicht sagen sollte.

Jahre später habe ich einen großen Essay über Breslau in polnischer Sprache veröffentlicht, unter dem Titel »Wrocław I Ja«, auf Deutsch »Breslau und ich«. Darin habe ich mich mit der Geschichte dieser wunderbaren Stadt seit 1945 auseinandergesetzt, mit ihrem kulturellen Erbe und ihrer Bedeutung für uns Kriegsenkel, die wir Flucht und Vertreibung nicht erlebten und keine unmittelbare Beziehung zu dieser Stadt mehr haben. Ich habe zahlreiche Besuche in Polen und in Breslau hinter mir und bin interessanterweise keinem einzigen polnischen Gesprächspartner begegnet, der mir gegenüber nicht den alten deutschen Städtenamen »Breslau« verwendet hätte.

Warum erzähle ich diese Geschichte? Weil sie exemplarisch die Ausgangslage verdeutlicht, unter der ich und mit mir viele andere mit der transgenerationalen Spurensuche begannen. Deutschsprachige Hinweisschilder mitten in Polen, eine große Stadt, die einmal Breslau war und heute Wrocław ist. Im Hintergrund der Geschichte dieses Landes und damit auch unserer Biografie existiert ein Bereich, der Fragen aufwirft, der Unsicherheit auslöst. Da gibt es etwas Ungeklärtes, für das lange Zeit keine genaue Sprache existierte. Und die Worte, mit denen sich die Wahrnehmungen und Findungen ausdrücken ließen, waren fragil, tastend, gefährdet.

Die Suche nach einer brauchbaren Sprache ist der vielleicht charakteristischste Befund am Beginn der Kriegsenkel-Erfahrung. Die Suche nach einer solchen Sprache, die das Elend auszudrücken vermag, das die NS-Zeit noch in den Seelen der Nachgeborenen anrichtet, gleicht einer Expedition in ein unbekanntes, wegloses Land. Dort finden sich brauchbare Wegzeichen, Hinweise und Markierungen, die jene so schwer greifbare innere Terra incognita strukturieren, klären und damit begehbar machen, in der immer noch Dämonen aus einer anderen Zeit hausen.

Nicht dazugehören

Wenn Sie Kriegsenkel sind, dann kennen Sie womöglich das Gefühl, dass Sie sich fremd und nicht wirklich zugehörig fühlen, obwohl Sie doch eigentlich fest integriert sind: in der Gemeinschaft der Kollegen, in ihren familiären Beziehungen, im sozialen Netz um Sie herum oder in Ihrem Freundeskreis. Trotzdem existiert ein hartnäckiges Gefühl im Hintergrund, dass es im Grunde doch ganz anders ist. Dass Sie durch eine unsichtbare, nicht fassbare und kaum wahrnehmbare Membran von allem um Sie herum getrennt sind. Sie gehören dazu, und stehen doch abseits. Sie befinden sich mittendrin, und empfinden sich doch als abgetrennt.

Vor einigen Jahren war ich zu einem großen Treffen früherer Studienfreunde eingeladen. Versammelt waren Kommilitonen und alte Freunde aus einer für mich eigentlich glücklichen und auch erfolgreichen Zeit. Damals arbeitete ich in der Diskothek eines Freundes, um mir meinen Lebensunterhalt für meinen Studienabschluss und die bevorstehende Promotion zu verdienen. Irgendjemand hatte eine Fotowand vorbereitet, auf der viele alte Bilder aus diesen Jahren – es war zwischen 1988 und 1990 – zu bestaunen waren.

So wie ich es in Erinnerung hatte, war ich auf vielen dieser Bilder vertreten. Mittendrin und bei allen möglichen Gelegenheiten fotografiert. Was ich bei genauerer Betrachtung wahrnahm, versetzte mich in meine Gefühlswelt von damals zurück. Ich war scheinbar gut integriert in all diese Freundeskreise, Gruppen und Netzwerke. Und trotzdem war da ein klares Gefühl, das beim Betrachten der Bilder wieder hochkam und mir zuflüsterte: Du gehörst da nicht wirklich dazu. Du bist nicht wirklich einer von denen, auch wenn es auf den ersten Blick anders scheint. Du gehörst hier nicht hin.

Du gehörst hier nicht hin – dieses Empfinden durchzieht mein Leben, seit ich denken kann. Es war eines der Grundgefühle meines Lebens. Und es war und ist das Grundgefühl vieler anderer Kriegsenkel, wie ich weiß. Es war ein Begleiter in vielen Lebensphasen: Familie, Freundeskreis, Schule, Hochschule. Aber auf eine lange Zeit unverständliche Art und Weise entzog sich dieses Gefühl jeder Analyse und Befragbarkeit, vergleichbar mit einem Schatten, der zwar vorhanden ist, aber nicht in die Hand genommen und gebogen werden kann. Und auf den ersten Blick gab es auch keinerlei Indizien dafür, dass die Gründe für mein hartnäckiges Gefühl in meiner Familie zu suchen sein würden, die ich als ganz normal empfand und die sich in keinerlei Hinsicht von den anderen Familien unterschied, die mir in meiner Verwandtschaft und im Bekanntenkreis begegneten.

Jahrzehnte meines Lebens blieb dieses Gefühl in der Schwebe, mein Leben konnotierend und immer wieder in Molltöne tauchend, aber als leiser Begleiter stetig an meiner Seite. Ich war Mitte 40, als sich ganz allmählich etwas zu verändern begann.

Die Bilanz in der Lebensmitte

Entwicklungspsychologisch gesehen steht das Alter zwischen 35 und 45 Jahren für die Lebensmitte, die erste Hälfte ist geschafft. Es ist die Zeit für ein Resümee, für eine eingehende Lebensbilanz. Menschen, die ihre Lebensmitte erreicht haben (und zwar die empfundene, nicht diejenige, die sich aus der Altersstatistik ergibt), fassen ihren Lebensweg bis hierher zusammen. Sie untersuchen ihre Biografie daraufhin, was gut und was weniger gut war. Sie resümieren, wo sie erfolgreich waren und wo nicht, und sammeln damit das Marschgepäck für den nächsten wichtigen Lebensabschnitt, der ihnen nun bevorsteht.

In dieser Phase ist es wichtig, nicht nur den eigenen Lebenslauf Revue passieren zu lassen, sondern es geht auch um Kongruenz und Stimmigkeit; das heißt, es geht nicht nur um die Summe selbst, sondern auch um einen Abschluss. Der bevorstehende Lebensabschnitt soll von alten Lasten frei und mit allen zur Verfügung stehenden Ressourcen beschritten werden können. Biografiegeschichtlich noch Ungeklärtes sollte jetzt geklärt sein, offene Fragen sollten beantwortet werden.

»Normalerweise«, und ich setze diesen Begriff bewusst in Anführungszeichen, normalerweise also ist der Gipfel der Berufsleiter mit Mitte 40 erklommen – oder doch zumindest so gut wie. Die Kinder sind aus dem Haus, und dasselbe ist abbezahlt. Kreuzfahrten stehen auf dem Programm oder der Besuch eines Zen- Klosters. Manche meinen, jetzt sei die Zeit für einen neuen Job gekommen oder für eine neue Partnerin, einen neuen Partner. Als Jungbrunnen natürlich.

Dies ist der Zeitpunkt, an dem Kriegsenkel begreifen, dass mit ihrer eigenen Biografie etwas ganz und gar nicht in Ordnung ist. Es gibt Ungeklärtes, das sich nicht klären lässt, und Fragen, die einfach keine Antwort finden. Die Gleichung des

Lebens scheint nicht aufzugehen. Sie enthält eine oder auch mehrere Unbekannte, die sich nicht aus der eigenen Lebensgeschichte ableiten lassen. Es sind Fragen wie diese, die sich Kriegsenkel stellen und deren Antworten sich nicht innerhalb der Lebensspanne zwischen Geburt und Gegenwart ausfindig machen lassen:

> Wieso hat sich mein Leben nicht so entwickelt wie das der vielen anderen um mich herum scheinbar auch, nämlich einigermaßen geradlinig, in sich stimmig und planbar, warum nicht auch: erfolgreich?

> Wieso klappt das nicht so richtig mit Beruf und Berufung, obwohl die Voraussetzungen dafür und die Qualifikationen eigentlich stimmen müssten?

> Auch Erziehung und Familie sind immer wieder Themen, mit denen sich Kriegsenkel herumplagen: Wieso lebe ich nicht in einer stabilen Beziehung? Warum ist es mir nicht gelungen, eine Familie zu gründen? Hier klingt das Thema Kinderlosigkeit an. Es ist ein Thema, das viele Kriegsenkel betrifft und schmerzt.

Diese – und noch andere Fragen – sind es, die für viele den Anfang des Weges als Kriegsenkel markieren. Vieles, insbesondere der Wunsch nach Kindern, ist kaum noch oder gar nicht mehr zu realisieren, wenn er bis zur Lebensmitte nicht verwirklicht und das damit verbundene Defizit bewusst wurde. Und so sind es vielfach das Leiden an der eigenen Biografie und der Schmerz darüber, dass das Leben anders verlaufen ist als gewünscht und vielleicht geplant, welche die Suche nach Gründen für den krummen Verlauf des eigenen Lebens, aber auch für Scheitern und Schuld einleiten.

Aber: Wenn die Ursachen für eigene Erfahrungen nicht in der eigenen Biografie gefunden werden können, dann müssen sie von anderswoher stammen. Allein diese Erkenntnis hat bei vielen Jahrzehnte gebraucht, bis sie heranreifen konnte. Zu erkennen, dass die vorgeburtliche Familiengeschichte einen enormen Einfluss auf das eigene Leben hat, war der entscheidende Schritt, das bislang Unverständliche durchschauen zu können. Die Geschichte der eigenen Familien wird an dieser Stelle relevant: Auf welche Weise waren die Angehörigen in der NS-Zeit verstrickt? Was haben sie getan, was erlebt?

Der Kriegsenkel-Weg beginnt mit der Einsicht, dass der Krieg näher am eigenen Leben ist als gedacht. Und damit auch die Erfahrungen der eigenen Familie aus dieser Zeit. Und gleichzeitig wächst das Bewusstsein für die weißen Flecken, für das Unausgesprochene, Lauernde, im Verborgenen Rumorende, das nicht nur im Hintergrund der noch unausgeleuchteten Familiengeschichte wartet, sondern auch im Hintergrund dieses Landes, seines Selbstverständnisses und seiner Gesellschaft.

Der Horizont weitet sich

Manche Themen brauchen lange, bis sie sich in das Bewusstsein gegraben haben. Je dicker die Schichten, unter denen etwas verborgen liegt, desto länger ist sein Weg bis zur Oberfläche, bis es sich zeigen kann. Vor allem schwere Themen haben es an sich, dass sie gern im Verborgenen bleiben. Und zwar solange es geht und keine Notwendigkeit besteht, sich mit ihnen auseinandersetzen zu müssen. Das Kriegsenkel-Thema ist ein solches.

Dabei sind es nicht die Betroffenen selbst, die das Thema »unten« halten, im Unterbewusstsein des Einzelnen bzw. des Kollektivs. Es sind vielmehr gesellschaftliche Grundüberzeugungen, auch Tabus, die es erschweren, sich mit bestimmten Sachverhalten auseinanderzusetzen, ja sich ihnen überhaupt anzunähern.

Es waren Psychoanalytiker, Psychologen, Sozial- und Erziehungswissenschaftler wie der bereits zitierte Hartmut Radebold, die unserem Thema den Weg bahnten. Mit ihren Untersuchungen setzten sie schon in den 90er-Jahren des vergangenen Jahrhunderts ein Thema auf die Tagesordnung, das es in Deutschland bis dahin offiziell nicht gab. Kaum jemand hatte sich bis dahin um die »vergessene Generation« der Kriegskinder gekümmert, deren Erfahrungen und deren Leiden Jahrzehnte unbeschrieben blieben. PTBS, die »posttraumatische Belastungsstörung«, unter der zahlreiche Kriegskinder litten und bis heute leiden, war in Deutschland bis zur Jahrtausendwende noch weitgehend unbekannt.

Anfang des neuen Jahrtausends weitete sich der Horizont. Forscher fragten nicht mehr nur nach den Erfahrungen der Kriegskinder, sondern nahmen erstmals auch die Auswirkungen in den Blick, die kriegsbelastete Kindheiten auf die Nachfolgegenerationen haben können. Der Begriff der »transgenerationalen Weitergabe« entstand in diesem Zusammenhang und wurde rasch populär. Auf Menschen, die schon erste Ahnungen von den tieferen Zusammenhängen ihrer eigenen Biografie überkamen, wirkte dieser wissenschaftlich geprägte Terminus geradezu elektrisierend. Er bewies ihnen, dass sie auf der richtigen Spur waren mit ihren Vermutungen, dass die Kriegsschicksale innerhalb ihrer Familie Auswirkungen auf ihre eigene Lebensgeschichte haben könnten. Jetzt ging es nur noch darum, herauszufinden, wie diese generationenübergreifenden Verbindungen aussahen und welche Einflüsse im eigenen Leben manifest geworden waren.

Es waren allen voran die von mir bereits genannten Autorinnen Anne Ev-Ustorf und Sabine Bode, die mit ihren Fallstudien das Thema voranbrachten und im öffentlichen Bewusstsein verankerten. Ihre Bestseller »Wir Kinder der Kriegskinder – Die

Generation im Schatten des Zweiten Weltkriegs« und »Kriegsenkel – Die Erben der vergessenen Generation« lieferten zahlreichen Leserinnen und Lesern den ersehnten Beweis dafür, dass
sie mit ihren Vermutungen, Selbstdiagnosen oder bereits erfolg-
ten familienbiografischen Untersuchungen richtiglagen. Beide
Titel – und weitere, die zum Thema folgten – bestätigten die in-
tuitive Vermutung vieler Kriegsenkel, dass es ein »Missing Link«
in ihrer Lebenserzählung gibt, das nicht innerhalb der eigenen
Lebensspanne verortet werden kann. Es ist richtig, in der Biografie der Vorfahren, der Eltern und Großeltern vor allem, nach den
Unbekannten in der eigenen Lebensgleichung zu suchen. Vielen
anderen Altersgenossinnen und Altersgenossen geht es wie ihnen! Welch eine befreiende Erfahrung war das für viele, welch
ein Ansporn, auf dem eingeschlagenen Weg weiterzugehen.

Das Zauberwort

Das Wort »Kriegsenkel« bahnte sich seit Ende des letzten Jahrzehnts unaufhaltsam seinen Weg in eine noch immer desinteres-
sierte, wenn nicht skeptisch eingestellte deutsche Mehrheitsge-
sellschaft hinein und wurde für viele Angehörige der mittleren
Generation in Deutschland zum »Zauberwort«, ganz im Sinne
der Zeilen Joseph von Eichendorffs, die viele Ältere noch in der
Schule gelernt haben:

> »Schläft ein Lied in allen Dingen,
> die da träumen fort und fort,
> und die Welt hebt an zu singen,
> triffst du nur das Zauberwort.«

Ja, »Kriegsenkel« ist in der Tat ein Zauberwort. Ihm wohnt die
motivierende Kraft inne, schlafende Lieder, in diesem Fall ver-

borgene Erinnerungen, aus den Tiefen und Abgründen der eigenen Familiengeschichte ausfindig zu machen und die Welt der nach Einsicht und Erklärung Suchenden wieder zum Singen zu bringen. Was metaphorisch betrachtet nichts anderes bedeutet, als auf eine ganzheitliche, vollständige Art wieder lebendig werden zu können – jenseits aller Erbschaften aus einer düsteren Zeit!

Insofern beinhaltet das Wort »Kriegsenkel« auch eine Verheißung: Es gibt einen Weg, der aus der Frustration über einen als defizitär empfundenen Lebensweg herausführt. Es verheißt Hoffnung, dass Heilung möglich ist. Dass es eine Möglichkeit gibt, sich mit der eigenen Biografie auszusöhnen und ihren Verlauf annehmen zu können, auch wenn er alles andere als vollkommen ist. Diesen Weg gibt es. Er kann beschritten werden. Es ist ein praktikabler Weg, denn viele andere sind ihn bereits gegangen oder befinden sich noch auf der Reise. Und ihre Erfahrungen sind ermutigend.

Die Kriegskinder standen bei der Geburt des Themas Pate. Warum sollte die Nazizeit mit all ihren schrecklichen Folgen nur ihnen etwas ausgemacht haben und nicht auch uns, ihren Kindern? Mit dieser Frage war der erste Schritt auf dem Weg der Kriegsenkel getan, bei einigen schon in den 1990er-Jahren, obwohl das Wort für ihr besonderes Schicksal damals noch nicht geboren war.

Das bedeutet aber nicht, dass die Kriegskinder ein tiefer gehendes Verständnis für die Frage der eigenen Kinder aufgebracht hätten. Jedenfalls am Anfang nicht. Veranstaltungen, die von Kriegskindern und Kriegsenkeln gemeinsam besucht wurden, führten oft zu Konflikten und Streit; das ist zumindest die Erfahrung, die ich bei meinen Seminaren gemacht habe. Die Thematisierung einer Kriegsenkel-Erfahrung führte bei vielen Älteren zu Abwehr und Kritik. Sie fühlten sich schnell beschuldigt, schlechte Eltern gewesen zu sein, obwohl sie doch nach überstandener Flucht, dem Verlust der materiellen Habe im Osten und in der entbehrungsreichen Nachkriegszeit alles unternommen hätten, damit es ihre Kinder einmal besser haben. Dass es gar nicht um Schuldzuweisungen der Jüngeren an die Älteren ging, sondern um etwas ganz anderes, das begriffen viele Kriegskinder lange nicht.

Anfangs war auch deutlich zu spüren, dass man mit solchen Überlegungen zu diesem Zeitpunkt noch vermintes Gelände betrat. Dafür gebe es keine wissenschaftlichen Belege, lautete einer der harmloseren Vorwürfe. Schwerer wog die Unterstellung, die in Gesprächen immer wieder zu hören war, man wolle doch nur von deutscher Schuld ablenken oder sich von den Verbrechen der Deutschen in der NS-Zeit womöglich reinwaschen. Denn viele Kriegskinder waren aufgrund ihres Alters Opfer geworden, an der Seite der Mutter in Luftschutzkeller eingeschlossen und frühtraumatisiert, auf der Flucht um Haaresbreite dem Tod entronnen, während der Vertreibung Zeuge der Vergewaltigung der eigenen Schwester usw. Und es waren diese Erfahrungen und Schicksale, deren Echo die späteren Kriegsenkel in ihrem Leben zu spüren begannen.

Viele Kritiker waren vor zehn Jahren der Auffassung, angesichts der Übermächtigkeit der deutschen Verbrechen unter dem Nationalsozialismus solle über deutsche Opfer gar nicht gesprochen werden. Und diejenigen, die konzedierten, dass man durchaus über deutsche Opfer reden könne, meinten, man solle dies nicht laut und schon gar nicht öffentlich tun.

Für viele, die sich mit den generationenübergreifenden Auswirkungen von Kriegs- und Gewalterfahrungen im Interesse einer biografischen Selbstklärung beschäftigten, war dies nicht hilfreich. Die Frage, darf ich das überhaupt, werde ich damit vielleicht sogar unbeabsichtigterweise politisch vollkommen falsch eingeschätzt, lag in der Luft und stellte nicht gerade eine Ermutigung dar, den Weg fortzusetzen. Das gesellschaftliche Klima in diesem Land unterstützt die Suche nach Antworten nicht unbedingt, wenn die familiären Vorerfahrungen nicht in ein mehrheitsfähiges Akzeptanzraster passen. Auch dies ist eine Erfahrung, die Kriegsenkel am Anfang ihres Weges gemacht haben.

Ich glaube nicht, dass sie tatsächlich häufig mit solchen Vorwürfen konfrontiert worden sind. Aber der Eindruck ist ja nicht von der Hand zu weisen, dass es besser wäre, wenn Opfer-Erfahrungen der deutschen Zivilbevölkerung im Krieg nicht angesprochen werden. Er wirkt wie eine innere Zensur und führte dazu, dass es vielen Kriegsenkel am Anfang ihres Weges schwerfiel, gegenüber Dritten über ihre Vermutungen zu sprechen. Manche taten dies auch ihren Partnern und Familienangehörigen gegenüber nicht. So blieben sie lange mit ihren inneren Prozessen auf sich gestellt und allein, bis dieses Thema Ende des letzten Jahrzehnts anfing, einen regelrechten Sog zu entwickeln.

Die ersten Seminare für Kriegsenkel wurden angeboten, so beispielsweise von Sabine Bode und ihrem Mann, dem Psychotherapeuten Georg Bode, in der damaligen Akademie Sandkrughof bei Hamburg. Diese Seminare waren Foren, in denen viele Kriegsenkel zum ersten Mal erlebten, mit ihren Überlegungen und Hypothesen nicht allein zu sein. Wichtiger noch: Sie trafen auf Menschen, die die gleiche Sprache sprachen wie sie, die über die gleichen Erfahrungen aus ihrem Familienalltag zu berichten wussten und deren Lebensgeschichte sich auf verblüffende Weise zu ähneln schien – manchmal bis in Details hinein.

Immer mehr Menschen erlebten sich in einem Erfahrungskontinuum miteinander verbunden. Der Begriff Kriegsenkel entwickelte sich zu einem Codewort für eine Bewegung, die sich trotz des Schmerzes angesichts einer Lebensgeschichte unter dem Traumaschatten als Avantgarde zu betrachten begann. Wer sich heute Kriegsenkel nennt, muss nicht mehr befürchten, bei seinem Gegenüber die falschen Assoziationen auszulösen. Das Thema ist mittlerweile konstelliert, also im Mainstream unserer Gesellschaft angekommen. Es wird von vielen Einzelnen getragen, deren Erfahrungen damit auch zu einer Veränderung des Klimas im Land beitragen, zu einer Entideologisierung des Diskurses über die Erfahrung, die Millionen deutsche Zivilisten insbesondere vor und bei Kriegsende sowie kurz nach dem Zweiten Weltkrieg gemacht haben.

BIS INS VIERTE GLIED …

Mit dem Kriegsenkel-Thema verbindet sich die Einsicht, dass die Biografie eines Menschen nicht nur genetisch und psychosozial determiniert ist, wie das der Populärindividualismus der Moderne suggeriert. Vielmehr wirken sich auch Erlebnisse und Erfahrungen der Eltern, aber auch der Großeltern mittelbar auf die Lebensgeschichte der Nachkommen aus. Deren Biografie erklärt sich nicht allein aus der eigenen Lebensspanne heraus. Es gibt prägende Kräfte, die dem eigenen Leben vorgelagert sind und die wir unseren Vorfahren zu verdanken haben. Kriegsenkel haben damit einen Wirkungszusammenhang wiederentdeckt, der seit alters zum anthropologischen Wissensbestand aller Kulturen und Völker der Welt zählt.

In vielen kulturgeschichtlichen Überlieferungen, in den heiligen Schriften zahlreicher Völker finden sich Belege dafür. Diese Überlieferungen, seien es der Tanach der Juden, die Bibel der Christen, der Koran der Muslime, die Veden der Hindus oder die mündlich von Generation zu Generation weitergegebenen Erzählungen autochthoner Völker, sie alle sprechen von übergeordneten Wirkzusammenhängen, in die der Mensch eingebettet ist. Immer geht es dabei um Kräfte, die sich ganz konkret für ihn auswirken: »Wer von jemandes Schatten getroffen wird, kommt in dessen Gewalt« (Bertholet, Wörterbuch der Religionen). Die Macht des Schattens entstammt zwar einem archaischen, nämlichen magischen Weltverständnis. Sie lässt sich aber ebenso metaphorisch in einem transgenerationalen Sinn verstehen, wie sofort deutlich werden wird.

In vielen traditionellen afrikanischen Kulturen spielen die Ahnen eine zentrale Rolle, sowohl für die Gemeinschaft als auch für das persönliche Leben und die Sicht des Menschen auf die Welt. Die Verstorbenen gesellen sich nach dem Tod zu den Ahnen und bleiben so Teil der Familie bzw. des gesamten Clans. Der höchste Respekt gilt dabei jeweils den Eltern und Großeltern, sodass sich eine Ahnenhierarchie ergibt, an deren Spitze jeweils die zuletzt Verstorbenen stehen.

Der Kultur-und Religionshistoriker Rainer Mahlke, der die südafrikanischen Zulu-Völker erforschte, hat gezeigt, dass die Verstorbenen untrennbar mit den Clan-Mitgliedern verbunden sind. Jede Großfamilie, jeder Clan besteht aus lebenden und toten Angehörigen. Dabei erinnert man sich rituell jeweils an die drei zuletzt verstorbenen Generationen, die somit im Alltagsleben des Clans gegenwärtig sind. Für unseren Zusammenhang ist nun interessant zu sehen, dass das Wohlergehen der Gemeinschaft an dieser Vergegenwärtigung der Ahnen hängt. Wiederholte Zeremonien und regelmäßige Speiseopfer bringen die genealogische Bindung zum Ausdruck.

Die Verstorbenen bleiben jedoch nicht nur hypothetisch präsent. Sie erscheinen Clanmitgliedern in Träumen, Visionen oder anderen Erscheinungen, wobei sie jeweils in ihrer früheren irdischen Gestalt auftreten, und teilen auf diese Weise ihren Willen mit. Nach Zulu-Überzeugung begleiten und leiten sie auf diese Weise das Leben ihrer Nachkommen. Krankheiten, Unfälle oder der Verlust des Arbeitsplatzes werden als Missachtung des Willens der Ahnen gedeutet.

In seinem Buch »Prophezeiung und Heilung« schildert Rainer Mahlke die Geschichte eines südafrikanischen Polizisten aus einem Zulu-Clan. Er hatte über einen längeren Zeitraum hinweg seine Ankündigung nicht eingelöst, für seine verstorbenen Großeltern ein Opferfest zu veranstalten. Dieser Polizist wird eines Tages ohne eigenes Verschulden in einen Bestechungsskandal involviert, der seine berufliche Existenz aufs Spiel setzt. In seiner Verzweiflung wendet er sich mit der Bitte um Hilfe an den Heiler-Propheten seines Dorfes. Dieser erklärt ihm, dass ihn seine Ahnen bei seinem gefährlichen Job als Polizist ständig beschützt hätten und immer an seiner Seite gewesen wären. Durch sein nicht eingelöstes Versprechen habe er sich aber selbst außerhalb ihres Schutzes gestellt und sich dadurch wehrlos und angreifbar gemacht.

Er könne seinen Fehler jedoch wiedergutmachen und den Schutz wiederherstellen, indem er das angekündigte Fest endlich veranstalte, was er dann auch tat.

In der Vorstellungswelt vieler afrikanischer Völker und traditioneller Kulturen in anderen Erdteilen bilden Lebende und Verstorbene eine Gemeinschaft, wobei die Ahnen gegenüber den Lebenden als die Stärkeren und Mächtigeren verstanden werden. Ihre Macht beschützt, der Entzug dieser Macht gefährdet die Existenz. Wer vergisst, ihnen zu opfern – und die Ahnen sind in den Vorstellungswelten der autochthonen Völker immer hungrig –, gefährdet sich selbst.

Von der Idee, dass die Vorfahren mit ihren Nachkommen in einem existenziellen Kontinuum verbunden sind und beide nicht voneinander getrennt werden können, haben sich die »entwickelten« Völker des Westens schon lange verabschiedet. Aber: Die Kriegsenkel-Erfahrung erhebt hier Einspruch. Kriegsenkel haben selbst erlebt, dass die Vorgängergenerationen Einfluss auf ihr Leben ausüben und dass sie ihr Leben beeinflussen können, wenn auch nicht unbedingt zum Guten. Das ist etwas ganz anderes, als die Leit-Ideologie der Moderne von der beinahe absolut gesetzten Autonomie des Individuums meint. Dabei ist die Vorstellung, dass der Mensch in ein Geflecht aus Beziehungen und Kräften eingebunden ist, die seine Autonomie eher relativieren, auch unserem Kulturkreis keineswegs fremd.

Aus der Sprache der Polynesier stammt das deutsche Lehnswort Tabu. Bei den Maori, den polynesischen Ureinwohnern Neuseelands, steht »tapu« ebenfalls für den ganzheitlichen Wirkzusammenhang zwischen den Vorfahren und den Lebenden. Mit »tapu« werden Orte und Dinge bezeichnet, die der göttlichen Sphäre angehören. Sie zu berühren birgt tödliche Gefahr, weshalb sich jeder von ihnen fernhalten muss. In der traditionellen Kultur der Maori waren dies die Gräber der Häuptlinge, aber auch heilige Orte, Dinge und Schriften. Den christlichen Missionaren machte dies sehr zu schaffen, denn die Maori erklärten auch die Heilige Schrift der Christen sofort zu »tapu«: Die Bibel wurde auf dem Firstbalken des Marai, des Versammlungshauses, abgelegt, wo niemand Gefahr laufen konnte, sie in die Hand zu nehmen und sich dadurch in Gefahr zu bringen! Es erstaunt nicht, dass der Erfolg der Missionare anfangs sehr überschaubar blieb.

Auch im jüdisch-christlichen Kulturkreis, in der Bibel, finden sich viele Belege für den hier diskutierten Zusammenhang. Die auch unter Kriegsenkeln wohl bekannteste Belegstelle lesen wir über den alttestamentarischen Gott Jahwe im zweiten Buch Mose, in Exodus 34,7 (ähnlich Ex.20, 5–6):

»Ungestraft lässt er niemand, sondern sucht die Missetat der Väter heim an Kindern und Kindeskindern bis ins dritte und vierte Glied.«

Der Prophet Ezechiel (Lutherübersetzung: Hesekiel), der um das Jahr 600 v. Chr. zu den ins babylonische Exil vertriebenen

Israeliten gehörte, zitiert ein Sprichwort seiner Landsleute (Ezechiel 18,2):

»Die Väter haben saure Trauben gegessen, aber den Kindern sind die Zähne davon stumpf geworden.«

Und der Verfasser der Klagelieder, die in der Tradition dem Propheten Jeremia zugeordnet werden, schreibt ebenfalls nach der Vertreibung seiner Landsleute nach Babylon im 6. Jahrhundert v. Chr. (Klg. 5):

»Gedenke, Herr, wie es uns geht:
Schau und sieh an unsere Schmach!
Unsere Väter haben gesündigt und leben nicht mehr,
wir aber müssen ihre Schuld tragen.
Unser Erbe ist den Feinden zuteilgeworden
Und unsere Häuser den Ausländern.
Sie haben die Frauen geschändet
und die Jungfrauen.
Jünglinge mussten Mühlsteine tragen
und Knaben beim Holztragen straucheln.
Es sitzen die Ältesten nicht mehr im Tor
und die Jungen nicht mehr beim Saitenspiel.
Unseres Herzens Freude hat ein Ende,
unser Reigen ist in Wehklagen verkehrt.
Darum ist auch unser Herz krank,
und unsere Augen sind trübe geworden.
Hast du uns denn ganz verworfen?«

Die Väter haben gesündigt und sind nicht mehr am Leben, und die Kinder müssen ihre Schuld tragen – diese Aussage ist mit dem Text, dem sie entstammt, fast 3000 Jahre alt. Liest sie sich nicht wie eine Paraphrase aktueller Kriegsenkel-Erfahrungen? Auch die Textpassage, aus dem dieses Wort stammt, korrespondiert mit unserem Thema. Die Anklänge an Flucht und Vertreibung, die bei vielen Kriegsenkeln den familienbiografischen Hintergrund bilden, sind unübersehbar. Dies verwundert nicht, denn das alttestamentarische Buch der Klagelieder reflektiert die Deportation der Einwohnerschaft des israelitischen Komplementärstaates Juda nach Babylon unter Nebukadnezar und das zumindest zeitweilige Ende der Staatlichkeit Israels.

Das Erbe wird Feinden zuteil, Ausländer wohnen jetzt in Häusern, die früher in Familienbesitz waren, Frauen werden vergewaltigt, die Überlebenden werden in die Zwangsarbeit getrieben – Ähnliches erlitt auch die deutsche Zivilbevölkerung bei Kriegsende im Osten. Die hier gemeint sind, sind jedoch nicht die Alten, denn sie sind tot. Es sind ihre Kinder, die dem Sog der Katastrophe nicht ausweichen konnten, die ihre Eltern erlebt bzw. zu verantworten haben.

Sie, die Vorgängergeneration, hat Schuld auf sich geladen, denn sie hat die Katastrophe ursächlich zu verantworten. Vor drei Jahrtausenden in Israel wie vor inzwischen 75 Jahren in Deutschland hat die Katastrophe eine einzige Ursache: die Sünde der Väter. In den Klageliedern wird sie für das nachfolgende Unglück verantwortlich gemacht und deshalb an erster Stelle benannt. Soll niemand Ursache und Wirkung miteinander verwechseln. Auch der Begriff Sünde, oft moralisierend gemeint und moralisierend gebraucht, ist an dieser Stelle durchaus passend, wenn wir an die Rassenideologie und die Verbrechen der Nationalsozialisten denken.

Das Leid der Deutschen am Ende des Krieges, bei Flucht und Vertreibung, die Komprimierung des deutschen Staatsgebietes durch Abtrennung der Ostprovinzen, immerhin 114 000 km² und damit ein Viertel des Deutschen Reichsgebietes nach den Grenzen von 1937, all dies wurzelt letztlich in jenem 30. Januar 1933, dem Tag, an dem Adolf Hitler zum Reichskanzler ernannt wurde. Die deutsche Katastrophe nahm ihren Ausgangspunkt mit der Machtübernahme durch die Nationalsozialisten, die von so vielen Deutschen gewollt und frenetisch bejubelt wurde. Sie bahnte sich in beispiellosen Verbrechen vor und während des Krieges an Minderheiten, Juden, Polen, Russen und anderen an und schlug schließlich mit voller Wucht auf die Deutschen selbst zurück.

Dass Staaten und Reiche in ihrer aktuellen Gestalt keinesfalls von ewiger Dauer und Grenzen nicht für die Ewigkeit gemacht sind, dass es kein natürliches Besitzrecht für das Land gibt, das ein Volk bewohnt, auch dies zählt zum anthropologischen Erfahrungsfundus der Kulturgeschichte. Im Buch Hiob (Kap. 9) heißt es:

> »*Er tut große Dinge, die nicht zu erforschen sind.*
> *Er macht etliche zum großen Volk und bringt sie wieder um.*
> *Er breitet ein Volk aus und treibt es wieder weg.*
> *Völker werden sich vor ihm entsetzen, und jedes Angesicht erbleicht.*
> *Vor ihm erzittert das Land und bebt der Himmel,*
> *Sonne und Mond werden finster, und die Sterne halten ihren Schein zurück.*
> *Er bewegt ein Land aus seinem Ort, dass seine Pfeiler zittern.*«

Damit beende ich den biblischen Exkurs. Die genannten Stellen habe ich ausgewählt, weil sie die kulturgeschichtlichen Tiefendimensionen des in diesem Buch beschriebenen Zusammenhangs verdeutlichen. Denn auch so lassen sich die religiösen Überlieferungen aller Völker und Zeiten lesen: als Archive menschlichen Erfahrungswissens, als Reflexionen konkreter historischer Erfahrungen und als Versuche, diese Erfahrungen in einen gültigen, nämlich zeitunabhängigen Deutungsrahmen zu übertragen, um sie zu verstehen und im kulturellen Gedächtnis zu bewahren.

Das ist, wie wir gesehen haben, bei traditionell lebenden Völkern ebenso der Fall wie im christlich geprägten Kulturkreis. Auf jeden Fall wird die Einsicht vermittelt, dass die Vergangenheit für die heute Lebenden eine existenzielle Rolle spielt. Das ist auch in den asiatischen Religionen nicht anders. Hier sind es vor allem die bekannten Konzepte von Reinkarnation und Karma, die Grundüberzeugungen in Hinduismus und Buddhismus sind und ebenfalls auf diesen Zusammenhang verweisen.

Auch der Karma-Gedanke beruht auf der Vorstellung eines über die Grenzen der Person hinausreichenden Wirkkontinuums. Was der Mensch in diesem Leben tut, wie er sich verhält und was er leistet, das wirkt sich zum Guten oder Schlechten auf seine nächste Wiederverkörperung aus. Der Zusammenhang kann moralisch verstanden werden: Gute Taten ziehen ein »gutes« Karma nach sich, schlechte Taten »schlechtes« Karma. So versteht man Karma in der asiatischen Volksreligiosität und in populären westlichen Adaptionen von Hinduismus und Buddhismus.

Seinem Kerngedanken nach beschreibt der Karma-Begriff aber einen neutralen Wirkungszusammenhang. Was immer ein Mensch tut, wirkt sich aus. Er schafft allein deshalb schon Karma, weil er existiert. Auch wenn hier nicht auf die Generationenfolge, sondern auf Reinkarnation, also Wiedergeburt, Bezug genommen wird: Der Gedanke, dass menschliches Handeln und Empfinden nicht auf das Leben des jeweiligen Akteurs beschränkt bleiben, sondern eine Wirkung verursachen, die dieses Leben überschreitet, deckt sich mit der Kriegsenkel-Erfahrung.

Die Marginalisierung der Erinnerung

Das im kulturellen Gedächtnis der Völker und Zeiten aufbewahrte Wissen zeigt, wie unglaublich viel Vergangenheit in unserem Leben präsent ist. In der Tradition afrikanischer Weisheit heißt es sogar: Die Vergangenheit bestimmt über das Leben der Menschen. Werden die Ahnen nicht gut behandelt, dann rächt sich das, und die Menschen geraten ins Unglück.

Auch die Marginalisierung der Erinnerung an die Leiden der deutschen Zivilbevölkerung am Ende des Zweiten Weltkriegs, ihre Verdrängung als Folge der gesellschaftspolitischen Entwicklung vor allem der 1970er-Jahre hatte metaphorisch ausgedrückt zur Folge, dass Deutschland seine Ahnen schlecht behandelte. In diesem Fall allerdings waren es die noch sehr vitalen unmittelbaren Vorfahren, vor allem die Eltern und Großeltern, deren Erinnerungen an ihre Flucht und Vertreibung aus dem Osten, die Hölle des alliierten Bombenkriegs gegen die deutschen Städte, an Vergewaltigungen und Hunger nicht mehr erwünscht waren und über die kaum noch jemand sprechen wollte. Das Nicht-sprechen-Wollen betraf zum einen die Elterngeneration selbst, weil ihre Erfahrungen vielfach zu belastend waren, zum anderen aber auch ihre Kinder. Auch sie verfügten über kein Instrumentarium, um mit dem Leid umzugehen. All dies schien nicht mehr in eine auf Zukunft ausgerichtete, nach vorn blickende und nach dem Aufbruch in eine bessere, friedlichere Welt schmeckende Zeit zu passen.

Dabei hatte die Katastrophe am Kriegsende gerade für die Bevölkerung ein derart ungeheuerliches Ausmaß erreicht, dass man sie eigentlich gar nicht hätte ignorieren können. Etwa ein Viertel der deutschen Nachkriegsbevölkerung dürfte zur Gruppe der unmittelbar Kriegsbetroffenen zählen, drei Viertel waren demnach mittelbar betroffen. Was bedeutet es, wenn – bezogen auf die 1970er-Jahre, das prägende Jahrzehnt der Kriegsenkel – gerade einmal 30 Jahre nach Ende des Krieges außer den Funktionären der Heimatvertriebenen niemand mehr über das Grauen des Krieges spricht? Und auch diesen Statthaltern einer verlorenen Heimat hörte kaum noch jemand zu, galten sie doch als ewig Gestrige, über die die Geschichte längst hinweggegangen sei.

Wenn ein Volk aber seine eigene Geschichte nicht mehr vergegenwärtigt, beraubt es sich der Möglichkeit, diese Geschichte zu verarbeiten und sie in die Vergangenheit zu entlassen. Der Respekt vor den Alten, ob sie nun noch leben oder sich bereits den Ahnen zugesellt haben, die Würdigung der Erfahrung alter Menschen, ihrer Weisheit, sichert das Überleben des Clans. Der Respekt vor der Vergangenheit lässt sie eine gute Zukunft antizipieren. Deshalb werden die Alten geehrt, ihre Lebenserfahrung und Lebensweisheit stellen im Kern die Seele des Volkes dar. Umgekehrt bedeutet es Unglück für die Jüngeren, wenn den Alten dieser Respekt verweigert wird und man ihre Lebenserfahrung und Weisheit missachtet.

Die Nachkriegsentwicklung in Deutschland hat in Bezug auf Kriegs- und unmittelbare Nachkriegserfahrungen nun genau eine solche analoge Entwicklung genommen: Die Erfahrungen der Alten wurden in den gesellschaftlichen Untergrund verbannt und den Jüngeren damit der Weg in eine gute und gedeihliche Zukunft verbaut. An dieser Entwicklung haben die Älteren durchaus ihren Anteil, denn über das Trauma von Unfreiheit, Mitläufertum, Krieg, Flucht und Vertreibung zu sprechen und die Erinnerung daran wachzuhalten ist immerzu schmerzlich. Zu nah waren die Ereignisse und zu präsent die Bilder, als dass man sich ihnen gerne hätte aussetzen wollen.

Da war es schon besser, auf Schmerzvermeidung zu setzen und jene Glückskarte zu ziehen, die eine von den Lasten der

Vergangenheit befreite, unbeschwerte Gegenwart und Zukunft verhieß. Wir damals Jungen übernahmen diese Projektionen gerne. Lebenserfahrung hatten wir so gut wie nicht, sodass wir den an den Himmel gemalten Wolkenschlössern vertrauten und unser Leben nach ihnen ausrichteten. Dass deren Türmchen, Erkerchen und Prinzessinnenpaläste von den rauen Winden der Wirklichkeit fortgeweht werden würden, das erlebten wir relativ bald. Doch erst als Kriegsenkel und damit eher spät im Leben begriffen wir, wie falsch die Entscheidung gewesen war, die Vergangenheit abzuschieben. Nein, ganz verschwunden war sie nicht.

Hatten nicht unsere Vorgänger, die 68er, ausgiebig mit den Verstrickungen ihrer Eltern und Großeltern in das faschistische Regime und dessen Verbrechen abgerechnet? War damit nicht alles gesagt, und vor allem: Waren inzwischen nicht die richtigen gesellschaftspolitischen Schlussfolgerung gezogen worden? Hatte man nicht die Globkes und Filbingers bloßgestellt und aus der politischen Verantwortung verbannt? Es wäre wirklich zu schön gewesen.

Als Kriegsenkel begriffen wir, dass wir den Weg anderer nicht nachgehen können. Wir würden die Reise in die Terra incognita der Geschichte selbst antreten müssen, sie war zwar unser aller Geschichte, aber wie sie sich in unser eigenes Leben eingeprägt haben würde, das mussten wir schon selbst herausfinden.

Die Verdrängung der Geschichte der Alten hat nicht nur den Zugang zu ihren traumatischen Erlebnissen versperrt. Sie hat, und auch das ist eine Lehre, die die Kulturgeschichte für uns, auch ihre positiven Kräfte für uns blockiert. In dem Maße, in dem die Trauer über den Verlust nicht ausgelebt und die Erinnerung an die Opfer nicht beweint werden konnte, blieben sie als dunkle Kräfte lebendig. Was wir verdrängen, sind wir nicht los.

Wir spalten es nur von unserer Erinnerung ab und nehmen es nicht mehr wahr. Die abgespaltenen Energien entwickeln dann eine ungezähmte, weil durch keine Mauer der Verarbeitung und Bewältigung kanalisierte, wilde und destruktive Energie.

Wenn in den traditionellen Kulturen die Verbindung zu den Ahnen unterbrochen wird, werden die Lebenden kraftlos. Auch wir Angehörige der mittleren Generation in Deutschland haben diese Erfahrung gemacht: Unsere unmittelbaren Vorfahren, die Gesellschaft, in der wir aufwuchsen, sie haben Kräfte ihres Lebens blockiert, sehr zu unseren Ungunsten, indem sie die Verbindung mit der Vergangenheit austrockneten, jedenfalls jene Teile der Geschichte, die für das Verständnis der eigenen Biografie wichtig gewesen wären.

Damit war unser Zugang zu den schöpferischen, energiespendenden Quellen des Lebens – der unserer Vorfahren und der eigenen – versperrt. Und so fühlten wir uns kraftlos, unterlegen und den jeweils aktuellen Konfliktsituationen nicht gewachsen. Dieses Gefühl von Kraftlosigkeit ist schließlich zu einer Signatur der Gegenwart geworden, sie kennzeichnet viele deutsche Stimmen in der aktuellen Krisenlage, sei es in der Auseinandersetzung mit Putins Russland, dem Zustrom von Kriegsflüchtlingen aus dem Nahen Osten und Afrika oder, aktuell, der Frage, was mit dem Amerikaner Donald Trump wohl auf uns zukommen werde.

Immer erwarten wir zuerst die Katastrophe, den neuen Krieg im Osten, die Invasion und Okkupation durch den Islam und, am schlimmsten von allem, von dem treuesten aller Freunde angesichts einer immer bedrohlicher werdenden Weltlage im Stich gelassen zu werden, den Vereinigten Staaten von Amerika. Wir sehen weder die Größe und Bedeutung unseres Landes noch seine kulturelle Tiefe, seine wirtschaftlichen und, ja auch dies, seine militärischen Potenziale. Wir nehmen nicht wahr, dass wir mitten in einem großen europäischen Staatenverbund existieren, der seit Jahrzehnten den Frieden gesichert hat. Ach ja, ich vergaß vollkommen den Brexit! Auch mit Europa ist es ja bald aus.

All diese ängstlichen bis hysterischen Reaktionen zeigen deutlich, dass wir aus der Geschichte nur bruchstückhafte Lehren gezogen haben. Das Land steht noch immer im Schatten einer Katastrophe, die verdrängt, aber nicht bewältigt worden ist. Wir erinnern uns an die autochthone Vorstellung von der Kraft des Schattens, die ich oben zitierte: Wer in den Schatten tritt, kommt unter seine Gewalt. Kriegsenkel haben sich aufgemacht, Licht in diesen Schatten aus der Vergangenheit zu bringen. Und sie haben nicht vor, dabei lockerzulassen.

DOPPELTE ENTWURZELUNG: KRIEGSENKEL IN DEN NEUEN LÄNDERN

Was das Kriegsenkel-Thema angeht, ist Deutschland nach wie vor in West und Ost gespalten. In den neuen Bundesländern findet die Thematik immer noch signifikant weniger Resonanz als im Westen unseres Landes, obwohl sich auch hier ein kontinuierlich steigendes Interesse bemerkbar macht. Allerdings bewegt es sich noch auf einem relativ niedrigen Niveau, sprich: Es existieren kaum lokale Kriegsenkel-Gruppen; Buchlesungen und Seminare sind insgesamt schwerer zu vermitteln, und in den lokalen Medien wird das Thema noch recht selten angesprochen.

Natürlich hat das mit der DDR-Vergangenheit zu tun. Die Kriegsfolgen wurden, sofern sie nicht ins ideologische Konzept passten, im real existierenden Sozialismus rigoros verdrängt. Obwohl ein Viertel der gesamten Bevölkerung der DDR aus Flüchtlingen und Vertriebenen aus den ehemaligen deutschen Ostgebieten bestand, wurden die Lebensgeschichten und Erfahrungen dieser Menschen in der Öffentlichkeit wie auch innerhalb ihrer Familien streng tabuisiert. Stattdessen wurden sie euphemistisch als »Umsiedler« bezeichnet, so als hätte irgendeiner von ihnen seine Heimat freiwillig verlassen. Wer es dennoch wagte, davon zu sprechen, hatte schnell die Staatssicherheit am Hals.

Ich erwähne dies, um anzudeuten, dass die Entfaltung des Kriegsenkel-Themas im Osten Deutschlands wohl noch etwas mehr Zeit benötigen wird und womöglich auch strukturell anders verlaufen könnte als im Westen des Landes.

Wie wir mit Flüchtlingen und Migranten heute umgehen, das hängt – neben anderen Gründen – auch davon ab, wie wir mit unserer eigenen Flucht- und Vertreibungsgeschichte umgehen. Stellen wir uns ihr, werden wir *mit-leidensfähig;* kümmern wir uns nicht um sie, bleiben wir empfindungslos. Die Antwort, die wir darauf geben, entscheidet darüber mit, ob wir positiv oder negativ auf die aktuellen Herausforderungen reagieren.

Auf die positive Antwort, Stichwort »Willkommenskultur«, komme ich später noch zu sprechen.

Wenden wir uns also den negativen Reaktionen auf die Flucht- und Migrationsbewegung unserer Tage zu. Dafür steht, immer wieder medienwirksam in Szene gesetzt, die aggressiv-fremdenfeindliche Haltung von Pegida und rechten Parteien, insbesondere in Mitteldeutschland, wo ich seit über 20 Jahren lebe und arbeite.

Pegida bringt in Dresden Woche für Woche Tausende mit islam- und ausländerfeindlichen Parolen auf die Straße. Und in Erfurt mobilisiert die AfD regelmäßig Hunderte Menschen, akut gegen eine geplante Ahmadiyya-Moschee im Stadtteil Marbach. Ich behaupte, dass solche fremdenfeindlichen Massenaufmärsche in Düsseldorf, Karlsruhe oder Stuttgart in dieser Größenordnung nicht sehr wahrscheinlich wären, obwohl die AfD auch hier reüssiert.

Warum? Dazu muss ich etwas ausholen.

Gemessen an den Westzonen Nachkriegsdeutschlands hat die sowjetische Besatzungszone einen überproportional hohen Anteil an Flüchtlingen und Vertriebenen aufnehmen müssen. Für den Monat April 1949 weist die Statistik in der sowjetischen Besatzungszone, die in wenigen Monaten zur Deutschen Demokratischen Republik werden sollte, eine Gesamteinwohnerzahl von 17,86 Mio. Menschen aus. Davon waren 4,31 Mio. Flüchtlinge und Vertriebene. Etwa 25 Prozent, also ein Viertel der Bevölkerung der späteren DDR, waren Heimatvertriebene aus Ostpreußen, Pommern, Schlesien und dem Sudetenland.

Während in Westdeutschland Vertriebenenverbände und politische Parteien in den 1950er- und 1960er-Jahren die Hoffnung auf eine Rückkehr in die Heimat wachhielten – Günter Grass sprach davon, dass seine Eltern ihr Leben lang auf gepackten Koffern saßen, weil sie an die bevorstehende Rückkehr nach Danzig glaubten –, wurde das Thema in der DDR systematisch unterdrückt.

Vertriebene durfte es aus ideologischen Gründen nicht geben. Die Deutschen, die die »Oder-Neiße-Friedensgrenze«, so der offizielle Sprachgebrauch, nach 1945 gezwungenermaßen in Richtung DDR überqueren mussten, wurden wahrheitswidrig zu Umsiedlern aus den sozialistischen Bruderstaaten deklariert. Die Flucht und Vertreibung Deutscher wurde von Staats wegen tabuisiert.

Eine frühere Arbeitskollegin aus Erfurt erzählte mir, dass ihre Eltern, beide aus Breslau stammende Musiker, bis zu ihrem Lebensende nicht ein einziges Mal über ihre Heimatstadt und ihre Flucht gesprochen hätten, auch nach der Wende nicht.

Zwar fand das Thema in der Literatur durchaus Widerhall. Der aus Tilsit stammende Lyriker Johannes Bobrowski schrieb über seine ostpreußische Heimat. Auch Christa Wolf, die in Landsberg an der Warthe geboren wurde, thematisierte ihre Kindheit und Jugend sowie die Flucht ihrer Familie in ihrem 1976 erschienenen Roman »Kindheitsmuster«. Sie und andere Autoren konnten die staatlich erzwungene Amnesie bezüglich der Gebiete jenseits der »Oder-Neiße-Friedensgrenze« jedoch nicht brechen.

Die individuelle und kollektive Aufarbeitung der Katastrophe des millionenfachen Heimatverlustes fand in der DDR nicht statt, das Thema wurde totgeschwiegen. Wer es dennoch wagte, darüber zu sprechen, galt als Revanchist und »Diversant«. Damals war das ein Straftatbestand.

1989/90 kam die Wende und mit ihr schließlich die Wiedervereinigung. Erneut verloren Millionen Menschen ihre Heimat. Nicht im geografischen Sinn diesmal, sondern politisch und gesellschaftlich. Die meisten DDR-Bürger wollten diese Veränderung und standen hinter ihr: »Kommt die D-Mark, bleiben wir. Kommt sie nicht, geh'n wir zu ihr« war einer der Slogans, der die Prioritäten der Menschen damals auf den Punkt brachte. Allerdings hatten sie den damit verbundenen Verlust der eigenen Lebenskoordinaten nicht antizipiert.

Wieder wurde ein schwerer Verlust nicht verarbeitet; er wurde mit Wohlstandszuwächsen kompensiert. Allerdings: Das Gefühl von Entwurzelung und ein fragiles Identitätsempfinden blieben bei vielen früheren DDR-Bürgern als stille Daseinskonstanten erhalten. Eine ehemals renommierte DDR-Wissenschaftlerin, die einen Vertriebenenhintergrund besitzt, sagte mir einmal: Nicht die Vertreibung aus dem Sudetenland 1945 habe sie traumatisiert, sondern die Wende von 1989/90, weil sie abrupt ihre Arbeit, ihren sozialen Status und ihre soziale Sicherheit verlor, ihr bis dahin stabiles persönliches und gesellschaftliches Koordinatensystem.

Verwundert es wirklich, wenn unter solchen Bedingungen der massive Zuzug von Flüchtlingen und Migranten als Bedrohung empfunden wird und Ängste, Abwehr und schließlich auch Aggressionen auslösen kann? Wer auf schwankendem Grund steht, fühlt sich auch vom leisen Windhauch bedroht.

Der Zulauf zu Pegida und AfD kann durchaus auch als Ausdruck einer zweifach unbewältigten Erfahrung von Entwurzelung im Osten der Republik interpretiert werden. Auch die Fremdenfeindlichkeit, die in den neuen Bundesländern statistisch nachweisbar deutlich über westdeutschem Niveau liegt, die häufigeren Übergriffe auf Flüchtlinge und Flüchtlingsheime hier und die Feindschaft gegen ein sogenanntes »System«, das diese Gefährdung für die eigene Identität immer wieder zulässt, wachsen auf diesem Boden.

Wer ist es überhaupt, der in Dresden und anderswo auf die Straße geht? Es sind überwiegend die Kinder und Enkel der Kriegserlebnisgeneration. Viele wissen nichts über die Kriegs- und Fluchtgeschichte ihrer Eltern und Großeltern. Ihre teils aggressive Feindschaft gegen Flüchtlinge und alles Fremde kann man durchaus als Abwehr eines inneren Schattens deuten, den ein noch unbewältigtes familienbiografisches Trauma wirft.

Fremdenfeindlichkeit ist natürlich kein Spezifikum der neuen Länder. Sie auf das Leben und die Erfahrungen im DDR-System zu reduzieren greift ebenfalls viel zu kurz. Eine wichtige Ursache für die Proteste in Dresden und anderswo und für den Zuspruch, den populistische Parteien derzeit europa-, ja weltweit erleben, hat mit der Angst vor den Folgen der Globalisierung zu tun. Fremde und Fremdes werden als Bedrohung der eigenen Identität erlebt. Dies gilt besonders für Menschen, die in ihrem Alltag nur wenig Berührung mit Vertretern anderer Kulturen haben. In den neuen Bundesländern außer Berlin liegt der Anteil der hier lebenden Ausländer bei ca. 2 Prozent der Gesamtbevölkerung. Dabei zählen natürlich nicht nur Muslime, sondern auch Österreicher, Schweizer, Russen oder Engländer mit.

Aber: Wer Angst hat, fühlt sich bedroht. Er reagiert damit auf eine empfundene Gefährdung, und zwar unabhängig davon, ob diese Gefährdung tatsächlich vorhanden ist oder »nur« angenommen wird. Die von den Kriegsenkeln aufgedeckten transgenerationalen Zusammenhänge zeigen ganz klar, dass auch Angsterfahrungen von einer Generation zur nächsten weitergegeben werden können, sofern sie dort, wo sie zuerst auftraten, nicht geheilt werden konnten. Diese kommen zu den aktuellen Globalisierungsängsten und schwindenden Gewissheiten noch hinzu.

Solange das Leben stabil verläuft, wirken sie sich nicht aus. Dennoch bleibt die Angst vor existenzieller Bedrohung und einer Gefährdung der eigenen Identität unterbewusst als Bestandteil der eigenen Persönlichkeit erhalten. Identität setzt sich also aus beidem zusammen: einmal der eigenen, oft als stabil erlebten Existenz und zum anderen einem unterschwelligen, nicht bewältigten Angstgefühl mit dem Potenzial, durch neue Bedrohungsszenarien oder -empfindungen jederzeit wieder aktiviert werden zu können.

Es liegt auf der Hand, dass der gewaltige Zustrom von Kriegsflüchtlingen aus dem Nahen Osten, den Deutschland im Jahr 2015 zu bewältigen hatte, angstaktivierend gewirkt hat. Statt sich aber mit dem Verunsicherungsgefühl selbst auseinanderzusetzen, begannen die Menschen, von Populisten angestachelt, sich gegen die Flüchtlinge als vermeintliche Ursache des Bedrohungsgefühls zu wehren. Tatsächlich aber resultiert das Gefühl, bedroht und in seiner Identität infrage gestellt zu sein, aus der doppelten Entwurzelung, der sich viele Menschen in den neuen Ländern ausgesetzt sahen.

Anders als Helmut Kohl einmal meinte, gibt es keine Gnade der späten Geburt, jedenfalls nicht für die hier diskutierten Zusammenhänge. Wir sind zum Guten wie zum Schlechten Teil der Geschichte unserer Familien und unseres Landes, daraus können wir uns nicht verabschieden. Unsere transgenerationale

Verflechtung erlaubt uns nur zwei Möglichkeiten, mit Geschichte umzugehen: Wir können Verantwortung für sie übernehmen oder die Verantwortung verweigern.

Stellen wir uns der Geschichte, dann werden wir uns den Lehren, die sie für uns bereithält, nicht entziehen können. Schlimme Erfahrungen wurzeln in schlimmen Taten. Ohne 1933 hätte es das Trauma der Eltern, mit dem sich die mittlere Generation in Deutschland heute auseinandersetzen muss, nicht gegeben.

Ob unsere Eltern Schuld auf sich geladen haben oder einfach Opfer der Katastrophe wurden oder beides: Wer nach ihren Erfahrungen in der NS-Zeit und im Krieg forscht, der kann die mörderischen Ursachen dieser Erfahrungen nicht außer Acht lassen. Wer das tut, stellt sich auf die Seite des Lebens, nicht des Todes. Er folgt seinem Herzen. Und er wird sich gegen fremdes Leid nicht mehr verhärten können.

Viele, sehr viele Angehörige meiner Generation haben sich aufgemacht, diesen Weg der Humanität zu beschreiten, ob sie sich Kriegsenkel nennen oder nicht. Sie haben die richtigen Schlüsse aus ihrem transgenerationalen Erbe gezogen. Sie helfen und heilen. Am Ende wird dies für ganz Deutschland gelten.

DER WEG
DER KRIEGSENKEL

Als Mensch der Gegenwart ist der Held gestorben, als Mensch des Ewigen, als vollkommen gewordener, nicht auf Partikularitäten festgelegter, universaler Mensch wird er wiedergeboren.

Joseph Campbell

DEN SCHLEIER HEBEN

Wir sind Kinder einer Generation, deren Lebenszuversicht
Bis in die Wurzeln hinein ausgerissen wurde.

Wir haben nicht die Zuversicht geerbt, die Gewissheit,
Dass es diesen ureigenen Platz für uns gibt im Strom des
Lebens.

Dass wir in einer langen Reihe ganz vorn stehen
Vor jenen Menschen,
die den Weg schon gegangen sind
Und die uns deshalb das Wissen darum vermitteln konnten,
Wo unser ganz eigener,
unverwechselbarer Ort liegt in diesem Kosmos.

Als man den Fluss austrocknete und den Bewohnern die
Luft nahm, als man sie zwang, das lebendige Wasser aufzugeben, und sie in trübe Aquarien auf klapprige Lastwagen
warf, die mit unbekanntem Ziel unterwegs waren,
da hatten alle, auch die, die nachkommen würden,
den Zugang zum Quell des Lebens verloren.

Das ist das Erbe:

Nicht die Sicherheit der Heimat,
Die von Anbeginn der Zeiten da war,

Sondern das Geworfensein in ein Dasein,
das uns nicht kennt
und uns nicht will.

Trotz allem leben wir.
Suchen nach Glück und Sinn,
und nach dem Potenzial,
das wir verwirklichen könnten.

Aber wie kann das gehen,
wenn die Kraft dafür aufgewendet werden muss,
Wurzeln in die Erde zu schlagen,
die eigentlich längst schon da sein müssten?

Das ist die Aufgabe:

Zu klären,
wie sind wir, die Kinder und Enkel
eigentlich so geworden, wie wir sind.

Und es weiter zu sagen.

Ich glaube, es ist an der Zeit,
den Schleier zu heben und hinzuschauen.

Vielleicht die
Zeit der Heilung.

PostelbergKindeskinder

NEBELJAHRE

Was vorüber ist
ist nicht vorüber
Es wächst weiter
in deinen Zellen
ein Baum aus Tränen
oder / und vergangenem Glück

Rose Ausländer

Ein Großteil der Babyboomer wuchs in den 1960er- und
1970er-Jahren auf. Man könnte meinen, diese Jahre stünden für
eine glückliche Zeit. Gemessen an den Schrecken der von den
Nationalsozialisten heraufbeschworenen Weltkatastrophe war
es auch eine glückliche, weil friedliche und von kriegerischen
Konflikten freie Zeit. Dies galt zumindest für uns Deutsche,
auch wenn über uns das Damoklesschwert des Kalten Krieges
mit seinem an Megatonnen gemessenen Vernichtungspotenzial
schwebte.

Trotzdem empfinden viele Babyboomer die Jahre, in denen
sie groß wurden, als eine »bleierne Zeit«.

Wer sich so ausdrückt, bezieht sich allerdings nicht auf den gleichnamigen Film Margarethe von Trottas über den Deutschen Herbst. Natürlich ist auch das Blei aus den Pistolen der RAF-Terroristen ein Signum dieser Zeit gewesen. Aber dieses Thema hatte für die Babyboomer nicht die gleiche Relevanz wie für die Vorgängergeneration, die 68er, als deren Willensvollstrecker sich Baader, Meinhof und Co. bekanntermaßen stilisierten.

»Bleiern« etikettiert das gesellschaftliche und psychologische Klima von damals, ein unbestimmbares, ungreifbares Grau, in dem vieles zu verschwimmen schien, was Kontur und Bedeutung, Bestimmbarkeit und Sinn erforderte. Das Gefühl steht in auffälligem Kontrast zum politischen Aufbruch jener Zeit, dem wachsenden Wohlstand und dem überall zu bestaunenden Fortschritt, technologisch und gesellschaftlich.

Schöne neue Welt

Nach Katastrophe und Neubeginn der 1940er-Jahre und der materiellen Betäubung der sichtbaren und unsichtbaren Kriegsfolgen durch das Wirtschaftswunder der 50er-Jahre haben vor allem die 60er-Jahre des vergangenen Jahrhunderts eine außerordentlich prägende Wirkung auf die Gesellschaft der noch jungen Bundesrepublik entfaltet. Besonders die Studentenrevolte in der zweiten Hälfte dieses Jahrzehnts mit ihren gegen Tradition, Autoritäten sowie den gesellschaftspolitischen Status quo im Allgemeinen gerichteten revolutionären Zielen und Aktionen rüttelte die Westdeutschen auf und entfaltete in den kommenden Jahrzehnten eine unübersehbare transformative Wirkung.

Emanzipation und Gleichberechtigung, eine repressionsfreie Erziehung (der eigentliche Kern des ursprünglich als antiautoritär bezeichneten und später zum Synonym für die negativen Folgen der 68er Revolte avancierten Modells), Chancengleichheit und Demokratie auf allen Ebenen – diese Forderungen und Ziele prägten den politischen Diskurs genauso wie das sonstige Klima in der Bundesrepublik.

In den 1970er-Jahren setzte sich der politische Aufbruch fort, allerdings auf andere Weise, als von den Protagonisten initiiert. Die Utopie des Aufbruchs schlug um in Dystopie, der gesellschaftsverändernde Impuls der 68er mutierte zur bleiernen Zeit des RAF-Terrorismus. Nach der Wahl von Willy Brandt zum Bundeskanzler und dem Amtsantritt der sozialliberalen Regierung verlagerten sich die Aktionen von der Straße in die Institutionen. Der lange Marsch durch dieselben hatte begonnen.

Für die Babyboomer und ihren Lebensweg sollte sich dieses bleigraue Jahrzehnt allerdings als formend erweisen.

Die Zeit der Adoleszenz ist die prägende Phase in der Entwicklung des Menschen. Sein Selbstverständnis und seine Weltsicht werden in dieser Zeit ausgebildet. Verhaltensmuster, Überzeugungen und ethische Normen entstehen durch schulische Erziehung und Orientierung an den Eltern. Glaubwürdige Vorbilder und eine Vernunftsgründen zugängliche, damit greifbare und gestaltbare Realität stellen den Bezugsrahmen dar, an dem sich die bzw. der Heranwachsende orientiert.

Das Jahrzehnt zwischen der Wahl von Salvador Allende zum chilenischen Staatspräsidenten 1970 und dem sowjetischen Einmarsch in Afghanistan am Ende des Jahrzehnts war die Zeit, in der die Angehörigen der geburtenstarken Jahrgänge die Schule besuchten oder in Ausbildung waren. Einige hatten auch schon den Einstieg ins Berufsleben geschafft. Es war die Zeit der ersten oder schon die der großen Liebe. Ein Jahrzehnt wichtiger Weichenstellungen für das eigene Leben.

Rein äußerlich betrachtet, standen alle Zeichen auf Wandel und Zukunft. Schon in den 1950er-Jahren hatte man mit dem Wiederaufbau der Städte die Verbindung zur Vergangenheit großflächig gekappt. Das Schwere, Düstere und Unübersichtliche der gründerzeitlichen Stuckarchitekturen sollte verschwinden. Die Gelegenheit war günstig, denn viele Innenstädte mussten infolge ihrer schweren Kriegszerstörungen weitgehend neu aufgebaut werden. Dieser architektonische Neubeginn erfolgte ganz im Stil des Bauhauses und sollte Licht, Klarheit, Funktionalität und Zukunftszugewandtheit miteinander verbinden. Im Westen entstanden Innenstädte wie aus dem Lego-Baukasten, bunt, aber auch quadratisch und uniform. Ähnlich verfuhr man im Osten, wo die begrenzteren ökonomischen Ressourcen allerdings eine grau gefärbte und noch eintönigere Stadtarchitektur als in Westdeutschland erschufen.

Die Enttrümmerung der vom Bombenhagel schwer beschädigten urbanen Zentren und ihr Neuaufbau wurden als Beseitigung von Geschichte betrieben. In Westdeutschland begann eine Phase, die »zweite Zerstörung« genannt wird. Dort, wo sich in der Mitte von Frankfurt am Main, unweit des Doms, bis zur fast vollständigen Zerstörung bei Kriegsende das alte jüdische Viertel befunden hatte, entstand Anfang der 1970er-Jahre ein flugzeugträgerartiges Betonkonglomerat. Anstelle eines kleinteiligen und historisch gewachsenen Stadtquartiers thronte nun das Technische Rathaus über einem verödeten Areal. Dass dieses Bauwerk das erste Jahrzehnt des neuen Jahrtausends allerdings nicht überlebte und zugunsten einer historisierenden Neubebauung des Terrains abgerissen wurde, ist wieder eine andere Geschichte.

Ebenfalls in Frankfurt am Main diskutierte man zur gleichen Zeit, als das Technische Rathaus und neue Bankentürme in die Stadt hineinbetoniert wurden, über die noch vorhandenen Ruinen des pompösen Opernhauses, die der damalige Oberbürgermeister Rudi Arndt von der SPD sprichwörtlich mit Sprengstoff aus der Welt schaffen wollte. Arndt erhielt den Spitznamen

»Dynamit-Rudi«, und die Oper wurde spendenfinanziert wiederaufgebaut.

Überall war Aufbruch, und seine aus Beton-Fertigelementen geformte Dynamik wies steil nach oben in den Himmel und in gerader Linie voraus in eine lichte Zukunft.

Auch wir blickten nur nach vorne. Ein Hinten, ein Vorher, ein Zurück kannten wir nicht. Hatte nicht die erfolgreiche Mondlandung von Apollo 11 bewiesen, dass die Menschheit auf dem Weg in eine goldene Zukunft war, ja, dass diese Zukunft bereits in die Gegenwart hineinragte? Und schien Utopia nicht von Jahr zu Jahr an Realität und Gestalt zuzunehmen? Jedenfalls waren wir alle vom Fortschritts- und Zukunftsglauben erfasst, und in unseren Kinderzimmern, die nur langsam zu Jugendzimmern mutierten, fanden sich gebastelte Mondraketen von Airfix und dünne, langbeinige Barbies in »Hotpants«, den »Heißen Höschen« nachgebildet, die die Modewelt der frühen 70er-Jahre und unsere pubertierenden Schülerköpfe mit ihren erotischen Versprechungen durcheinanderwirbelten.

Auf die Einlösung dieser Versprechen mussten wir allerdings warten. Die Brigittes, Ulrikes, Giselas und Barbaras in unseren Schulklassen waren meist in Cordhosen und Ringelpullover gekleidet, während die Norberts, Arndts, Michaels und Rolands von ihren sparsamen Müttern zu Hause mit der Peinlichkeit beauftragt wurden, die schon längst wieder aus der Mode gekommenen, aber noch gut erhaltenen Schlaghosen älterer Cousins aufzutragen.

Der Rektor unserer Schule hatte nur noch einen Arm, der leere Ärmel seines wie immer korrekt gebügelten Jacketts war mehrfach sauber gefaltet und an der Schulter befestigt. Wer erinnert sich noch an die Mundmaler? An der Wohnungstür klingelten in der Vorweihnachts- und Osterzeit ältere Frauen, die selbst gemalte Grußkarten dieser kriegsversehrten Künstler verkauften, die oft beide Arme verloren hatten.

Es gab Momente, da blitzte durch die kariert gekleidete Alltagsoberflächenwelt eine andere Wirklichkeit hindurch.

Eine verborgene Wirklichkeit

Ein Standardsatz meiner Mutter lautete: »Strom sparen, und ihr helft siegen.« Ich hörte ihn immer dann, wenn ich als Kind und auch noch als Jugendlicher abends nicht rechtzeitig das Licht an meinem Bett löschte oder es im Badezimmer ihrer Meinung nach zu lange brennen ließ. Dabei pflegte sie zu lächeln, so als ob ihr selbst bewusst gewesen wäre, wie sehr dieser Satz aus der Zeit gefallen war und nicht mehr in die Gegenwart gehörte. Aber genau hier, in meiner Gegenwart als Heranwachsender, hörte ich diesen Satz, und mir wurde erst später klar, dass hier ein Slogan der nationalsozialistischen Kriegspropaganda Eingang in unser Einfamilienhaus gefunden hatte.

Zu meiner Alltagserfahrung gehörten auch die Gastarbeiter, die in Wohnheimen meines Viertels lebten und in den Industriebetrieben meiner Heimatstadt beschäftigt waren. Mein Schulweg führte an diesen Heimen vorbei, und dadurch lernte ich schon früh türkische und italienische Wörter und Begrüßungen kennen.

Die Lokalpolitiker und Firmeninhaber pflegten die Hilfsarbeiter aus Süditalien, Anatolien und dem Alentejo als »unsere lieben ausländischen Mitbürger« anzusprechen. Vielen war dabei die Anstrengung, solche Menschen in den Adelsstand des Mitbürgers zu erheben, durchaus anzumerken. Die gleichen Leute wurden doch noch vor – aus damaliger Perspektive betrachtet – verhältnismäßig kurzer Zeit, also zwei bis drei Jahrzehnten, in ganz andere Schubladen einsortiert. Die Anstrengung, als lupenreiner

Demokrat dastehen zu wollen, war in jenen Jahren ebenso alltäglich wie die SS-Kameradschaftstreffen im Dorfkrug eines namenlosen Weilers gleich hinterm nächsten Wald.

In den Wohnzimmern zu Hause erfolgte das Aufblitzen dieser anderen Wirklichkeit so schnell hintereinander, dass es zur kontinuierlichen Beleuchtung wurde. Die Gastarbeiter, die man im Lebensmittelgeschäft traf oder die als Kollegen im gleichen Betrieb tätig waren, wurden dort nicht mehr als »liebe ausländische Mitbürger« tituliert, sondern waren plötzlich Kanaken und Polacken, Itaker und Knoblauchfresser.

Und noch so ein Blitz: Während Rudi Carrell und Hans Rosenthal über den Schwarz-Weiß-Bildschirm flimmerten, redeten die Eltern und Großeltern über »dahamm«. Dahamm, das waren je nach Herkunft Orte wie Kaaden und Saaz, Iglau, Jungbunzlau, Deutsch-Krone, Oppeln, Glogau, Breslau und Königsberg, die ich weder in der näheren noch – soweit ich das als guter Schüler in Geografie erkannte – in der ferneren Umgebung ausfindig machen konnte. Aber dort, in den Mauern dieser Geisterstädte, lag die Heimat, und man sprach von ihnen in einem vertrauten, zärtlichen Ton.

Einige dieser Städtenamen entdeckte ich dann auch auf einer Deutschlandkarte »in den Grenzen von 1937«, die während meiner Gymnasialzeit ab 1971 meinen Klassenraum zierte. Die meisten lagen in einer deutschen Gegend, die ausweislich der Karte »derzeit unter polnischer Verwaltung« stand. Dort, in diesem polnisch verwalteten Deutschland, gab es auch noch ein paar andere Orte, die in den Gesprächen zu Hause überhaupt keine Rolle spielten, aber später im Geschichtsunterricht wichtig wurden, zum Beispiel Auschwitz. Auch in einem anderen Teil Deutschlands, der mit »SBZ« beschriftet war und »unter sowjetischer Verwaltung« stand, waren Ortsnamen zu finden, die in den häuslichen Gesprächen vorkamen und die auch auf Straßenschildern meiner Heimatstadt verzeichnet waren.

Was das alles bedeuten könnte, gab mir Rätsel auf. Von unseren Lehrern erklärte es niemand. Erst später erfuhr ich aus mancher Todesanzeige, dass einige der Verstorbenen aus diesen östlich gelegenen Landesteilen des Deutschlands von 1937 stammten und dort viele Jahre gelebt hatten.

Noch eine Erfahrung hätte mir in diesen Jahren zu denken geben können. Es fehlten die Gräber von nahen Verwandten und die Friedhöfe, auf denen sie bestattet waren.

Als Kinder bzw. Heranwachsende bewegten wir uns in den 1970er-Jahren über die Oberfläche einer Realität, unter der sich noch andere Wirklichkeiten zu befinden schienen, die uns nicht zugänglich waren. Es gab sie aber, und sie wurden in kurzen Momenten sichtbar. Wir nahmen sie wahr wie die noch nicht aufgeräumten Trümmergrundstücke und die ausgedehnten Freiflächen innerhalb unserer Städte, wie die massiven Hochbunker in den Zentren und die toten Gleise Richtung Osten: als etwas, das fraglos zu unserer Alltagswelt gehört. Deshalb störte es uns auch nicht weiter, und wir kamen lange Zeit nicht auf den Gedanken, uns eingehender mit ihnen zu beschäftigen.

Unsere Eltern taten das schließlich auch nicht, ebenso wenig wie unsere Lehrer oder die damals politisch Verantwortlichen im Land. Außer vielleicht in Sonntagsreden, aber die interessierten uns nicht.

Dass unter der aufgeräumten Oberfläche der Alltagswelt Dämonen einer Zeit hausten, die alles andere als friedlich und lebensförderlich war, konnten wir unter diesen Umständen nicht erkennen. Wir bemerkten auch nicht, wie sie sich in unser Leben schlichen und unheilvolle Kräfte zu entfalten begannen. Es war niemand da, der uns vor ihnen hätte warnen oder gar in

Schutz nehmen können. Und so konnten sie sich ungehindert das Leben der Kriegsenkel zur Beute nehmen.

Vom Verschwinden einer Katastrophe

Die 1970er-Jahre waren in der Geschichte der Bundesrepublik Deutschland so etwas wie ein Scharnierjahrzehnt. Wichtige innen- und außenpolitische Entscheidungen, aber auch ein insgesamt liberaleres gesellschaftliches Klima beendeten den kleinbürgerlichen Mief der ersten beiden Nachkriegsjahrzehnte und läuteten eine im umfassenden Sinn dieses Wortes gemeinte freiheitsorientierte Ära ein. Frauenbewegung und Emanzipation, die pazifistische Grundhaltung vieler junger Menschen, die sich an der wachsenden Zahl von Kriegsdienstverweigerern ablesen ließ, die Bereitschaft zum Protest gegen Atomanlagen oder die Hausbesetzerszene im Frankfurter Westend, in Berlin-Kreuzberg und anderswo waren Ausdruck dieser neuen Sehnsucht nach Freiheit.

Bereits das Jahr 1970 brachte für die Bundesrepublik Deutschland eine entscheidende Weichenstellung mit sich. Nach dem Regierungsantritt der sozialliberalen Koalition unter Bundeskanzler Willy Brandt 1969 war klar, dass der Kurs der Konfrontation, der die deutsche Außenpolitik seit Adenauer gekennzeichnet hatte, nicht mehr fortgesetzt werden würde. Die sogenannte neue Ostpolitik führte den deutschen Bundeskanzler bereits im März 1970 zu seinem legendären Staatsbesuch in die damalige DDR-Bezirkshauptstadt Erfurt. Das Treffen mit dem DDR-Ministerpräsidenten Willi Stoph ging als »Begegnung der beiden Willis« in die Geschichte ein und schlug, auch wenn es keine besonderen Ergebnisse erbrachte, eine erste kleine Bresche in die undurchdringliche Mauer, die damals Deutschland von Deutschland, Europa-West von Europa-Ost und die ganze Welt teilte.

Die Erfurt-Reise leitete die Ära der Entspannungspolitik ein, die schon bald, nämlich im August 1970, zum Moskauer Vertrag mit der Sowjetunion über Gewaltverzicht und Zusammenarbeit führte. Im Dezember desselben Jahres schließlich wurde mit der damaligen Volksrepublik Polen der Warschauer Vertrag unterzeichnet. Vereinbart wurden Schritte zu einer Normalisierung der beiderseitigen Beziehungen, Gewaltverzicht sowie die Anerkennung der Oder-Neiße-Linie als Westgrenze Polens. Noch am gleichen Tag kam es zum legendären »Kniefall von Warschau«. Beim Besuch der westdeutschen Delegation am Mahnmal für die Gefallenen des Warschauer Gettos kniete sich Brandt für ca. eine halbe Minute nieder.

Diese Demutsgeste an einem Mahnmal für die Opfer deutscher Verbrechen erfolgte spontan, wie Brandt später notiert. Die Wirkung aber, die der Kniefall des westdeutschen Regierungschefs und der Warschauer Vertrag politisch und gesellschaftlich in der alten Bundesrepublik haben sollte, war immens. Die Geste wurde in Teilen der Bevölkerung als Verrat an deutschen Interessen aufgefasst. Vertriebenenverbände und die CDU/CSU-Opposition im Bundestag geißelten die Preisgabe der deutschen Ostgebiete durch die Anerkennung der Oder-Neiße-Linie. Die sozialliberale Regierung, vor allem aber Willy Brandt selbst, der Friedensnobelpreisträger von 1971, sah sich starken Anfeindungen insbesondere von Heimatvertriebenen ausgesetzt. Dabei habe er nichts preisgegeben, was nicht andere für Deutschland schon längst unwiderruflich verspielt hätten, erläuterte Brandt seine neue Ostpolitik.

In der Folge, und dies ist die negative Komplementärseite der neuen Ostpolitik in Bonn, rückten zwar nicht der Nationalsozialismus als solcher, wohl aber der Zweite Weltkrieg und seine

Folgen zunehmend in den Hintergrund. Dies zeigte sich an der gesellschaftlichen Bedeutung der Vertriebenenverbände. Die Ostverträge, die gegen den erbitterten Widerstand der Opposition 1972 vom Bundestag verabschiedet worden waren, hatten auch in dieser Hinsicht »ihre heilsame Wirkung getan«, wie Dietrich Strothmann am 25.01.1985 in der *Zeit* notierte. Die Verträge hätten nämlich der Bereitschaft zur Versöhnung einen politischen Ausdruck verschafft, zu denen sich Millionen Deutsche den östlichen Nachbarn gegenüber schon längst bekannten. Die Vertriebenenorganisationen, die die angebliche Verzichtspolitik von Willy Brandt lautstark angeprangert hatten, wurden spürbar marginalisiert. Den wütenden, gegen die »Ausverkaufspolitik« wetternden Vertriebenenfunktionären war der Wind aus den Segeln genommen, so Strothmann weiter. Zehn Jahre lang verschwand ihr Thema aus der öffentlichen Wahrnehmung, bis das Heimattreffen der Schlesier 1985 in Hannover mit seinem später nach politischen Protesten abgeänderten Motto »Schlesien bleibt unser!« noch einmal massiv Staub aufwirbelte.

In der deutschen Gesellschaft setzte sich die Überzeugung durch, die Vertriebenen, immerhin ca. ein Sechstel der Bevölkerung Ost- und Westdeutschlands zusammengenommen, seien in der neuen Heimat angekommen und perfekt integriert. Wer dennoch an Flucht, Vertreibung und die alte Heimat im Osten erinnerte, der galt schnell als ewig Gestriger, als jemand, der sich gegen die Realität eines unwiederbringlichen Verlustes auflehnte. Er konnte sicher sein, damit kaum noch von jemandem ernst genommen zu werden.

In der Tat sprachen die schrillen Töne, die noch in den 1960er-Jahren von Vertriebenenfunktionären zu hören waren und darauf abzielten, »berechtigte Ansprüche« von Heimatvertriebenen politisch durchzusetzen, immer weniger Vertriebene an. Mit ihrem »Recht auf Heimat« meinten Funktionäre in der Regel ein »Recht auf Rückkehr in die Heimat«. Die meisten Betroffenen waren tatsächlich in der neuen Heimat angekommen, hatten Partner »von hier« geheiratet und mit ihnen Kinder gezeugt und hegten gar nicht mehr die Absicht, in die »alte Heimat« zurückzukehren. Eine skurrile Reminiszenz der Geschichte: Auch ihre Söhne und Töchter waren nach dem Bundesvertriebenengesetz dazu berechtigt, einen eigenen »Vertriebenenausweis« zu beantragen, und zwar, obwohl in München, Köln oder Hamburg geboren, aufgrund ihres »Erbstatus«.

Die Vorstellung von der gelungenen Integration der Vertriebenen ist seit den 70er-Jahren gesellschaftlicher Konsens. Aus heutiger Sicht müssen wir jedoch feststellen, dass diese Einschätzung lediglich auf oberflächlichen Annahmen beruht; die Verhältnisse innerhalb der Familien spielten dabei offenbar überhaupt keine Rolle. Integration wurde rein äußerlich bewertet nach dem Motto: Beruf gefunden, Häuschen gebaut, Familie gegründet. Dass innerhalb genau derselben Familien aber eine Erfahrungswelt fortbestand, die im gesellschaftspolitischen Leben keinen Platz mehr fand, nahm man nicht wahr. Die Vergangenheit lebte dort weiter; sie lief, wie es einmal jemand ausdrückte, wie ein Dackel an der Leine neben den Menschen her. Dafür aber existierte noch keinerlei Bewusstsein. Genauso wenig wie für die seelischen Dimensionen und Abgründe, die die Nazidiktatur und der von ihr entfesselte Krieg mit all seinen grausamen Folgen für die deutsche Zivilbevölkerung mit sich gebracht hatten.

Der Psychoanalytiker Peter Heinl bezieht sich auf diese De-fizite, wenn er in seinem Buch »Maikäfer flieg, dein Vater ist im Krieg ...« die Macht gesellschaftlicher Tabus anprangert, die eine angemessene Wahrnehmung des Leids infolge hunderttausendfacher, wenn nicht millionenfacher (Nach-)Kriegskindheits-Traumatisierung blockiere.

Die sozialliberale Koalition hatte mit ihrer Politik gegenüber den osteuropäischen Nachbarstaaten und früheren Kriegsgegnern die Kriegsfolgen für Deutschland faktisch akzeptiert. Anders als die Bunderegierungen zuvor hatte sie damit endlich anerkannt, was ohnehin nicht mehr zu ändern war; sie war in der Nachkriegswirklichkeit angekommen, im Gegensatz zu Teilen der Vertriebenen, die sich dieser Realität verschlossen. Diese Politik bedeutete einen Selbstgründungsakt einer neuen Bundesrepublik, die mit dem Mief der Adenauer-Jahre Schluss machte und auch innenpolitisch neue Wege einschlug, hin zu mehr Demokratie, mehr Bildung für Arbeiterkinder und mehr Chancengleichheit.

Der Preis war gewissermaßen das Verschwinden des Leids der Vertriebenen und selbstverständlich auch der anderen zivilen Opfer des Krieges, der Kriegskinder, der ausgebombten Familien, der vergewaltigten Frauen und der nach Sibirien und anderswohin verschleppten Zwangsarbeiter. Sie wurden zu einer »vergessenen Generation«, deren Erfahrungen erst wieder durch die Kriegskinder-Debatte der 1990er-Jahre wahrnehmbar wurden. Die immense Aufmerksamkeit, die das Thema plötzlich durch Buchveröffentlichungen, Filme und eine nun auch wissenschaftlich untermauerte öffentliche Debatte erfuhr, lässt sich als gewaltiger Seufzer der Erleichterung von jenen Menschen deuten, die ihr Schicksal endlich wahrgenommen und in seiner Schwere gewürdigt sahen. Zuvor jedoch war dieses Thema leise aus dem Bewusstsein der Deutschen verschwunden.

Die sprachlose Generation

Im Vorwort zu der im Jahr 1953 vom Bundesministerium für Vertriebene, Flüchtlinge und Kriegsgeschädigte verantworteten mehrbändigen »Dokumentation der Vertreibung der Deutschen aus Ost-Mitteleuropa« beschrieb der Historiker Theodor Schieder die Vertreibung der deutschen Bevölkerung nach dem Krieg als größte Völkerwanderung aller Zeiten und einen der wichtigsten Abschnitte der Weltgeschichte. Wie kann eine solche Tragödie bewältigt werden? Kann sie überhaupt bewältigt werden, oder bleibt am Ende nur die Trauer über das erlittene Leid? Diese Fragen sind bis heute nicht beantwortet und für die Aufarbeitung einer der tiefsten Zäsuren der deutschen und europäischen Geschichte noch keine wirksamen Formen gefunden worden.

Man hat die Aufgabe früh den Vertriebenenverbänden überlassen und sie nicht als eine begriffen, die alle Deutschen angeht und darum auch gesamtgesellschaftlich in Angriff zu nehmen wäre. Dadurch geriet das Thema Flucht und Vertreibung schon früh in ein negatives, geschichtsrevisionistisches Fahrwasser. So strebte die Vorgängerorganisation des Bundes der Vertriebenen (BdV), der Bund der Heimatvertriebenen und Entrechteten (BHE), in dem zahlreiche frühere NSDAP-Mitglieder aktiv waren und der zeitweise sogar als politische Partei im Bundestag Koalitionspartner Adenauers war, eine Wiederherstellung des Deutschen Reiches in den Grenzen von 1937 an. Zwar wollte man dieses Ziel ausdrücklich nur mit friedlichen Mitteln erreichen, der Akzeptanz des Schicksals zahlloser Heimatvertriebener erwiesen die Vertriebenenfunktionäre mit dieser Forderung und weiteren unhaltbaren Positionen aber einen Bärendienst. Fortan mussten sich Menschen, die ein grausames Schicksal erlitten hatten, mit dem ausgesprochenen oder unausgesprochenen Vorwurf auseinandersetzen, »ewig-gestrig« zu sein, statt auf ihr Schicksal aufmerksam machen zu können.

Der ältere Bruder des 1952 geborenen Schriftstellers und Literaturwissenschaftlers Hans-Ulrich Treichel ging im Januar 1945 während der Flucht aus Ostpreußen verloren. Die Eltern verschwiegen diese Tragödie jahrzehntelang. In seinem Essay »Das Schweigen« beschreibt und analysiert er, wie seine Eltern mit der Tragödie umgingen bzw. eben nicht umgingen, und forscht nach den Gründen dafür. Eine Aufzeichnung des Vaters gibt Auskunft über die Umstände, unter denen der kleine Junge verschwand; er konnte sich mit seiner Frau nur durch die spontane Flucht und unter Zurücklassung ihres Pferdewagens, auf dem sich auch das Kind befand, vor der Erschießung in Sicherheit bringen.

Wie lässt sich das lebenslange Schweigen der Eltern erklären? Mit einer umfassenden Tabuisierung des Themas Flucht und Vertreibung jedenfalls nicht, so Treichel, denn diese habe es nicht gegeben. Er belegt dies mit den zahlreichen Veröffentlichungen, die schon bald nach Kriegsende erschienen waren. Wenn er aber den Makrokosmos des gesellschaftlichen, also des sozialwissenschaftlichen, statistischen, institutionellen und politischen Diskurses über Flucht und Vertreibung mit dem Mikrokosmos seiner privaten und familiären Erfahrung vergleiche, dann stelle er fest, »dass dieser Diskurs den Innenraum des Privaten ganz offensichtlich nicht erreicht hat«. Es gab aufseiten seiner Eltern wohl eine »instinktive Gewissheit, dass über die erlittenen Schrecken und über die Erfahrung, einen 16 Monate alten Sohn zurückgelassen zu haben, eben doch nicht angemessen gesprochen werden kann. Und dies zumal dann, wenn man historisch auf der Schuldseite steht.«

Es habe für seine Eltern keinen Ort für ihre eigene Leiderfahrung gegeben, weder »einen historischen noch einen intimen«. So hätten sie, wie er befürchtet, sogar das eigene Leid und die eigene traumatische Erfahrung voreinander verborgen. Treichel kommt zu dem Schluss: »Ich selbst habe dieses Erbe, diesen Erstarrungszustand gegenüber der Vergangenheit, für lange Zeit angenommen. Es schien mir beinahe selbstverständlich zu sein, wohl Trauer, Bedrückung, Schuld und Scham zu verspüren, aber dies wie eine Romanfigur Kafkas als voraussetzungslos hinzunehmen.«

Die Babyboomer wurden als Generation geboren, die von Anfang an keine angemessene bzw. nur eine unzulängliche Sprache für sich selbst entwickeln konnte. Die Tragödie, die Millionen Menschen am Kriegsende erlitten, verschwand aus der öffentlichen Wahrnehmung. Und mit ihr verschwand für lange Zeit die Möglichkeit, sich mit diesem Drama und den Folgen, die es für den Einzelnen und den Familienzusammenhang hatte, auseinandersetzen zu können. Das war ein Problem vor allem für die Nachkommen, denn wer die Bedingungen, unter denen er aufwächst, nicht oder nur unzulänglich erkennen kann, ist ihnen und ihrer Wirkung ungehemmt ausgesetzt. Er kann sich nicht zu ihnen verhalten und er hat auch keine Möglichkeit, destruktive Einflüsse abzuwehren.

Das Leben derjenigen, die in den 1960er- und 1970er-Jahren geboren wurden und aufwuchsen, lief ab wie auf einem zweidimensionalen Flachland ohne Tiefe. Jede Perspektive, sowohl der nach hinten gerichtete Blick in die Vergangenheit als auch der Blick nach vorne, verschwamm in einem Nebel der Ahnungslosigkeit, in dem sich die Konturen der Dinge aufzulösen schienen und der Horizont ins Ungefähre entwich. Das deutsche Schuldtrauma hatte einen innerfamiliären Sprachverlust geschaffen, der anstelle von Erklärungen und Einsichten lauter Leerstellen produzierte. Nicht nur die Antworten fehlten, auch die Fragen wurden nicht gestellt. Die Vergewaltigung der eigenen Mutter auf der Flucht, die toten Geschwister des Vaters, erfroren im Eis des Frischen Haffs, dies alles war nicht nur kein Thema in den Familien oder in der Gesellschaft, es wurde auch aktiv verschwiegen, um es aus der Welt zu schaffen. In den Katakomben dieser Sprachlosigkeit aber überlebte die Katastrophe von Faschismus, Krieg, Flucht und Vertreibung und nistete sich heimlich in das Leben der Nachgeborenen ein. Bis sie verstehen konnten, welchen Kräften ihr Leben in Kindheit und Jugend ausgesetzt war und wie diese auf ihre Biografie Einfluss genommen hatten, verging viel Zeit. Die Kinder der Kriegskinder waren zuerst Nebelkinder, bevor sie dann Kriegsenkel wurden.

Das Stück, das in den Nebeljahren auf ganz großer Bühne aufgeführt wurde, hieß »Normalität um jeden Preis«. Überall waren sie sichtbar, die Spuren einer unheilvollen Vergangenheit. In den Städten die flächendeckende Neubebauung und die Rest-Ruinen, die es hier und da noch gab, und in den Seelen das Echo von Gewalt und Tod. Aber alle Autoritäten, die Eltern zu Hause, die Lehrer in der Schule und die Verantwortlichen in Politik und Gesellschaft, erklärten die baulichen und geistigen Ruinen jener Zeit zu etwas Normalem, Gewöhnlichem, das nicht hinterfragt werden müsse: »Es ist, wie es ist. Punktum.«

Damit wurde der Schatten der Katastrophe chronisch und legte sich über das Leben der Kinder und Kindeskinder. Ein stabiles Lebensfundament ließ sich unter diesen Bedingungen nur mühsam errichten. Aber das war niemandes Schuld, denn über die transgenerationalen Wirkungszusammenhänge wusste man damals noch nichts. Für viele war die Verdrängung, die Tabuisierung ihres Traumas auch für lange Zeit absolut notwendig, denn anders hätten sie die Kraft zum Überleben nicht aufbringen können. Dennoch, dies war die Ausgangssituation, die das Leben der späteren Kriegsenkel von Anfang an überschattete.

VOM ÜBERLEBEN IM FLACHLAND

Am 10. Oktober 1981 demonstrierten über 300 000 Menschen auf der Bonner Hofgartenwiese unter dem pazifistischen Motto »Frieden schaffen ohne Waffen« gegen die Stationierung neuer Mittelstreckenraketen in Europa. Im Dezember 1979 hatten die NATO-Staaten als Reaktion auf die Stationierung atomwaffenfähiger SS-20-Mittelstreckenraketen durch die Sowjetunion eine zweigleisige Strategie beschlossen: Die NATO würde das strategische Ungleichgewicht durch die Stationierung von Pershing-2-Raketen ausgleichen und gleichzeitig mit der Sowjetunion Verhandlungen über ein Abkommen zur Begrenzung der Arsenale dieses Waffensystems aufnehmen.

In zahlreichen Staaten kam es zu Protesten gegen den »NATO-Doppelbeschluss«, so auch in Deutschland. Viele Menschen befürchteten, dass sich das Kriegsrisiko einer eventuellen Block-Konfrontation zwischen Ost und West auf Europa und insbesondere auf das geteilte und den gegensätzlichen militärischen Blöcken angehörende Deutschland fokussieren würde. Mit einer Reichweite dieser Waffen von 300 km wären BRD und DDR zum wahrscheinlichen Kriegsschauplatz geworden. Ein Blick auf die Landkarte genügte, um sich der Gefahr durch das erneute Drehen an der Rüstungsschraube bewusst zu werden.

Ende der 1970er- und Anfang der 1980er-Jahre entstanden zahlreiche Initiativen, die sich gegen die nukleare Bedrohung wendeten. Die Demonstration in Bonn war die größte Kundgebung der Friedensbewegung. Zahlreiche junge Menschen aus dem gesamten damaligen Bundesgebiet strömten vor das Bonner Universitätsgebäude und hörten Reden von Robert Jungk, Petra Kelly, Heinrich Böll und vielen anderen Vertretern der gesellschaftlichen Opposition.

Noch heute genießt die Bonner Großdemonstration einen legendären Ruf unter den damals jungen Teilnehmerinnen und Teilnehmern. Kommt man auf sie zu sprechen, dann hört man oft einen Satz aus der Veteranensprache: »Auch ich war damals dort.« Zum einen schwingt ein gewisser Stolz bei der Vorstellung mit, an einem solch wichtigen gesellschaftlichen Großereignis teilgenommen zu haben. Zum anderen bleibt wie ein fader, unbestimmter Nachgeschmack, ein Grundgefühl, irgendwie trotzdem nicht dazugehört zu haben, nicht wirklich beteiligt gewesen zu sein, danebengestanden zu haben.

Einen Monat später, am 14. November 1981, gingen in der hessischen Landeshauptstadt Wiesbaden 150 000 Menschen gegen die geplante Startbahn West des Rhein-Main-Flughafens in Frankfurt auf die Straße. Für diese neue Startbahn sollte ein Waldgebiet gerodet werden, das Anwohnern als Naherholungsgebiet diente. Außerdem würden zahlreiche Anrainergemeinden im Süden des Frankfurter Flughafens massiv von Fluglärm betroffen sein.

Der Protest gegen das Bauvorhaben mobilisierte Aktivisten der Öko-Bewegung und junge Menschen bundesweit. Startbahngegner hatten auf dem Bauplatz ein Hüttendorf errichtet, das immer wieder zum Schauplatz heftiger Auseinandersetzungen mit der Polizei geriet und schließlich unter massivem Polizeieinsatz geräumt wurde. Viele umweltbewegte junge Menschen schlossen sich dem Protest an und waren zeitweilig für Blockaden und Demonstrationen auf der Baustelle präsent.

Die Blockaden zogen sich über Jahre hin, 1987 wurden zwei Polizisten von einem gewaltbereiten Demonstranten an der Startbahn West erschossen. Dennoch: Auch der Kampf um die Startbahn West ist in das kollektive Gedächtnis der geburtenstarken Jahrgänge eingegangen und hat seinen Platz in der Ehrenhalle des Widerstands gefunden. Mitzumachen war »irgendwie« Pflicht. Was das genauer bedeutete, war nicht wirklich klar, außer dass man natürlich wiederum »irgendwie« ökologisch dachte und empfand und deshalb »dagegen« war. Dieses unbestimmte »Irgendwie« wurde zu einem konstitutiven Erfahrungsbestandteil, zu einem Identitätsbaustein der späteren Kriegsenkel.

In den 1980er-Jahren erreichten auch die Proteste gegen die Nutzung der Atomenergie ihren Höhepunkt. Die Anti-Atomkraft-Bewegung kämpfte nicht nur gegen die Nutzung bestehender Atomanlagen, sondern auch gegen den Neubau weiterer Kernkraftwerke in der Bundesrepublik. Kulminationspunkt der Proteste war das geplante Endlager für radioaktiven Abfall in Brokdorf im Landkreis Lüchow-Dannenberg. Dort kam es immer wieder zu Dauerblockaden von Kernkraftgegnern sowie zu gewalttätigen Auseinandersetzungen mit der Polizei. Dabei muss hinzugefügt werden, dass der Protest nicht nur von überzeugten Atomkraftgegnern von außerhalb, sondern vor allem von den Anwohnern getragen wurde, die sich vor den unkalkulierbaren Folgen eines Endlagers fürchteten. Die Auseinandersetzung um Brokdorf hält bis heute an.

Der Protest gegen die Atompolitik der sozialliberalen Koalition wurde auch von vielen Babyboomern, damals jungen Menschen, mitgetragen. Für ihr Engagement in dieser Sache gilt vielfach ebenfalls: »Auch ich war damals dort. Aber war ich auch dabei?«

Das Engagement gegen die Nutzung der Kernenergie war eines der ganz großen gesellschaftspolitischen Themen jener Jahre, die anderen großen Themen waren Ökologie und Umweltschutz, Frieden und Abrüstung, Solidarität mit Nicaragua und der Dritten Welt, Früchteboykott gegen die Apartheidspolitik in Südafrika sowie die geschlechterspezifischen Fragen, wie sie in der Frauen- und Männerbewegung artikuliert worden sind.

Gesellschaftliche Relevanz gewann vor allem die Frauenbewegung, deren Aktivitäten sich zu einem schlagkräftigen Netzwerk für die Interessen der Frauen und ihre Rechte entwickelten. Schon in den 1970er-Jahren erreichte sie mit ihrer Kampagne gegen den »Abtreibungsparagrafen« 218 einen breit angelegten gesellschaftlichen Diskurs. Es folgte die Einrichtung spezifischer Frauenbuchläden, Frauenverlage und Frauenhäuser wurden gegründet. Vor allem die Frauenhäuser brachten als Zufluchtsstätte für misshandelte Frauen das komplett in den privaten Bereich verbannte Thema Gewalt in Beziehungen und Familien ans Licht der Öffentlichkeit. Erstmals wurden die bedrückenden Schattenseiten scheinbar normaler Familien, wurden Abhängigkeits- und Gewaltstrukturen gesellschaftlich wahrgenommen und angeprangert. Was bisher als normal und als hinzunehmen galt, wurde infrage gestellt. Damit war zugleich ein erster Schritt aus der Falle einstmals erfahrener (Kriegs-)Gewalt und ihrer innerfamiliären Reproduktion getan.

Die Männerbewegung konnte hinsichtlich der öffentlichen Aufmerksamkeit aber nicht an ihr feministisches Pendant heranreichen. Die Frauenbewegung hatte mit der Journalistin Alice Schwarzer, der Herausgeberin der Frauenzeitschrift *Emma*, eine wirkmächtige Vertreterin, über die das sogenannte starke Geschlecht in dieser Zeit nicht verfügte. Auch die Interpretin des Liedes »Neue Männer braucht das Land«, Ina Deter, war eher von feministischen Motiven getragen als von allzu viel Sympathie für die Männer der 1980er-Jahre in der Bundesrepublik. Affirmativer wirkte schon Herbert Grönemeyers Ballade »Männer«, die aber auch nicht überdecken konnte, wie sehr die überkommenen Geschlechterrollen im liberalen Gesellschaftsklima nach 1968 in Auflösung begriffen waren, was einen Teil der männlichen Bevölkerung in eine tiefe Rollen-, ja Identitätskrise gestürzt hatte.

Die dominierenden Bewegungen dieser Jahre, nämlich Friedens-, Umwelt-, Frauen- (bzw. Männer-) sowie die internationale Solidaritätsbewegung stellten sehr wohl Identifikationsangebote für die späteren Kriegsenkel dar. Dennoch ist nicht zu übersehen, dass sie für die meisten Episoden geblieben sind. »Dort gewesen, ohne mit ganzem Herzen dabei gewesen zu sein«, so kann man die innere Haltung vieler Babyboomer beschreiben. Denn alle großen Themen, die in den 1980er-Jahren gesellschaftlich relevant wurden, gingen auf 1968 zurück. Ihr alternativer, sich eher politisch links artikulierender Impetus wurde zwar von vielen Babyboomern mitgetragen, weil er eine Alternative zur ideologischen und bürgerlichen Enge vieler Elternhäuser bildete, aus denen sie stammten. Dennoch blieb das Politische vielen späteren Kriegsenkeln fremd, sie standen noch ganz am Anfang ihres Erwachsenenlebens, begannen eine Berufsausbildung oder ein Studium, manche von ihnen sammelten bereits erste Erfahrungen im Beruf. Viele spürten, dass es Themen einer anderen Generation waren. Doch sie konnten eigene Themen genauso wenig ausfindig machen wie eigene Fragestellungen an das Leben und die Welt. Die Nebeljahre entfalteten in biografischer Hinsicht eine fatale Wirkung, weil sie den Zugang zu den eigentlichen prägenden biografischen Faktoren verschlossen hatten, was vielen jungen Menschen zugleich den Zugang zu einer stabilen Existenz sehr erschwerte. Das Zauberwort »Selbsterfahrung«, das in den 1980er-Jahren zum Modebegriff wurde, steht für die Suche nach Klarheit und Sicherheit, nach einem tragfähigen Lebensfundament angesichts einer tief empfundenen, existenziellen Heimatlosigkeit.

Die frühen Erwachsenenjahre der Babyboomer hatten oft keinen bestimmbaren, bewussten Anfang und ebenfalls kein genau bestimmbares Ende – sie erstreckten sich bis in eine Zukunft hinein, die manchem 30-Jährigen noch das Gefühl gab, nicht wirklich erwachsen zu sein. Diese Jahre dehnten sich aus wie die übervorsichtige und langsame Überquerung einer breiten und tiefen Schlucht, und zwar auf einer schmalen Behelfsbrücke aus porösem Holz. Einer Brücke, die schon beim Betreten in Schwingungen gerät und die über keinerlei Halteseile an ihren Rändern verfügt.

Eine artikulierte, reflektierte Kriegsenkel-Erfahrung gibt es in diesen Jahren noch nicht. Im Rückblick lässt sich jedoch feststellen, dass wichtige Motive der Kriegsenkel-Erfahrung bereits hier angelegt sind: Da ist einmal die innere Distanz zu anderen Menschen und den ideologischen Debatten der Zeit, die viele Kriegsenkel bei sich diagnostiziert haben. Irgendwo mitgemacht zu haben hieß noch lange nicht, innerlich und mit ganzer Kraft dabei gewesen zu sein. Das eigene Leben wird als uneigentlich erlebt, man betrachtet es aus einer seltsamen Distanz.

Die Fragen, die sich angesichts dieser Situation aufdrängen, lauten: Warum empfinde ich mich nicht als zugehörig? Wo gehöre ich hin? Was bedeutet eine gute Zukunft für mich, und wie kann ich sie erreichen? Diese Frage betrifft die Berufswahl ebenso wie die Vorstellungen, die man sich über sein künftiges Familien- und Beziehungsleben macht. Beides ist in hohem Maße unklar, sodass berufliche Entscheidungen wenig tragfähig und zukunftsfest sind.

Auch der Glaube an eine von permanentem technologischem Fortschritt gekennzeichnete Zukunft bekommt erste Risse. Die Explosion der amerikanischen Raumfähre Challenger kurz nach dem Start im Januar 1986 wird von vielen Menschen, auch von zahlreichen Babyboomern, als Menetekel empfunden. Das Gefühl verstärkt sich, dass das eigene Leben auf Sand gebaut ist.

Für viele spätere Kriegsenkel fühlt sich das eigene Leben in den frühen Erwachsenenjahren und oft noch lange danach an wie ein Schwanken auf instabilem Grund.

Die Herkunft, das Elternhaus, ist kein Ort zum Leben mehr und rückt allmählich in die Ferne. Der neue Ort, die Stadt, in der die eigene Ausbildung oder das Studium begonnen hat, erscheint vorläufig und vorübergehend. Heimat gibt es nicht mehr und noch nicht, ebenso ein Zuhause. Das Unterwegssein wird als einzig stabiles Daseinsmoment erlebt; der Zug oder der Bahnhof sind die Orte, an denen sich das Leben richtig anfühlt, weil sie den latenten Zwischenzustand und die Vorläufigkeit widerspiegeln, in denen man lebt. Sie machen die oszillierende Pendelexistenz des späteren Kriegsenkels aus, der zu diesem Zeitpunkt aber noch lange nicht weiß, dass er einer ist.

In diesem unbestimmbaren Lebensklima, dem Unterwegssein und der Suche, wurde Vielfalt zu einem entscheidenden Moment neuer Möglichkeiten und Freiheiten, nicht nur im Hinblick auf die sozialen Bewegungen und die Themen, mit denen sie sich auf gesellschaftlicher Ebene auseinandersetzten. Auch auf religiösem Gebiet begann die Dominanz der Kirchen aufzubrechen. Dazu kamen Moscheegemeinden, die sich infolge der Einwanderung der damals noch sogenannten Gastarbeiter bildeten und die dazu führten, dass sich die Weltreligion Islam in Deutschland langfristig ansiedeln konnte.

Im Gegensatz dazu tobte eine heftige Kontroverse um die vielen neuen religiösen Bewegungen, die als »Sekten« diskreditiert wurden. Dabei setzten sich auf religiösem Gebiet lediglich die auf anderen gesellschaftlichen Feldern ebenfalls zu beobachtenden Pluralisierungsprozesse fort.

Die Sehnsucht nach authentischer religiöser Erfahrung trieb junge Menschen in Scharen in die Aschrams eines Bhagwan Shree Rajneesh, Sai Baba oder zu Maharishi Mahesh Yogi und seiner Transzendentalen Meditation, der schon als Guru der Beatles zur Legende geworden war. Spirituelle Praktiken, die Außenstehenden merkwürdig bis anstößig erscheinen mussten, sorgten einerseits für heftige Gegenwehr durch kirchliche Weltanschauungsbeauftragte und selbst ernannte Sektenjäger, wirkten andererseits aber unglaublich anziehend und attraktiv auf jene, die mit der traditionellen Frömmigkeit der christlichen Kirchen nichts mehr anfangen konnten, ihre spirituellen Sehnsüchte aber keineswegs an den Nagel hängen wollten.

So machte der Inder Bhagwan Shree Rajneesh, Begründer der Neo-Sannyas-International-Bewegung, mit exzessiven und sehr körperorientierten Therapie- und Meditationsformen in seinen Aschrams auf sich aufmerksam. Die Presse ernannte ihn zum Sex-Guru, was wiederum Zehntausende in seine spirituellen Zentren in Köln, München, Hamburg oder nach Puna lockte, dem Hauptzentrum und Wohnsitz des Gurus. Als er 1981 in die USA umzog und dort die Kommune Rajneeshpuram gründete, wurde dies von Anhängern und Sympathisanten als Beginn eines neuen spirituellen Weltzeitalters enthusiastisch gefeiert. Wie nicht anders zu erwarten war, scheiterte das Experiment jedoch bereits vier Jahre später mit der Verhaftung Bhagwans und seiner Ausweisung aus den Vereinigten Staaten.

Wie die 1970er-Jahre war auch das Folgejahrzehnt eine Zeit gesteigerter Heilserwartung und geprägt von der Suche nach neuen, unverbrauchten Wegen und Perspektiven. Der Physiker Fritjof Capra hatte mit seinem Bestseller »Das Tao der Physik« die Tür zu einer neuen, ganzheitlichen Sicht der Welt in einer Synthese aus westlich geprägter Naturwissenschaft und östlich geprägter Spiritualität aufgestoßen. Dieses ganzheitliche Weltverständnis sollte seiner Überzeugung nach schon bald die Geschicke dieses Planeten in eine friedlichere, heilvollere Zukunft lenken. Der Paradigmenwechsel, der Übergang vom alten, im Materialismus wurzelnden Denken zu einem neuen, verantwortungsbewussten Denken und Handeln, war in vollem Gange. Der britische Biologe Rupert Sheldrake beschrieb in seinem 1981 erstmals erschienenen Buch »Das schöpferische Universum« das Panorama einer lebendigen Welt, die anderen Gesetzmäßigkeiten zu folgen schien als jene, die das vorherrschende positivistische Weltbild postulierte.

Und in Deutschland sorgte Joachim-Ernst Berendt mit »Nada Brahma – Die Welt ist Klang« für viel Aufsehen und Zuspruch. Der frühere Jazz-Papst und Mitbegründer des Südwestfunks Baden-Baden präsentierte ein musikalisch inspiriertes Verständnis des Kosmos, das viele Menschen ansprach, eben weil es die althergebrachte Weltwahrnehmung, das überkommene Wirklichkeitsverständnis öffnete, es heller und lichter machte und allen Weltuntergangsszenarien des Kalten Krieges zum Trotz eine positive Hoffnungsperspektive für Welt und Mensch aufzeigte.

Die spirituellen Hoffnungen jener Zeit und die ins Kraut schießenden esoterischen Erlösungssehnsüchte gediehen auf dem Boden einer Welt- und Wirklichkeitserfahrung, die der amerikanische Philosoph Ken Wilber plakativ als »Flachland« charakterisierte. »Flachland« steht für ein zweidimensionales Weltverständnis, das nur die positivistische, äußerlich wahrnehmbare Oberfläche für wirklich hält. Die mehrdimensionale Beschaffenheit der Realität, die sich in wesentlichen Existenzerfahrungen des Menschen ausdrückt, seine Verletzbarkeit und Endlichkeit werden ausgeblendet. Dazu gehören auch die zentralen Fragen nach Ursache und Ziel seiner Existenz. Der Mensch hält die Landkarte in seinen Händen für die Realität, nicht aber den Boden, über den er geht.

Während die einen mit konkreten Heilserwartungen oder unbestimmten Zielen versuchten, dem Flachland zu entkommen, richten sich andere in diesem Leben ein.

Zunehmend dominierte eine sich immer mehr auf die kapitalistische Seite schlagende, rein materialistische Weltwahrnehmung, die nicht mehr nach Ursache und Sinn menschlichen Tuns fragt. Gleichzeitig werden die 1980er-Jahre als Zeit extremer Bedrohung erlebt: Die Angst vor einem Weltkrieg wurde durch die Nachrüstungsdebatte erneut virulent, und das HI-Virus macht die eben erst errungene sexuelle Unbeschwertheit abrupt zunichte.

Am Ende des Jahrzehnts, 1989, wirft die Wende in der DDR und anderen Ostblockstaaten wieder alles über den Haufen.

Das Weltgefühl vieler Menschen in jener Zeit wird zum einen von der Erfahrung geprägt, wonach die von Ken Wilber als »Flachland« etikettierte Wirklichkeitskonstruktion in Wahrheit gar nicht trägt. Gleichzeitig begleitet sie die Sehnsucht nach Tiefe und Veränderung zum Guten hin, denn dieses zweidimensionale Flachland verfügt nicht nur über keinerlei Tiefe. Wurzeln, die die Dinge verankern, Alter und Tradition, Wissen, Gewissheiten und Erfahrung, all diese Qualitäten, die Vertrauen und Zuversicht stiften können, existieren dort nicht. Aber es gibt auch keine Erhebung, keine Höhe, keinen Gipfel, von dem aus man einen Überblick gewinnen könnte, der Orientierung, Perspektive, Richtung und Ziel stiftete.

Wer sich in diesem Flachland aufhält, spürt nicht, woher er kommt. Er kennt den Ort nicht, an den er gehört, und er weiß nicht, in welche Richtung er sich bewegen sollte. Was bleibt ihr/ihm anderes übrig, als Luftwurzeln auszubilden, die der Wind in jede beliebige Richtung bewegt?

Für die Kriegsenkel-Erfahrung bedeuten diese Jahre: Die gesellschaftlichen Themen, mit denen die Babyboomer als junge Erwachsene konfrontiert waren, kamen nicht von ihnen selbst. Eine andere Generation hatte sie gesetzt. Das gilt für die Umweltbewegung genauso wie für die Friedensbewegung. Auch die neuen religiösen Bewegungen und der Topos vom »Neuen Denken« wurden von der Vorgängergeneration geprägt. Die späteren Kriegsenkel haben diese Themenwelten besucht, weil sie dort nach etwas gesucht haben. Zu finden war es dort jedoch ebenso wenig, wie ihnen die nähere attributive Bestimmung dieses »Etwas« in jener Zeit schon hätte klar sein können.

Sie kamen aus dem Nebelland der Kindheit und verfügten über noch verborgene Wurzeln sowie brüchige und wenig tragfähige Lebensfundamente. Brüchig waren folglich die Startbedingungen in Ausbildung, Studium, Beruf und Partnerschaft. Die Schlussfolgerung, die deshalb zu diesem Zeitpunkt von vielen aus ihrer Selbst- und Weltwahrnehmung gezogen wurde, lautete: »Ich genüge nicht!« Da keine äußeren Ursachen erkennbar waren, wurden die Ursachen im Inneren, in der Persönlichkeit des Einzelnen selbst gesucht. Blieben zwei Wege: Der eine führt in Resignation und Depression. Der andere führt über sich hinaus, in die Suche nach einem Leben, dem man genügen kann.

Im brüchigen Fundament, in Unsicherheit und fehlendem Selbstbewusstsein liegt eine der Ursachen dafür, dass viele der späteren Kriegsenkel bei ihrer Berufswahl auf Studiengänge und Ausbildungsberufe setzten, die unterhalb ihrer faktischen Leistungsfähigkeit angesiedelt waren. Da sie sich selbst als »ungenügend« empfanden, wurden die Anforderungen heruntergeschraubt, bis sie passten und man ihnen genügte. Die Wurzel für die späte Unzufriedenheit mit dem Beruf, für eine oder mehrere neue Ausbildungen und die kommenden Berufswechsel war somit gelegt.

Rückblickend betrachtet waren die durchschrittenen Welten der Bonner Hofgartenwiese und der Startbahn West, der Männergruppen mit ihrem endlosen Selbstbefriedigungspalaver und der Bandscheiben-zermalmenden Meditationssitzungen jedoch wichtige Voraussetzungen für die Genese des Kriegsenkel-Bewusstseins, denn sie öffneten weite, neue Räume, in denen kein Nebel herrschte. Diese Räume legten einen ersten Grund für das Gefühl, dass noch anderes möglich wäre als die depressive Selbsteinschätzung, nicht zu genügen. Sie brachten eine Ahnung, dass die Flachland-Erfahrung nicht das letzte Wort haben würde, sondern dass das Leben über eine Tiefe und eine Weite verfügen könnte, die auch die Wahrnehmung der Nebelkinder aufhellen, ja den Nebel aus ihrem Leben vertreiben könnte.

Es gibt dieses bessere, heiterere, stimmigere, glücklichere Leben, auch wenn es einstweilen nur als Verheißung an den Horizont gemalt und der Weg dorthin noch weit scheint. Vorerst aber triumphierte der Nebel der Verschleierung der Lebenswurzeln, die Vorläufigkeit als existenzielle Grunderfahrung der Kriegsenkel wurde chronisch.

DIE CHRONIFIZIERUNG DER VORLÄUFIGKEIT

Die 1970er-Jahre waren eine für die künftigen Kriegsenkel konstitutive, bestimmende Phase. Die wirklichen Koordinaten ihres Lebens, die mit der Geschichte ihrer Eltern und Familien und ihren Erfahrungen in der deutschen Unheilszeit zusammenhängen, verschwanden ebenso in den Katakomben des kollektiven Unterbewusstseins, wie die fundamentalste aller deutschen Tatsachen gar nicht mehr wahrgenommen wurde. Alle Erwachsenen in diesem Land nämlich hatten jene Zeit miterlebt – teils enthusiastisch mitgestaltet, manchmal miterlitten –, die sich als Wurzel allen Übels für die späteren Kriegsenkel erweisen sollte, die NS-Zeit.

Die komplette Verdrängung dieser Zeit, die Weigerung, über sentimentale oder anekdotenhafte Momentaufnahmen der Vergangenheit hinauszugehen, hatte Folgen für die Nachgeborenen.

Die frühen Erwachsenenjahre der künftigen Kriegsenkel – für viele waren es die 1980er-Jahre – offenbarten dann ihre existenzielle Situation: wurzellos, ohne Tiefe und Möglichkeit, die Landkarte der Welt um einen herum richtig zu lesen. Das eigene Leben erscheint vorläufig, getroffene Entscheidungen vage begründet und nicht tragfähig. Gleichzeitig aber gab es auch eine alle wichtigen gesellschaftlichen Kräfte und Bewegungen verbindende Hoffnung auf eine menschlichere und lebenswertere Welt, die von einer tiefen Sehnsucht nach individuellem Heilwerden getragen wurde.

Doch das, worauf sich die utopischen Hoffnungen richteten, trat nicht ein. Der Paradigmenwechsel hat nicht stattgefunden. Die künftigen Kriegsenkel haben sich anstecken lassen von der Erlösungseuphorie der Vorgängergeneration, sie sind deren Weg auch ein Stück weit mitgegangen. Aber angekommen in der Rushhour ihres eigenen Lebens, wo so viele wichtige Dinge – Familiäres, Berufliches, Kinder und Karriere – gleichzeitig passieren, zeigte sich, dass es nicht wirklich ihre Themen waren. Die Begeisterung fürs Utopische war lediglich geborgt.

Allerdings spiegeln sich zu jeder Zeit soziale, gesellschaftliche, ökonomische und kulturelle Prozesse im individuellen Leben, wie auch jeder einzelne Mensch den Fortgang der Geschichte mit seinen Anschauungen und Erfahrungen beeinflusst. Ereignisse und Entwicklungen im Makrokosmos von Nation und Welt erlauben deshalb Rückschlüsse auf Wahrnehmung und Empfinden des Einzelnen. Daher lassen sich einige Aspekte und Elemente der Kriegsenkel-Erfahrung durchaus aus übergeordneten Entwicklungen ableiten.

Wenn die biografischen Abschnitte der Kriegsenkel-Erfahrung den historischen Ereignissen und Entwicklungen vergangener Jahrzehnte zugeordnet werden, bedeutet dies jedoch nicht, dass generell ein Kausalzusammenhang zwischen den Ereignissen und der Kriegsenkel-Erfahrung unterstellt werden soll. Lediglich für die gesellschaftlichen und politischen Entwicklungen in der sozialliberalen Ära der 1970er-Jahre lässt sich dies klar konstatieren. Denn damals verschwand ein Thema aus dem öffentlichen Diskurs, das einen Generalschlüssel zum Verständnis der Biografie der Babyboomer enthielt. Insgesamt gesehen werfen gesellschaftliche Prozesse und historische Abläufe ein Schlaglicht nicht nur auf das Lebensgefühl der Menschen, die an ihnen partizipierten, sondern auch auf ihre Selbstwahrnehmung und ihr Selbstverständnis.

In den 1990er-Jahren beginnen die stürmischen Utopien zu verblassen. Die Überwindung der deutschen Teilung, der Zusammenbruch der Sowjetunion und die damit verbundene Beendigung der Blockkonfrontation zwischen Ost und West, die seit Ende des Zweiten Weltkrieges Deutschland und Europa gespalten hatte, schienen nunmehr das ersehnte Zeitalter des Friedens, der Freiheit und des Wohlstands eingeläutet zu haben. Der vermutlich markanteste Begriff im letzten Jahrzehnt des 20. Jahrhunderts war »das Ende der Geschichte«, nach einem Buch des US-amerikanischen Politikwissenschaftlers Francis Fukuyama über die globale Bedeutung der Zeitenwende von 1989/90.

In Wirklichkeit setzte jedoch eine Übergangsphase ein, in der erst allmählich klar zu werden begann, wohin die Reise gehen würde. Deutschland erlebte mit der Sprengung der JVA-Weiterstadt und dem blutigen Schusswechsel am Bahnhof von Bad Kleinen 1993 das letzte Auflodern des RAF-Terrorismus. Für Schlagzeilen sorgten die rechtsradikalen Hetzjagden auf Ausländer in Hoyerswerda (1991) und die Ausschreitungen von Rostock-Lichtenhagen (1992), vorläufige »Höhepunkte« einer sich allmählich radikalisierenden rechtsextremistischen Szene. Schließlich erlebt das Jahrzehnt gegen Ende den ersten Kriegseinsatz der Bundeswehr im auseinanderfallenden Jugoslawien unter der Verantwortung des grünen Bundesaußenministers Joschka Fischer.

Nach den »Nebeljahren« und den Erfahrungen im wurzellosen »Flachland« wird nun eine weitere Phase für die Kriegsenkel-Erfahrung konstitutiv: die Phase der Uneigentlichkeit. Es ist eine

Zeit der ins Epische verlängerten Ausbildung, eine überdehnte, weil nicht ans Ziel kommende Berufsfindung. Die universitäre Ausbildung kann über das normale Maß hinaus verlängert, abgebrochen, durch ein neues Studium ersetzt und wieder abgebrochen werden – oder abgebrochen und nicht ersetzt, sondern in eine Schwebephase der Unsicherheit überführt werden. Bestimmend ist das Empfinden, nicht oder noch nicht dort zu sein, wohin man »eigentlich« will, wobei das Ziel selbst gänzlich unbekannt oder nebelhaft nur geahnt wird – noch eine wichtige »Zutat« der Kriegsenkel-Erfahrung. Will ich diesen Studiengang wirklich? Will ich diese Beziehung überhaupt? Will ich das, was ich beruflich mache, wirklich und so weiter und so fort. Typische Fragen, die sich viele Prä-Kriegsenkel in dieser Zeit stellen.

So führen die 1990er-Jahre zu einer Entwicklung, die mit »Chronifizierung der Vorläufigkeit« angemessen beschrieben werden kann. Die Formulierung verdanke ich Maria Zemp, Fachreferentin für Traumaarbeit bei der Hilfsorganisation Medica Mondiale e.V., und sie beschreibt die Lebenssituation von Flüchtlingen im Deutschland der Gegenwart.

Chronifizierung der Vorläufigkeit bedeutet unter Kriegsenkel-Gesichtspunkten: Eine lebenslange, verlässliche Perspektive existiert in wichtigen Lebensbereichen faktisch nicht mehr. Wenn es Jobs gibt, dann nur auf Honorarbasis, zeitlich befristet und nicht dort, wo man einmal hinwollte. Beziehungen gehen auseinander, Ehen werden schnell wieder geschieden. Die späteren Kriegsenkel richten sich ein im »Zeitalter der Befristungen«. In einer biografischen Phase, in der es auf Verlässlichkeit, Langfristigkeit und Planbarkeit ankäme, werden Menschen nur noch Zeit- und Honorarverträge angeboten. Eine stabile Lebensplanung ist unter diesen Umständen ein gewagtes Unterfangen. Dies hat negative Folgen. Besonders gravierend wirken sie sich auf die Nachwuchsplanung aus. Der Kinderwunsch, wenn es

ihn überhaupt gibt, wird angesichts solch unsicherer Rahmenbedingungen immer weiter aufgeschoben, bis die Zeiten vielleicht einmal besser sind. Für viele Kriegsenkel kommen diese
»besseren Zeiten« überhaupt nicht oder erst sehr spät im Leben.

Freiheit oder Sicherheit

Viele tragen allerdings auch selbst dazu bei, dass sich ihre Lebensumstände nicht stabilisieren. Das Verhältnis zum Thema
»Sicherheit« bleibt ambivalent, wo sich die Sehnsucht nach Sicherheit in einem Spannungsverhältnis zu Freiheit und Selbst-
bestimmung befindet. Dann werden daraus sich gegenseitig aus-
schließende Bedürfnisse. Viele Babyboomer ahnen, dass sie es
als Beamte im eigenen Reihenhäuschen nicht lange aushalten
würden. Sie vermuten »hinter der sauberen Fassade das Grau-
en« (Dietmar Bär als Freddy Schenk im Kölner Tatort an der
Tür eines schmucken Eigenheims).

Die Spannung zwischen den beiden existenziell angelegten
und erfahrenen Bedürfnissen können viele künftige Kriegsenkel
nicht ausbalancieren. So wird das Spannungsverhältnis zum
Motor für die individuelle Entwicklung. Allerdings nicht in der
Weise, dass sie jetzt konsequenter auf Ziele zugehen würden.
Vielmehr eher so, dass der Moment der Vorläufigkeit und Unge-
bundenheit in die Länge gezogen und gedehnt wird, wie zu wenig Marmelade, die auf zu viel Brot verstrichen wird: Die Aus-
bildungs- bzw. Studienzeiten werden mitunter lang und länger,
die Entscheidungsphasen in Beziehungen ebenfalls. Bevor die
»Sicherheitsfalle« Beruf und/oder Ehe zuschnappt – so viel Freiheit und so lange wie möglich!

Warum aber wird Sicherheit von vielen späteren Kriegsenkeln kritisch betrachtet? Selbstverständlich hat das mit der Ablehnung der Werte und Orientierungen der Elterngeneration zu

tun, die schon 1968 in ihrer tendenziell bigotten und verlogenen Dimension bloßgestellt wurden. Sonntags zur Kirche gehen und im Wohnzimmer daheim auf nationalkonservative bis braungefärbte Positionen pochen, das war alles andere als glaubwürdig und diskreditierte sich von selbst.

Aber auch diejenigen, die ihre Eltern keinesfalls als bigott und unaufrichtig wahrnahmen, erfuhren Sicherheit in der Familie nicht als Schutz vor äußeren Gefahren, sondern als Schutzschirm gegen innere Dämonen. Obwohl sie dies als Kinder und Jugendliche nicht hätten benennen können, so empfanden sie doch die Enge der eigenen Kleinfamilie mehr als Bedrohung denn als sicheres Fundament, von dem aus man getrost ins eigene Leben hätte aufbrechen können. Folglich wurden »Sicherheit«, »Ehe« und »Familie« zu Synonymen einer als lebensfeindlich wahrgenommenen Realität, vor der man nur weglaufen konnte. Viele, die später heirateten, Kinder bekamen und sich ein Eigenheim zulegten, taten das nicht wegen, sondern trotz ihrer eigenen früheren Familienerfahrungen. Und so wurde »Sicherheit« zu einem Synonym dafür, das »eigentliche Leben« zu verpassen.

Dieser Ansicht waren vor einem Vierteljahrhundert nicht wenige Babyboomer. Die Kriegsenkel-Urerfahrung besagt: »Irgendetwas stimmt nicht.« Manche beziehen dieses Gefühl auf äußere Faktoren, auf die gewählte Ausbildung, den ausgeübten Beruf, die soziale und familiäre Situation. Andere sprechen damit ihr Selbstgefühl an. Vor dem Hintergrund dieser Erfahrung lässt sich das Spannungsverhältnis von Sicherheit und Freiheit auch so deuten, dass man unbewusst einen Raum für Entwicklung und Veränderung offen halten und nicht vorschnell verschließen möchte, in dem diese Grunderfahrung der Unstimmigkeit überwunden werden kann.

Nicht im eigenen Leben beheimatet sein

Wer sich nicht oder nur schwer zwischen Freiheit und Sicherheit entscheiden kann, kommt auch nicht an. Deshalb wird das Nicht-beheimatet-Sein für viele Kriegsenkel endemisch, es breitet sich in alle Lebensbereiche hinein aus. Es wird zum Kriegsenkel-Grundton, einem Ton in Moll. Da die eigenen biografischen Prägefaktoren nicht klar sind, ja in dieser Phase noch nicht klar sein können, kann sich das eigene Leben auch nicht förderlich entwickeln. Für viele wird der Wechsel zur eigentlichen Konstante, schmerzlich erfahren in Beziehungen und im Beruf. Die Anzahl der Wohnungswechsel und der Umzüge von Ort zu Ort strebt einem Eintrag in das Guinness-Buch der Rekorde entgegen. Das Mobiliar muss leicht und schnell demontierbar sein und wie ein Ivar-Regal an unterschiedlichste Wohnanforderungen angepasst werden können.

Das Hin und Her zwischen Orten, Berufen und Beziehungen produziert das Dauergefühl, noch nicht im eigentlichen Leben angekommen zu sein.

Sozial fühlt man sich nicht wirklich zugehörig. Viele kommen aus ihrem Single-Modus nicht heraus. Tragfähige Netzwerke entstehen, wenn überhaupt, dann nur mühsam. Die unsichere und wenig bindungsorientierte Existenzweise der künftigen Kriegsenkel produziert als ihre komplementäre Seite Ängste vor Ablehnung oder davor, allein zu bleiben. Typisch ist auch das Bedürfnis, im Hintergrund zu bleiben, nicht in die vorderste Reihe zu treten und schon gar nicht in Führungsrollen voranzuschreiten.

Persönlich wird Unsicherheit zu Grunderfahrung des Lebens. Schnell wird man aus der Bahn geworfen. Das Selbstwertgefühl kann sich nicht stabilisieren. Schon ein einfaches Nein kann alles infrage stellen. Die instabile Gesamtlage produziert nicht durchdachte, unabgewogene Entscheidungen, auch beruflich, je nachdem, welches Bedürfnis gerade im Vordergrund steht, Freiheit oder Sicherheit. Viele spätere Kriegsenkel sagen von sich, sie hätten sich über lange Zeit hinweg »weniger wert« gefühlt, ohne eine Ursache für dieses Empfinden benennen zu können.

Familiär sieht es ebenfalls nicht besser aus. Kriegsenkel berichten häufig, dass sie aus »potemkinschen Familien« stammen, Familien also, die nur so tun, als wären sie intakt. Das bürgerliche Erscheinungsbild täuscht über die destruktiven Strukturen zu Hause hinweg. Zwischen Eltern und Kindern gibt es wenig förderliche Beziehungen. In einer Zeit, in der man eigentlich eine eigene Familie aufbauen könnte und in der es auch mit dem Kinderkriegen noch klappen würde, muss man sich um die eigenen Eltern kümmern. Man schlüpft, ohne es zu bemerken, in die Rolle von Eltern für die eigenen Eltern, die immer zu erwarten scheinen, dass man etwas für sie tun muss, dass man sie stützen und für sie da sein muss. Vielen wurde diese Rolle schon lange vor dem eigenen Erwachsenenleben zugeschrieben. Folge davon war nicht nur eine völlige Überforderung, sondern auch eine negative Grundstimmung der eigenen Kindheit gegenüber – keine gute Voraussetzung dafür, selbst Eltern zu werden.

Beruflich lässt sich so natürlich auch kein stabiles Fundament errichten. Aber der Job, den man gerade ausübt, ist sowieso nicht der, den man eigentlich machen wollte. Dabei ist auch dieses Wörtchen »eigentlich« kaum näher zu bestimmen. Also beschließt man, entweder diesen »falschen« Beruf weiterzuführen und das Unglücklichsein weiter in Kauf zu nehmen, denn schließlich muss ja die Miete bezahlt werden, oder man steigt aus und macht etwas anderes, vielleicht auch eine neue Ausbildung. Möglicherweise aber auch überhaupt nichts mehr. So

sieht das emotionale Spannungsfeld aus, von dem viele Kriegsenkel berichten, wenn die Rede auf ihre Berufserfahrungen
kommt.

Störung der Beziehungsfähigkeit

In der Kriegsenkel-Erfahrung drückt sich eine tiefe Störung der
menschlichen Beziehungsfähigkeit aus. Sie macht sich in allen
Daseinsbereichen bemerkbar, in der Beziehung zu anderen
Menschen, zu den Eltern, zur Familie, zum sozialen Umfeld, zur
Berufswelt und nicht zuletzt zu sich selbst. Damit umfasst diese
Störung potenziell die sichtbare und unsichtbare Wirklichkeit.

Sie resultiert aus der Zerstörung der Menschlichkeit als Folge
der nationalsozialistischen Ideologie und der durch sie begründeten Handlungen, die transgenerational weitergegeben wird.

So hat der Glaube an die blonde und blauäugige Herrenrasse
eine weitreichende Entwertung von Empathie, Einfühlung und
Mitleid zur Folge gehabt. Der andere galt nicht mehr als Mit-
mensch, sondern als »Untermensch«, der kein Lebensrecht
mehr besaß. Die menschenverachtende Politik im Nationalsozialismus führte zu einer Enthemmung und Entmenschlichung
apokalyptischen Ausmaßes und gipfelte in der systematischen
Vernichtung menschlichen Lebens, in den »Bloodlands« Ost-
europas wie in der Shoah.

Diese Ideologie entfaltete einen Totalitätsanspruch, der bis
in die familiären Beziehungen hineinreichte. Der berüchtigte Erziehungsratgeber der Ärztin und überzeugten Nationalsozialis-
tin Johanna Haarer, »Die deutsche Mutter und ihr erstes Kind«,
1934 zum ersten Mal erschienen, wurde Pflichtlektüre junger
Mütter. Die darin beschriebenen Erziehungsnormen sind er-
schreckend. Haarers Erziehungsideale zielten darauf ab, schon
Säuglinge und Kleinkinder zu bedingungslosen Gefolgsleuten

des NS-Systems zu machen. Zucht, Härte und Emotionslosigkeit wurden für ein Lebensalter propagiert, das für die menschliche Entwicklung von entscheidender Bedeutung ist. Im Alter von bis zu zwei Jahren entwickelt sich unsere Bindungsfähigkeit, und zwar durch die liebende Fürsorge und das Kümmern von Mutter und Vater.

Kinder, die nicht getröstet werden, wenn sie schreien, die die Mutter nicht streichelt, wenn sie traurig sind, und die nicht gefüttert werden, wenn sie Hunger haben, wie Haarer es propagierte, entwickeln kein stabiles Selbstwertgefühl. Sie sind als Erwachsene leicht zu manipulieren, wie es das Ziel der nationalsozialistischen Erziehung gewesen war. Noch 2015 berichtete mir ein Kinderarzt im Anschluss an einen Vortrag, dass immer noch junge Mütter in seiner Praxis auf die Lektüre dieses Buches zu sprechen kommen! Noch bis 1996 wurde es als vom NS-Jargon bereinigter Erziehungsratgeber gedruckt, nunmehr unter dem Titel »Die Mutter und ihr erstes Kind«. Insgesamt wurden über eine Million Exemplare verkauft.

Die Eltern der Kriegsenkel wuchsen unter dem Einfluss der nationalsozialistischen Erziehungsziele auf. Kein Wunder, dass die Nachkommen über verkümmerte Empathie- und Liebesfähigkeit ihrer Eltern und über ein familiäres Klima berichten, das von Desinteresse aneinander, menschlicher Kälte und Distanz der Eltern zu ihren Kindern gekennzeichnet ist. Wie soll jemand eine stabile Beziehung zu sich selbst und anderen aufbauen, der in solch einem Klima aufwachsen musste? Woher soll er die Sicherheit nehmen, dass er sich richtig entscheidet, beispielsweise im Hinblick auf eine Berufsausbildung, wenn er in einer Atmosphäre latenter Unsicherheit aufgewachsen ist? Wie kann er auf ein vernünftiges Verhältnis zur Welt hoffen, wenn ihm zu Hause so viel emotionale Kälte entgegenschlug? Oder wenn Eltern zwar selbst nicht emotional kalt, aber ihrerseits ungeliebt und tief verunsichert waren? Wenn sie gleichzeitig ihre Unsicherheit verdrängten beziehungsweise leugneten und eine heile Familie vorspiegelten, die es in Wahrheit nicht gab?

Noch verhältnismäßig wenig diskutiert sind die Auswirkungen der von den staatlichen Institutionen produzierten Heimatlosigkeit der gleichen Generation in der DDR. Während im Westen ein Loblied auf die Hausfrau gesungen wurde und die Kindergartenplätze rar waren, ging die DDR den umgekehrten Weg. Um den Arbeitskräftemangel auszugleichen, galt Berufstätigkeit schon sehr früh als Rollenmodell für Frauen. Flächendeckend wurden Krippen und Kitas eingerichtet, die bereits wenige Wochen oder Monate alte Babys und Kleinstkinder aufnahmen und ihren Müttern damit die frühestmögliche Rückkehr in den Beruf erlaubten. In den Wochenkrippen wurden die Kleinsten sogar die ganze Woche über betreut und kamen nur an den Wochenenden zu ihren Eltern zurück.

Anstatt eine stabile Bindung zu ihren Eltern aufbauen zu können, mussten sich diese Kinder schon früh mit wechselnden Erzieherinnen als Bezugspersonen auseinandersetzen. Erst 1976 wurde in der DDR das Babyjahr eingeführt, das es den Müttern ermöglichte, das erste Jahr nach der Geburt ihres Kindes zu Hause zu bleiben. Eine zu frühe Trennung von den Eltern wirkt sich destabilisierend auf die Persönlichkeitsentwicklung von Kindern aus, man spricht von einer Bindungstraumatisierung.

Die Lebensbilanz, die viele Vertreter der geburtenstarken Jahrgänge ziehen, wenn sie die Lebensmitte erreicht haben, fällt folglich ziemlich düster aus. Aber der Zeitpunkt ist jetzt gekommen, die Situation nicht mehr hinzunehmen, sondern nach den Ursachen für die unbefriedigende Situation zu forschen und endlich Ordnung im eigenen Leben zu schaffen.

Kinderlosigkeit

Ein Thema, das die Kriegsenkel besonders intensiv beschäftigt, ist das Thema Kinderlosigkeit. Dass die geburtenstarken Jahrgänge herausnehmend schwach sind, wenn es um den eigenen Nachwuchs geht, ist bekannt und eine Binsenweisheit. Sie tragen ihren nicht unbeträchtlichen Teil zum Bevölkerungsrückgang in Deutschland bei.

Wenn nach Vorträgen oder in Workshops das Thema Kinderlosigkeit zur Sprache kommt, dann geschieht dies bei vielen Frauen aus der Erkenntnis heraus, dass es jetzt zu spät ist, dass sie zu lange gewartet haben und das biologische Tor für eigene Kinder inzwischen verschlossen ist. Es ist aber nicht nur ein Frauenthema. Auch Männer ohne Kinder betrauern dies heute und sehen die ständige Verschiebung der Familiengründung inzwischen kritisch.

Der Vormarsch der Null-Kind-Familie in Deutschland hat bekanntermaßen viele Ursachen. Da sind einmal die langen Ausbildungszeiten, die eine Familiengründung erst dann möglich erscheinen lassen, wenn das vierte Lebensjahrzehnt schon in Sichtweite gekommen ist. Nach der Ausbildung und einem Studium warten Praktika, halbe bzw. befristete Stellen, prekäre Beschäftigung oder gleich Arbeitslosigkeit. Verunsichert fragen sich viele, wovon man unter solchen Umständen überhaupt eine Familie ernähren soll. Auch die Stabilität von Familien ist drastisch zurückgegangen. Inzwischen wird in Deutschland so gut wie jede zweite Ehe wieder geschieden. Alles keine guten Voraussetzungen, um Kinder zu haben.

Nun lässt sich einwenden, dass mangelndes Zukunftsvertrauen, fehlende Perspektiven und diffuse Ängste keine Erfahrungen sind, die die Babyboomer für sich allein reklamieren könnten, ebenso wenig wie sie die um sich greifenden Stellenbefristungen oder das steigende Armutsrisiko erfunden hätten – zwei der genannten Hauptgründe, warum Menschen in Deutschland auf Nachwuchs verzichten bzw. Familienplanung und Kinderwunsch immer weiter aufschieben, oft genug, bis es zu spät ist.

Diese Faktoren gelten natürlich auch für die Angehörigen der Traumaschatten-Generation. Nur eines kommt bei ihnen hinzu. Sie fragen mittlerweile, ob nicht auch ihr transgenerationales Erbe eine wichtige Ursache ihrer Kinderlosigkeit sein könnte. Diese Frage ist berechtigt, denn Kriegsenkel scheinen überproportional betroffen zu sein. Jedenfalls wird das Thema in der Literatur, auf Seminaren und im Anschluss an Vorträge bemerkenswert oft angesprochen, auch habe ich erlebt, dass der Anteil von kinderlosen Teilnehmern bei Kriegsenkel-Seminaren auffallend hoch ist.

Die Journalistin Merle Hilbk sagt über Kriegsenkel, sie seien wie letzte Äste ohne Triebe. Die Schriftstellerin Jenny Schon stellt im Hinblick auf Flucht und Vertreibung fest: Vertrieben werden bedeutet, unfruchtbar werden an Körper, Geist und Seele, herausgerissen aus dem Zyklus der Ahnen.

Interessant ist, dass die Kriegskinder selbst, also diejenigen, die ganz besonders unter dem Trauma ihrer Zeit zu leiden hatten, doch zu Müttern und Vätern der geburtenstarken Jahrgänge werden konnten. Die Ursachen hierfür liegen auf der Hand: Die gesellschaftlichen Konventionen waren noch andere; Kinder zu haben gehörte für die in den 1930er- und 1940er-Jahren Geborenen einfach dazu. Das Wirtschaftswunder machte die Schrecken der Kriegszeit bald vergessen, und in den Familiengründungen der 1950er- und 60er-Jahre drückte sich auch der Wunsch nach einem endlich ungefährdeten und stabilen Dasein aus.

Doch während nach außen das Bild intakter Familien vermittelt wurde, erlebten die Kriegsenkel-Kinder zu Hause etwas vollkommen anderes. Ihre Familien waren oftmals wie potemkinsche Dörfer, eine bürgerliche Fassade, hinter der der Krieg im Kleinformat weitertobte. Zahlreiche Kriegsenkel sind auf diese Weise mit dem Traumaschatten des Krieges in Berührung gekommen. Ihre Realität war die Normalität des Unnormalen, die für Kinder und Jugendliche kaum zu durchschauen war.

Die Omnipräsenz einer Vergangenheit, zu der die Kinder keinen Zugang hatten, weil diese in einer ganz anderen Welt stattgefunden hatte, erdrückte die Gegenwart und erzeugte Zentrifugalkräfte, die Eltern und Kinder letztlich auseinandertrieb. Die Verständnislosigkeit für den eigenen Nachwuchs und die verweigerte Verantwortungsübernahme als Eltern erzeugte ein Klima, das nicht besonders lebensförderlich war. Die Voraussetzungen für ein stabiles Selbstvertrauen und damit eine gute Zukunftsgewissheit sehen ganz anders aus. Aber nach den Binnenverhältnissen wurde auch nicht gefragt; was dort vor sich ging, blieb im Schatten. Was im sozialen Leben allein zählte, war das nach außen vermittelte bürgerliche Familienbild, und das erschien in der Regel »ganz ordentlich«.

Was aber lauerte im Schatten? Im Nationalsozialismus und später auch im Krieg war das individuelle Leben einer fundamentalen Gefährdung ausgesetzt. Zwar betraf diese Gefährdung zunächst nur Minderheiten unmittelbar, insbesondere Juden, Sinti und Roma, Homosexuelle, engagierte Christen. Potenziell aber war jeder betroffen, wie sich sofort nach dem Machtantritt Hitlers an der Verfolgung von Regimegegnern, vor allem jenen, die aus christlicher Motivation heraus handelten, zeigte. Die große Mehrheit konnte sich zunächst noch im trügerischen Schutz ihres Ariernachweises sicher wähnen, erlebte dann aber von 1939 an ebenfalls, was es heißt, an Leib und Leben gefährdet zu sein.

Krieg, Vertreibung und Flucht bedeuteten den Verlust existenzieller Gewissheiten. Kinder wuchsen nicht mehr in Stabilität und relativer Sicherheit auf, sondern zwischen umherfliegenden Granatsplittern im Luftschutzkeller oder zwischen einbrechenden Planwagen auf dem Eis der Ostsee. Der Schutzraum, den das elterliche Haus gewährte, war zuletzt auch für jene Mehrheit der Deutschen zusammengebrochen, die zuvor noch meinten, es werde alles nicht so schlimm. Welch ein Irrtum!

Die Erfahrung der Kriegskinder ist, dass alle Existenzanker von einem auf den anderen Tag vernichtet werden konnten. Während des ersten Fachkongresses zum Thema Kriegsenkel, der im März 2012 unter dem Titel »Die Kinder der Kriegskinder und die späten Folgen des NS-Terrors« an der Universität Göttingen durchgeführt wurde, erzählte eine alte Dame von ihren Erfahrungen als Wolfskind im früheren Ostpreußen. Sie schilderte, wie sie sich als Kind viele Monate lang unter unmenschlichen Bedingungen durchschlagen musste, vollkommen preisgegeben an ein Schicksal, das es überhaupt nicht gut mit ihr meinte. Als sie schließlich wieder mit der Zivilisation in Berührung kam und sich eine Möglichkeit bot, nach Westdeutschland zu kommen, wunderte sie sich sehr: »Ich wusste überhaupt nicht, dass es noch ein Deutschland gab.« So fundamental war ihre Erschütterung.

Die Erfahrungen der Kriegskinder-Generation lassen sich vor dem Hintergrund der ungeheuren Katastrophe und des Zivilisationsabbruchs, die der Nationalsozialismus herbeigeführt hatte, als ein totales Ausgeliefertsein an destruktive Kräfte verstehen, die vom Individuum nicht zu kontrollieren sind. Das Damoklesschwert einer potenziell drohenden Auslöschung der eigenen Existenz bzw. ihrer Grundlagen löste existenzielle Ängste aus, die nach dem Zusammenbruch und der »Stunde null« natürlich nicht verarbeitet, sondern von einer tiefen Sehnsucht nach Sicherheit und Ruhe lediglich verdrängt wurden. Die verdrängte, aber immer noch vorhandene Angst führte letztlich zu einer Subtraktion von Zukunft, da sich auf Angst kein stabiles, auf Zuversicht gründendes Lebensfundament errichten lässt.

»In uns, die wir den Untergang überlebt haben, überlebt der Untergang«, so drückte der Germanist und Aphoristiker Helmut Arntzen diesen Vorgang einmal aus. Die Erfahrung existenzieller Gefährdung überlebte in der Generation der Kriegskinder und konnte so transgenerational wirksam werden. Bildlich gesprochen: Das Damoklesschwert der potenziellen Existenzgefährdung wurde an die eigenen Kinder weitervererbt, wo es in Gestalt von diffusen Ängsten, mangelndem Zukunftsvertrauen und Selbstunsicherheit weiterlebt.

Kinder sind – neben vielem anderen – auch ein Ausdruck von Lebensmut und Lebenszuversicht. Wer aber auf unsicherem Boden steht, kann darauf keine sichere Zukunft errichten. Und wer als Kriegsenkel einen Großteil seiner Kraft dafür aufbringen muss, das eigene Leben stabil zu halten, der hat für eigenen Nachwuchs keine Reserven mehr übrig. Auch Kinder, die von ihren durch Krieg und Vertreibung traumatisierten und hilflos gewordenen Eltern in die Beelterung derselben gedrängt wurden, haben keinen Platz mehr für eigenen Nachwuchs.

Ein kindorientierter Lebensentwurf basiert idealerweise auf einem gewachsenen, stabilen Mehrgenerationen-Fundament. Der Nationalsozialismus hat den Zusammenhang der Generationen untereinander zerrissen. Dieser auseinanderfallende Kontext ist der Lebensort der Kriegsenkel. Insofern scheint plausibel, dass sie besonders unter Kinderlosigkeit zu leiden haben.

DAS TOR DER ERKENNTNIS ÖFFNET SICH

Kriegsenkel sind seelische Trümmerfrauen und Trümmermänner.

Anonym

Mit Beginn des neuen Jahrtausends ändern sich die politischen Koordinaten – im Buch der Geschichte wird eine neue Seite aufgeschlagen. Das erste Jahrzehnt, die sogenannten »Nuller-Jahre«, wird in unserem Land deutlich wahrnehmbar vom Klimawandel geprägt. Die Jahrhundertflut im August 2002 an der Elbe und ihren Nebenflüssen hat sich genauso in das kollektive Gedächtnis eingeprägt wie der Orkan Kyrill, der im Januar 2007 eine Schneise der Zerstörung durch Deutschland zog. Auf der politischen Tagesordnung steht die rot-grüne Koalition im Bund, die schon 2001 einen ersten Atomausstiegsbeschluss gefasst hat. Mit der Wahl von Angela Merkel zur ersten Frau an der Spitze einer Bundesregierung im November 2005 wird diese Entscheidung dann vorübergehend Makulatur. Der Euro wird als neue Währung eingeführt, und am Ende des Jahrzehnts schlittert die Welt in die schlimmste Wirtschaftskrise seit 1929.

Es sind noch andere Entwicklungen, die das Antlitz dieses Jahrzehnts prägen und die schlicht und einfach die Welt verändern sollten. Am 11. September 2001 findet ein Terrorangriff bis dahin unvorstellbaren Ausmaßes auf die Vereinigten Staaten von Amerika statt. Bei einem Angriff islamistischer Terroristen mit gekaperten Passagierflugzeugen auf das World-Trade-Center in New York und das Pentagon in Washington sterben mehr als 3000 Menschen. Diese spektakuläre Tat stellt das Fanal für eine Welle islamistischen Terrors dar, der seitdem den Globus mit fanatischen Gewaltakten überzieht. 2004 sterben 191 Menschen bei einem Anschlag von Al-Qaida-Terroristen auf die Madrider U-Bahn. Ein Jahr später kommen 56 Reisende bei Anschlägen auf Londoner Busse und U-Bahnen ums Leben. 2003 beginnen die USA unter George W. Bush ihren zweiten Irakkrieg, allerdings wurde bereits wenige Wochen nach nine/eleven der Krieg gegen den Terror mit Luftschlägen gegen Afghanistan eingeläutet.

Es sind diese Jahre, in denen das Thema »Kriegsenkel« auf der Tagesordnung erscheint. Erstaunlich ist, mit welcher Geschwindigkeit sich das Thema innerhalb weniger Jahre durchsetzen und für so viele Menschen in Deutschland Bedeutung gewinnen konnte. Die Zeit war reif dafür. Sie war es einmal deshalb, weil die in die Jahre gekommenen Babyboomer Bilanz zogen und dabei feststellen mussten, dass es sowohl persönlich-familiär als auch beruflich vielfach gar nicht gut um sie bestellt war. Das Bedürfnis, über die Zusammenhänge der eigenen Lebensgeschichte gründlich nachzudenken und nach Ursachen für die oftmals ernüchternden Befunde zu suchen, führte beinahe zwangsläufig dazu, die eigene Familiengeschichte genauer unter die Lupe zu nehmen und vor allem nach den Erfahrungen der Eltern zu fragen. Denn das, was viele Jahre vorher kein Thema gewesen war, erwies sich jetzt auf einmal als bedeutsam: der Nationalsozialismus, der Zweite Weltkrieg und die Erfahrungen von Eltern und anderen Angehörigen während dieser Zeit. Und diese Tatsache war bei der Suche nach Antworten auf die Frage nicht außer Acht zu lassen, welche Faktoren und Prägekräfte Einfluss auf die eigene Biografie genommen hatten.

Neben der individuellen Motivation, die zahlreiche Babyboomer unabhängig voneinander zu Forschern am eigenen Leben werden ließ und die ihnen verblüffend vergleichbare Befunde und ähnliche Antworten auf ihre individuellen Fragen bescheren sollte, haben sich jedoch auch die äußeren Gegebenheiten als befördernd erwiesen. Das Gewicht des wiedervereinigten Deutschland lenkte den Blick nach vorne, auf die Aufgaben der Gegenwart und die Sicherung der Zukunft.

Deutschland entwickelte sich infolge der Bedrohung durch den islamistischen Terrorismus und ermutigt durch den ersten Kriegseinsatz während des Balkankrieges kurz vor der Jahrtausendwende immer mehr zur globalen Interventionsmacht. Der Nationalsozialismus und der von ihm entfesselte Krieg, die begangenen Verbrechen und Verheerungen durch die menschenverachtende Politik wurden nicht mehr als Hindernis betrachtet. Mit einigem Recht darf jedoch festgehalten werden, dass Deutschland im Hinblick auf die Aufarbeitung der NS-Verbrechen seine Hausaufgaben erledigt und den Boden für eine selbstkritische Geschichtsbetrachtung bereitet hatte.

Der renommierte amerikanische Publizist Sam Keen, Hochschullehrer, Philosoph und 20 Jahre lang Herausgeber von *Psychology Today,* schreibt in diesem Zusammenhang: »Nationen, Institutionen und Konzerne geben üblicherweise nie ihre Fehler zu und bereuen sie nie. Eine Ausnahme war Deutschland: Es machte nach dem Zweiten Weltkrieg eine ungewöhnliche Phase der Untersuchung seiner Kriegsverbrechen, Vernichtungslager und Praktiken des Völkermords durch. Sein Schuldbekenntnis führte zum heilsamen Entschluss, die Erinnerung an diese entsetzlichen Dinge wachzuhalten, um jeder Wiederholung vorzubeugen. In Japan war genau das Gegenteil der Fall.« (»Das Feuer im Herzen entfachen«, S. 40).

Damit entstand die Möglichkeit, den Blick auf noch unerledigte Aspekte der deutschen Vergangenheit zu lenken, ohne sich damit dem Verdacht auszusetzen, man wolle Verbrechen von Deutschen relativieren. Denn genau darum geht es bei dem Thema »Kriegsenkel« überhaupt nicht: eine historische Schuld abzustreiten und die Massenverbrechen zu relativieren. Es geht vielmehr ganz im Gegenteil darum, die noch leer gebliebenen Seiten im Buch über die von den Nationalsozialisten über Europa gebrachte Katastrophe mit Inhalt zu füllen. Dabei spielen auch jene Kapitel eine Rolle, über die bis ins neue Jahrtausend hinein nicht oder nur im Rahmen abgeschotteter Folklore-Treffen von Heimatvertriebenen geredet wurde, ohne eine breitere Öffentlichkeit zu erreichen.

Wer wusste beispielsweise schon etwas von den Internierungslagern für die deutsche Zivilbevölkerung, die nach dem Krieg überall in Osteuropa eingerichtet wurden – oft in früheren Konzentrationslagern – und in denen nach Kriegsende Tausende Menschen ermordet wurden? Lambsdorf, Potuliz, Postelberg, das NKWD-Lager in Tost – einige der Orte, an denen es zu Massenverbrechen an der deutschen Zivilbevölkerung kam und die bis heute in der Öffentlichkeit weitgehend unbekannt geblieben sind. Das ist eines dieser Kapitel, die Kriegsenkel im Zuge ihrer Familienforschungen aufgeschlagen haben.

Bezugspunkt der Kriegsenkel-Arbeit sind aber immer das Tor von Auschwitz, der Glockenturm von Buchenwald, die Gräberfelder von Bergen-Belsen, Dachau, Groß-Rosen oder Sachsenhausen.

Die Ideologie, die zum Holocaust geführt hat, hat schließlich auch bewirkt, dass die von Deutschen zu verantwortenden Gewaltexzesse überall in Europa, am schlimmsten aber in der Ukraine und in Russland, schließlich auf die deutsche Zivilbevölkerung zurückschlugen. Wenn Kriegsenkel also das Schicksal ihrer Eltern in den Blick nehmen, die als Kinder oder Jugendliche beispielsweise aus Ostpreußen fliehen mussten, dann muss ihnen die Ursache für diese Tragödie immer bewusst sein. Sie wird von einem bestimmten Datum repräsentiert, dem 30. Januar 1933, der Ernennung Adolf Hitlers zum Reichskanzler. Um bei Ostpreußen zu bleiben: Der Publizist Ralph Giordano, der Anfang der 1990er-Jahre die früher östlichste deutsche Provinz bereist und einen Reisebericht darüber veröffentlicht hatte (Ostpreußen ade, Reise durch ein melancholisches Land), äußerte einmal im Deutschlandfunk, es erfülle ihn mit so wörtlich »heiligem Zorn«, dass die Nazis diese wunderbare Landschaft für Deutschland für immer verspielt hätten.

Das Tor der Geschichte begann sich nach der deutschen Wiedervereinigung allmählich zu öffnen, sodass nun auch diejenigen Bereiche sichtbar wurden, die zuvor noch mehr oder weniger stark tabuisiert und damit unzugänglich waren. Niemand konnte dabei unlautere oder gar aggressive Absichten unterstellen, auch im Ausland nicht. Eine neue imperiale Attitüde, die noch vor der Wiedervereinigung von Mitterrand und Thatcher befürchtet worden war, gab es nicht.

Ein Ereignis aber hat womöglich mehr zum neuen Image Deutschlands beigetragen als die geglückte Wiedervereinigung und das besonnene Auftreten des Landes auf der internationalen Bühne: das »Sommermärchen« der Fußball-WM des Jahres 2006 in Deutschland. Viele ausländische Gäste hoben die Gastfreundschaft, die Begeisterungsfähigkeit und die Freundlichkeit der Deutschen hervor, so als hätten sie eigentlich etwas ganz anderes erwartet. Für die Kriegsenkel war der Weg nun frei.

DIE GROSSE ENTDECKUNG: DAS TRANSGENERATIONALE ERBE

Wiederum gleicht das Himmelreich einem Kaufmann, der gute Perlen suchte, und da er eine kostbare Perle fand, ging er hin und verkaufte alles, was er hatte, und kaufte sie.

Matthäus 13, 45f

Könnte es sein, dass sich das Handeln und Erleben der Eltern und auch noch der Großeltern zwischen 1933 und 1945 womöglich auf das eigene Leben heute auswirkt?

So lautet die Schlüsselfrage der Kriegsenkel-Erfahrung, die gleichzeitig den Beginn einer tief greifenden und potenziell folgenreichen Inventur der eigenen Lebensgeschichte einleitet. Wenn es nämlich tatsächlich so sein sollte, dass über die genetischen Anlagen und sozialen Verhaltensmuster und Einstellungen hinaus noch andere Erbeinflüsse existieren sollten, hat dies weitreichende Konsequenzen, denn es steht das Verständnis des ganzen bisherigen Lebens auf dem Prüfstand.

Dann sind die Erfahrungen nicht nur der eigenen Eltern, sondern möglicherweise auch der Großeltern und weiterer Angehöriger für das eigene Leben relevant. Und zwar über das konkrete Verhalten der Eltern, Großeltern, Onkel, Tanten usw.

hinaus, mit dem sie seit der Geburt eines Kindes diesem nährend und stärkend oder schwächend begegnet sind. Was die Eltern aber vor der Geburt eines Kindes erlebt bzw. erlitten haben, ihre Haltungen und Einstellungen, ihr Denken und ihre Gefühle, ihre Handlungen, Taten, Erlebnisse und Erfahrungen, das ist unzugänglich. Jedenfalls dann, wenn darüber nicht gesprochen wird. Und selbst wenn das Leben unterm Hakenkreuz zu Hause Thema gewesen sein sollte, bedeutet dies noch lange nicht, dass damit auch die wirklich wichtigen und die das Leben der Kinder beeinflussenden Dinge zur Sprache kamen. Die Nachkommen von NS-Kriegsverbrechern können ein Lied davon singen.

Die Schlüsselfrage der Kriegsenkel-Erfahrung fiel allerdings nicht vom Himmel. Vor allem die Wiederentdeckung der »vergessenen Generation« der Kriegskinder und ihres Lebens im Dritten Reich, die Fragen nach ihren Erfahrungen in den Katastrophen dieser Zeit inspirierte die Kinder dieser Kriegskinder. Kann es sein, dass diese Erfahrungen einen Nachhall produzieren, der die Generationsgrenzen überschreiten kann?

Wenn die Kindheit der Eltern von Nationalsozialismus und Krieg, von den Bombenangriffen auf die deutschen Großstädte und von Flucht oder Vertreibung überschattet war und diese Erfahrungen viele Jahrzehnte hindurch ignoriert wurden, dann könnte es doch auch sein, dass sie als toxisches Erbe auf die eigenen Kinder übergegangen ist. Angesichts ihres latenten Gefühls, irgendetwas sei mit ihnen nicht in Ordnung, mit dem Beruf, den Beziehungen und der Familie, war der Gedanke elektrisierend. Eine heiße Spur wurde sichtbar: Vielleicht würden ja die Fragen nach den Ursachen für das seltsam defizitäre Selbstempfinden und dieses hartnäckige Gefühl, dass irgendetwas nicht in Ordnung ist, hier eine Antwort finden.

Was viele Deutsche intuitiv als Erkenntnisweg wahrnahmen, war keineswegs eine abwegige Idee. Bereits vor 20 Jahren hatte der 2008 verstorbene israelische Psychologe, Friedensaktivist und Holocaustforscher Dan-Bar On einen intergenerationalen Ursache-Wirkung-Zusammenhang entdeckt. Durch seine Arbeit mit Kindern von Holocaust-Überlebenden stellte er fest, wie sehr deren Leben von der sogenannten Überlebensschuld ihrer Eltern geprägt war, die sich an der Frage festmachte, warum sie die Shoa überlebt hatten, während andere Familienangehörige, nicht selten alle anderen, umgekommen waren. Ein 1997 von ihm mitherausgegebenes Buch über diesen Zusammenhang trägt den sprechenden Titel: »Da ist etwas kaputtgegangen an den Wurzeln ... Identitätsformation deutscher und israelischer Jugendlicher im Schatten des Holocaust«.

Die Suche nach dem Missing Link

Kriegsenkel, die sich auf die Suche nach einem tieferen Verständnis ihrer Biografie machen – in der Regel tun sie das dann, wenn sie begreifen wollen, warum so vieles in ihrem Leben nicht gut funktioniert –, stehen vor einer bedeutsamen Entdeckung. Sie finden heraus, dass sich ihr Leben nicht vollständig aus sich selbst heraus erklären lässt, also aus den Prägungen, Entscheidungen und Ereignissen innerhalb der Zeitspanne zwischen Geburt und der Gegenwart, in der sie leben. Das Puzzle ihres Selbst- und Lebensbildes ist unfertig, denn ein Teil fehlt.

Dies ist der Moment, an dem häufig eine Auseinandersetzung mit der eigenen Familiengeschichte einsetzt und der Horizont über das eigene Leben hinaus erweitert wird. Und auf einmal werden jene Formkräfte des eigenen Lebens sichtbar, die so lange Zeit im Nebel verborgen lagen, dafür aber eine umso stärkere Wirkung auf die eigene Biografie ausübten. Das Missing Link tritt hervor, das fehlende Puzzleteil, das die Geschichte des eigenen Lebens vervollständigt und zum Verständnis seiner tieferen Zusammenhänge führt. Drei Beispiele:

Die Psychologin und Moderatorin Katharina Ohana erkannte in einer tiefen Lebenskrise, dass die eigentliche Ursache dafür das Vertreibungstrauma der Mutter war, die am Borderline-Syndrom litt und unfähig war, ihrer Tochter ein geborgenes Zuhause zu verschaffen. Ohana verarbeitete ihre problematische Mutter-Tochter-Beziehung in ihrem Buch »Ich, Rabentochter«.

Die Therapeutin Antje Pohl stieß durch ihre familiengeschichtlichen Studien darauf, dass der von ihr als Kind so verehrte und geliebte Großvater Robert Mulka der Hauptangeklagte im ersten Frankfurter Auschwitz-Prozess von 1963 bis 1965 war. Er war der persönliche Adjutant des Auschwitz-Lagerkommandanten Rudolf Höß. In dieser innerfamiliär lange verschwiegenen Tatsache fand sie einen wichtigen Schlüssel zum Verständnis ihres eigenen Lebens.

Der Journalist Matthias Lohre wuchs in einer deutschen Familie auf, die er als ganz normal charakterisiert. Es gab weder traumatische Vertreibungserfahrungen noch wurden Mutter oder Vater ausgebombt. Man hatte die NS-Zeit und den Krieg »unbeschadet« überstanden. Lohre schreibt, er hätte immer das Gefühl gehabt, »mich gibt es zweimal«. Er macht sich auf die Suche nach den Ursachen für diese Empfindung und findet eine Erklärung in den Auswirkungen der NS-Ideologie und des preußischen Untertanengeistes auf die Eltern, die dadurch nicht sie selbst sein durften und somit weder sich selbst noch ihre Kinder lieben konnten.

Wie lebt man mit solchen Entdeckungen? Welche Auswirkungen haben sie? Alle Kriegsenkel, die sich auf die Suche nach dem Missing Link ihrer eigenen Biografie begeben und damit tief in die Geschichte ihrer eigenen Familie und damit zugleich auch tief in die Abgründe der deutschen Geschichte eintauchen, berichten davon, dass dieser Weg schwierig war und unter Umständen schwerwiegende Folgen für das Familiensystem mit sich brachte. Aber alle berichten auch davon, dass eine schwere Last von ihrem Leben gewichen sei. Dass sie leichter atmen, klarer sehen und zuversichtlicher mit den Herausforderungen umgehen konnten, die das Leben mit sich bringt.

Es ist, als ob ein schweres und gut verschnürtes Paket, das auf den Schultern lastete und den Menschen niederdrückte, endlich ausgepackt und weggelegt werden kann. Belastendes kommt ans Licht und kann bearbeitet werden. Der eigene Weg wird durch die Aufklärung der Familiengeschichte wieder frei; manchmal dadurch, dass man sich aktiv von der vererbten Hypothek verabschiedet. Und manchmal, indem man das Kriegsschicksal der Eltern bewusst anerkennt und ihm diejenige Aufmerksamkeit zurückgibt, die ihm zusteht.

Die Auseinandersetzung mit der eigenen Familienbiografie eröffnet eine neue, vertiefte und darum vollständigere Sicht auf das eigene Leben. Der Horizont erweitert sich gleichsam nach hinten, in die Vergangenheit. Kriegsenkel erkennen, dass sie ihr Leben nicht allein aus sich selbst schöpfen, aus der Spanne zwischen Geburt und Gegenwart, sondern dass es eine Vorgeschichte gibt, die ebenfalls etwas mit ihnen zu tun hat, die etwas mit ihnen macht und die sich auswirkt. Sie bietet die Erklärungen dafür, warum ihr Leben aus subjektiver Sicht unter Umständen als unbefriedigend oder unerfüllt empfunden wird, warum es geprägt war oder noch ist von Unglücklichsein, diffusen Ängsten usw. In den Vorkriegs-, Kriegs- und den unmittelbaren Nachkriegserfahrungen der Eltern und Großeltern liegen die Ursachen dafür, dass sich viele nicht zugehörig fühlen und meinen, weniger wert zu sein als andere. Und dafür, dass sie das Empfinden mit sich herumtragen, irgendetwas stimme mit ihnen nicht.

An dieser Stelle ist eine Differenzierung angebracht. Nachkommen von NS-Verbrechern bezeichnen sich oft als »Täterenkel«. Viele von ihnen sind der Auffassung, dass Täterenkel eine anders nuancierte Verantwortung tragen als Kriegsenkel und dass ihr Lebensweg stärker von der Generation der Großeltern als der Eltern geprägt worden ist. Der hier dargestellte Mechanismus greift aber auch in ihrer Biografie, nur dass diese Personen ein Erbe tragen müssen, das sie doppelt belastet. Einmal wegen der Schuld ihrer Großeltern, die aktiv an den nationalsozialistischen Verbrechen beteiligt waren oder diese sogar initiiert haben, dann aber auch wegen der Eltern, die diese Schuld oft genug verschwiegen, die daran zerbrachen oder die sie – für ihre Kinder besonders folgenreich – nicht selten auch schönredeten, nach dem Motto: »Opa war Widerstandskämpfer.«

All dies bedeutet: Allein schon die Annahme, die Geschichte der Vorfahren während der Nazizeit und dem, was sie auslöste, könnte etwas mit dem eigenen Leben zu tun haben, und zwar auf elementare, prägende Weise, kann eine heilende Wirkung entfalten, auch wenn die Möglichkeit besteht, dass Menschen angesichts einer schrecklichen Geschichte vor ihrer Aufklärung zurückschrecken. Wer den Weg geht, der gelangt bald zur Vermutung, dass er gar nicht selbst »seines Unglückes Schmied« sein könnte, möglicherweise also selbst gar nicht direkt schuld an den kleineren und größeren »Katastrophen« des eigenen Lebens ist. Das Gefühl, das eigene Leben verlaufe nicht so, wie es unter anderen Voraussetzungen hätte verlaufen können, findet endlich einen Grund. Warum? Weil es sein könnte, dass im eigenen Leben Kräfte wirken, die älter sind als man selbst, und dass es sich eben nicht um persönliches Unvermögen handelt. Welch eine Befreiung!

Traumaschatten

In seinem Buch »Die Vertreibung – Böhmen als Lehrstück« geht Peter Glotz, der 2005 verstorbene Gründungsrektor der Universität Erfurt und ehemalige SPD-Politiker, auch auf die Zustände im tschechoslowakischen Internierungslager Postoloprty/Postelberg kurz nach Kriegsende ein. Am 3. Juni 1945 wurden Tausende männliche Bewohner der Stadt Saaz und umliegender Ortschaften auf Befehl der neuen tschechoslowakischen Militärverwaltung dort in einer alten Kaserne zusammengepfercht.

Zahlreiche Insassen wurden innerhalb weniger Tage erschossen und auf den umliegenden Wiesen verscharrt. Genaue Opferzahlen gibt es bis heute nicht, eine tschechische Regierungskommission spricht von 2700. 1947 wurden lediglich 763 Leichen exhumiert, die man rasch ins nahe gelegene Brüx schaffte und im dortigen Krematorium verbrannte. Etwa 1600 Opfer sind namentlich erfasst, darunter fünf Jungen zwischen 12 und 15 Jahren, die man bei einem Fluchtversucht erwischte und zur Abschreckung vor den Augen der Inhaftierten liquidierte.

Die Opfer in Postelberg waren ausnahmslos Deutsche, überwiegend Kinder, Jugendliche, ältere und alte Männer. In der bilingual in deutscher und tschechischer Sprache erschienenen Dokumentation »Versöhnung durch Wahrheit – Der Fall Postelberg und seine Bewältigung 1945–2010« kommen Überlebende zu Wort. Sie berichten eindringlich davon, wie sehr sie die grausame Zeit in diesem Lager seelisch verändert habe. Das gilt insbesondere für Kinder und Jugendliche, wenn sie von Fremden plötzlich und gewaltsam aus allem herausgerissen wurden, was ihnen bislang Schutz, Geborgenheit und Heimat bedeutete. In ein Lager gezwungen und dort brutaler Gewalt ausgesetzt zu sein, das stellt eine existenzielle Bedrohung monströser Art dar, einen Zusammenbruch bisheriger Lebensgewissheiten. Die Schockwellen dieser Erfahrung werden von nun an bis ans Lebensende durch das Dasein der Betroffenen rasen.

Die Anschauung konkreter Ereignisse macht begreiflich, warum die Kriegskinder-Eltern zu dem wurden, was sie sind, und warum sie wiederum ihren Kindern, den Kriegsenkeln, so wenig Zuversicht, Selbstvertrauen und nur ein brüchiges Lebensfundament mitgeben konnten. Die Forschung spricht in diesem Zusammenhang von »transgenerationaler Weitergabe kriegsbedingter Belastungen«. Der in Kassel lehrende Psychoanalytiker und Alternsforscher Hartmut Radebold hat diesen Terminus mitgeprägt und erste Forschungsergebnisse dazu vorgelegt.

Ich selbst bevorzuge den Terminus »Traumaschatten«. Persönliche Erfahrungen, schwere Belastungen und Traumata sind für sich genommen nicht übertragbar. Ihre Wirkungen aber, ihre seelischen und körperlichen Folgen sehr wohl, und sie machen sich im Leben der Nachkommen wieder bemerkbar, die dann gleichsam unter dem Schatten eines von ihnen selbst nicht erlittenen Leides zu leben haben. Traumata werden nicht wie Krankheitserreger von einer Person an eine andere weitergereicht. Was die Nachkommen erreichen kann, das sind die Auswirkungen. Viele Kriegskinder-Eltern vermochten ihre Kinder nicht zu fördern und zu stärken, weil sie ihre Kraft dafür einsetzen mussten, das eigene Leben nach einer traumatischen Erfahrung zusammenzuhalten.

Wie aber kann es sein, dass die Erschütterungen des Krieges noch zwei, drei Generationen später spürbar sind? Dazu ein Bild: Auf einem Tisch befindet sich ein Glas, das mit Wasser gefüllt ist. Jemand schlägt mit der Faust auf den Tisch. Der Schlag versetzt den Tisch in Schwingungen, aber nicht nur ihn, sondern auch das auf ihm befindliche Glas. Flüssigkeit schwappt heraus, vielleicht stürzt das Glas auch um. Der Tisch steht für die Elterngeneration. Das Wasserglas symbolisiert die Kriegsenkel. Und der Faustschlag steht für die Erschütterungen durch Gewaltherrschaft, Krieg, Flucht, Vertreibung, Bombenkrieg und weitere Formen der Gewalt. Der Faustschlag gilt zwar nur dem Tisch, trotzdem ist das Glas, das sich auf ihm befindet, immer mit betroffen.

So wurden die traumatischen Erfahrungen der Eltern zu Blaupausen der Biografie ihrer Kinder, deren Schicksal zum Muster ihres Schicksals.

Lange schien es für den Prozess der transgenerationalen Weitergabe keine harten wissenschaftlichen Belege zu geben. Die aus der eigenen Lebenserfahrung gewonnenen Einsichten in die Prägekräfte der eigenen Biografie blieben somit spekulativ, wenn auch schlüssig, denn sonst hätte das Thema Kriegsenkel nicht innerhalb der vergangenen Jahre eine derart rasante Verbreitung gefunden. Dies hat sich inzwischen geändert.

Eine im Jahr 2013 veröffentlichte US-Studie im Fachgebiet Epigenetik wies nach, dass negative Erfahrungen die DNA der Betroffenen verändern. Diese Veränderungen werden mit dem Erbgut an die nächste Generation weitergegeben. Die traumatischen Folgen von Kriegs- und Gewaltereignissen, Flucht und Vertreibung leben in den Genen der kommenden Generationen weiter. Nicht nur die eigene Biografie entscheidet darüber, ob ein Mensch zuversichtlich und gesund durch sein Leben geht, sondern auch die Lebensgeschichte seiner Vorfahren.

Man schätzt, dass ein Drittel der Kinder derjenigen, die während des Krieges Kinder oder Jugendliche waren, Opfer der transgenerationalen Traumatisierung wurden, oder, wie ich auch formulieren könnte, unter dem Traumaschatten einer längst vergangenen Katastrophe leben müssen.

Wer also herausfinden möchte, was mit ihm nicht stimmt, sollte herausfinden, was mit seiner Familie nicht stimmt.

Die erstaunliche Karriere, die der Begriff Kriegsenkel seit gut einem halben Jahrzehnt durchläuft, erklärt sich auf der persönlichen Ebene aus einer entlastenden Funktion: Indem man die eigene Familiengeschichte und ihre Verstrickung in die deutsche Schreckenszeit untersucht, entdeckt man, dass man, vereinfacht gesprochen, nicht allein schuld ist am krummen Verlauf seines Lebens. Eine vergangene Zeit hat kräftig am Drehbuch mitgeschrieben.

Möglicherweise – nein sicher! – wären vielen Babyboomern langwierige und schmerzhafte biografische Um- und Abwege sowie manche Fehlentscheidung im Beruflichen wie Persönlichen erspart geblieben, hätten sie rechtzeitig ihre familienbiografischen Tiefenprägungen und die Kräfte, die dort am Werk waren, erkennen können. Notgedrungen holen sie dies in einer Zeit nach, in der viele den Zenit ihres Lebens erreicht oder sogar überschritten haben.

Ein Instrument der Selbstklärung

Die Entdeckung des Traumaschattens und seine Auswirkungen – das ist Erfahrungswissen der Betroffenen! Für viele ist das Thema Kriegsenkel ein Werkzeug der Selbstklärung und der biografischen Arbeit geworden. Als Forscher am eigenen Leben haben sie die transgenerationalen Wirkungszusammenhänge selbst entdeckt, noch bevor diese durch die Forschung bestätigt worden sind. Sie haben erfahren: Ihre Einsichten und Schlussfolgerungen stimmen einfach.

Nicht nur Revolutionen fressen mitunter ihre Kinder, sondern auch der Krieg, selbst wenn sich eine Gesellschaft, ein Land alle Mühe gibt, den Anschein zu erwecken, man habe nach einer Stunde null von vorne angefangen, und was davor gewesen war, sei erledigt. Kriegsenkel sind der unumstößliche Beweis dafür, dass diese »Stunde null« ebenso wenig existiert wie die von Helmut Kohl einst postulierte »Gnade der späten Geburt«.

Auf der Internet-Plattform *forumkriegsenkel.de* schrieb ein Nutzer, er empfinde sein Leben und vieles, was er tue, entscheide oder was ihm widerfahre, als »verrückt«. Er analysiert: Er sei tatsächlich »ver-rückt«, denn er stamme aus einer »ver-rückten« Familie, nämlich einer Vertriebenenfamilie, die am Ende des Krieges »weg-gerückt« worden sei aus ihrer angestammten Heimat und damit aus ihrer Geborgenheit, Zukunftsgewissheit, Vertrauen und Stabilität (www.forumkriegsenkel.de, dokumentiert 10.10.2013).

Bis in die Sprache hinein wird an diesem Beispiel der Zusammenhang zwischen dem Kriegs- bzw. Vertriebenenschicksal der Eltern und dem eigenen Leben sichtbar.

Die Selbsterfahrung der Kriegsenkel speist sich aus dem Traumaschatten, den die NS-Zeit und die von ihr ausgelösten Katastrophen durch die Erfahrungen der Eltern auf das Leben ihrer Kinder geworfen haben. Diese Erfahrungen können sich als unbewusst wirkende Muster im Leben der Kinder abbilden. Viele Kriegsenkel haben entdeckt, dass ihr zunächst nicht näher zu bestimmendes Lebensgefühl, »weniger wert« zu sein, mit den Erfahrungen der Eltern nach ihrer Flucht bzw. Vertreibung korrespondiert. Sie wurden nämlich von der ortsansässigen Bevölkerung der Region, in die sie kamen, keineswegs immer freundlich aufgenommen, sondern diskriminiert und abgelehnt, manchmal auch ganz bewusst schikaniert.

Viele Vertriebene erfuhren am eigenen Leib, dass sie »weniger wert« waren als die Einheimischen, wenn diese zum Beispiel bei der Besetzung von Ausbildungsstellen oder generell auf dem Arbeitsmarkt der Nachkriegszeit bevorzugt wurden und sie dann leer ausgehen mussten. Der Historiker Andreas Kossert hat dies eindringlich in seinem Buch »Kalte Heimat« beschrieben. Es ist diese Erfahrung, die sich im Selbstwertgefühl ihrer Kinder spiegelt, ihr Erbe.

Welches Erbe könnte eine Frau an ihre Tochter vermittelt haben, die während ihrer Flucht aus dem Osten vergewaltigt wurde? In ihrer Erziehung und ihren Ratschlägen könnte es versteckte Aufforderungen gegeben haben, wie z.B.: »Mach dich um Gottes willen unsichtbar. Zeig dich bloß nicht, versteck dich im Keller oder auf dem Heuboden. Nur so ist es einigermaßen sicher für dich, falls überhaupt. Andernfalls bist du Freiwild und den aggressiven Männern schutzlos ausgeliefert.« »Freiwild« – so heißt auch ein erschütterndes Buch von Ingeborg Jakobs, das über das Schicksal im Krieg vergewaltigter Frauen berichtet.

Es ist unschwer vorstellbar, was solche Botschaften – erst recht, wenn sie subtil von frühester Kindheit an in die Seele implantiert worden sind – im Leben der Töchter bewirken. Kraftvolle mütterliche Impulse für eine selbstsichere, neugierige und wagemutige Existenz sehen anders aus.

Welches Erbe hat ein Mann seinem Sohn mitgegeben, der nach Kriegsende als Jugendlicher in eines der vielen Internierungslager für deutsche Zivilisten in Polen oder der Tschechoslowakei deportiert wurde? Der dort Folter, Willkür und Erschießungen miterleben musste und vielleicht selbst nur knapp mit dem Leben davonkam? Welches Erbe wäre mit einer solchen Erfahrung verbunden? Dies vielleicht: Wenn du aus der Reihe tanzt, riskierst du dein Leben? Oder: Bleib unsichtbar, tu, was dir gesagt wird, lass dich auf gar keinen Fall zu einem Alleingang hinreißen und falle niemals auf. Auffallen bedeutet Lebensgefahr. Darum bleib in Deckung, halte den Kopf unten und sieh zu, dass du alles (= das Leben?) heil überstehst.

»Wer sich bemerkbar macht, der gerät in Lebensgefahr.« So könnte der Prägesatz lauten, der transgenerational wirksam wird und sich in der Angst der Kinder manifestiert, sich als Person »bemerkbar zu machen«, beispielsweise wenn es darum geht, seine Interessen zu vertreten, öffentlich aufzustehen und seine Meinung zu sagen oder auch nur ein Referat an der Uni zu halten.

Kein Wunder also, wenn Flüchtlings- und Vertriebenenenkel ihr Potenzial beruflich und persönlich kaum ausschöpfen und buchstäblich in der zweiten oder dritten Reihe bleiben – in Deckung sozusagen.

Aus psychoanalytischer Sicht wird deutlich, warum dies so ist. Der Psychoanalytiker Uwe Langendorf konstatiert in einem Vortrag: Kriegsenkel tragen ein Erbe in sich, das aus der *unerledigten* und *unerträglichen Beschädigung der Eltern* entstanden ist. Die Beschädigung der Eltern: Das ist der Verlust des gesamten Besitzes und der Heimat, ihre Rechtlosstellung, Stichwort Beneš-Dekrete, die erlittene Gewalt und ihre vollkommene Hilf- und Schutzlosigkeit z.B. während der Vertreibung, die massive Demütigung, die sich anschließend in ihrer Diskriminierung als Flüchtling fortsetzte. Die Folgen sind eine doppelte existenzielle Kränkung und Entwertung der eigenen Person, wie sie Andreas Kossert in seinem Buch »Kalte Heimat« herausarbeitet. »Du als diese individuelle Person bist nicht gewollt«, weder in der alten Heimat noch in der neuen. Und: »Du bist nichts wert!« – Weder deine beruflichen noch deine persönlichen Qualitäten haben verhindert, dass du ins Elend geraten bist. Und nach Kriegsende waren sie nicht mehr gefragt. So haben es zahllose Menschen erleben müssen (»Das Erbe der Ohnmacht« – Folgen des Vertreibungstraumas in der zweiten Generation der Heimatvertriebenen, Auditorium Netzwerk 2004).

»Du bist nicht gewollt« und »Du bist nichts wert« – Sätze wie diese machen das Erbe aus, das in den Nachkommen wohnt. Sie haben sich in ihr Unterbewusstsein eingeschlichen und ihr Selbstverständnis geprägt. Da aber niemand mit einer solchen Nichtigkeitserklärung leben kann, muss sie beständig abgewehrt werden, was seelische Kräfte in großem Ausmaß in Anspruch nimmt, Kräfte, die dann für die Gestaltung eines stimmigen, befriedigenden und erfolgreichen Lebens nicht mehr zur Verfügung stehen können. Uwe Langendorf bezeichnet solche generationenübergreifenden Prozesse als »transgenerationale Pathologie«, das Leiden der Kriegsenkel, sofern sie über einen familiären Flüchtlings- bzw. Vertriebenenhintergrund verfügen, als »gefrorene Flucht«.

Plötzlich gibt es eine direkte, unmittelbare Brücke in eine düstere Vergangenheit. Auf einmal gibt es nicht nur einen abstrakten, lediglich postulierten, sondern einen ganz existenziell erfahrenen Einfluss dieser Vergangenheit auf die eigene Biografie mit spürbaren und nachweisbaren Wirkungen. Das Kriegsenkel-Thema ist zu einem machtvollen Instrument der Selbstklärung und familiengeschichtlichen Aufklärung geworden, zu einem plausiblen Erklärungsschlüssel für die autobiografische Entwicklung. Die Identifikation der transgenerationalen Einflüsse auf das eigene Leben sorgt für Entlastung: Unglück, Scheitern und Schuld sind möglicherweise nicht ausschließlich mir anzurechnen. Es kann sein, dass sie in familiengeschichtlichen Erfahrungszusammenhängen wurzeln, die dem eigenen Dasein vorgelagert sind und sich darum dem eigenen Einfluss entziehen.

Dieses Versprechen von Entlastung, mit dem das Kriegsen-kel-Thema konnotiert ist, trägt entscheidend zu seiner Verbreitung in Deutschland bei. Endlich gibt es eine Erklärung für zuvor Unerklärliches, für unverständliches Scheitern, für unbegreifliches Schuldempfinden. Das Thema kann aber auch zur billigen Erlösungsmetapher werden. Dann aber hätte es seine Funktion verfehlt. Sie besteht darin, generationenübergreifende Wirkungszusammenhänge zu verstehen. Sie sind aber nur individuell zu verifizieren und zu konturieren. »Kriegsenkel« ist ein biografische Werkzeug, kein Glaubensbegriff.

Akzeptanz

Endlich angekommen. Die tatsächliche Identität als Kriegsenkel liegt offen zutage. Sein dürfen, was man immer schon war, aber nicht sein konnte: unvollkommen und fremd, in der Familie, im Beruf, in der Heimat. Unsicher und unvollkommen in sich selbst, unglücklich, scheiternd und unzufrieden. Endlich einverstanden sein mit dem eigenen Leben, dem Selbst-Sein und den Kriegsenkel-Konturen der eigenen Biografie. Die Ecken, Kanten, Untiefen, all das Unvollkommene und Unfertige, das Vorläufige und Falsch-Entschiedene muss nicht mehr abgewehrt, »bewältigt« oder überwunden werden. Es kann endlich angenommen werden, als Aspekt des eigenen Lebens. Es gehört zu mir, ist Teil meiner Identität.

Denn ich bin ein Kriegsenkel, der gezeichnet ist von den Spuren einer Katastrophe, die sich im Leben der Eltern ereignet hat. Das ist meine Identität, das bin ich. Gezeichnet, unvollständig, auch beschädigt. Mit der Entdeckung des transgenerationalen Erbes sind die Quellen offenbar geworden, aus denen sich die eigene Biografie speist. Das letzte Puzzleteil ist eingefügt, das Bild nunmehr vollständig sichtbar und ganz. Was zuvor rätselhaft und unklar war, wird nun verständlich und klar. Die letzten Nebelschwaden haben sich verzogen, und das eigene Leben erscheint vollständig, gerade weil seine Unvollständigkeit anerkannt und akzeptiert ist.

Das Leiden an der eigenen Unvollständigkeit, das Nicht-beheimatet-sein-Können, die Trauer über die nicht gelebten Möglichkeiten bleiben und warten weiter auf Heilung und Bewältigung. Aber es sind keine dunklen und unverstandenen Kräfte mehr, die die Entwicklung steuern und in eine Richtung treiben, die kaum zu kontrollieren ist.

Was ist anders als vorher? Mit der Entdeckung des transgenerationalen Erbes sind die dunklen Prägekräfte ans Licht getreten. Jetzt sind jene Faktoren ins Bewusstsein geraten, die ihre negative Wirkung aus dem zuvor noch unverstandenen familienbiografischen und kollektiven Untergrund heraus entfalten konnten.

Die Talsohle des Kriegsenkel-Weges ist durchschritten.

DER PROZESS
DER TRANSFORMATION

Held ist nicht schon derjenige, der seine Fahrt beginnt.
Held ist der, der sie vollendet.

In den Märchen und Mythen der Völker ist die Fahrt oder die Reise ein wiederkehrendes, zum Grundbestand der menschlichen Überlieferung zählendes Motiv seit den frühesten Anfängen der Zivilisation. Gilgamesch, mythologischer König im sumerischen Uruk, macht sich vor 5000 Jahren auf den Weg, um Unsterblichkeit zu erlangen. Im zweiten Jahrtausend vor Christus beginnt der Held des Trojanischen Krieges, Odysseus, seine zehnjährige Irrfahrt, von Homer beschrieben in der Odyssee. Um 1300 vor unserer Zeit führt Mose nach biblischer Überlieferung ein ganzes Volk, die Hebräer, aus der ägyptischen Knechtschaft in einer 20 Jahre dauernden Reise in ihr »Gelobtes Land«.

Vor 2500 Jahren wanderte Gautama Buddha auf der Suche nach Erleuchtung den indischen Subkontinent von seiner nordindischen Heimat aus hinab, bis er sie sechs Jahre später bei Bodhgaya erlangte. Jesus zog durch Galiläa und sammelte seine Anhänger, Mohammed wanderte 500 Jahre später von Mekka nach Medina – alle Fahrten der Stifterfiguren wurden später zum Vorbild für die Pilgerreisen ihrer Gläubigen. In den indigenen Kulturen von Kamtschatka bis Feuerland brachten und bringen auch heute noch Schamanen heilsame Erkenntnisse von ihren Reisen in die Anderswelt mit und weisen ihren Völkern damit den Weg.

Auch in der Moderne ist die Reise unverändert ein Sinnbild für das Leben des Einzelnen und ganzer Gemeinschaften geblieben, wirkmächtig gebannt auf die Großleinwände der Giga-Kinos unserer Zeit. Die Schamanenreise findet in der technologisch geprägten Gegenwart vor allem im virtuellen Raum statt, aber die Mythen, die sie auch hier noch immer zu erschaffen vermag, prägen und bestimmen weiterhin ganze Generationen. Wer erinnert sich nicht an Stanley Kubricks legendäres Meisterwerk »2001 – Odyssee im Weltraum«, ein Film, der seit seiner Erstausstrahlung im Jahr 1968 das Zukunftsbild der Babyboomer durch seinen unbedingten Fortschrittsoptimismus stark geprägt hat? Oder an »Der Himmel über Berlin« von Wim Wenders, ein Film von 1987, der die Reise eines Engels auf seiner Suche nach wahrer Lebendigkeit vor der Kulisse des von der Mauer umgebenen Westberlin inszenierte und zur Zeitmetapher der 1980er-Jahre wurde.

Die Phasen der Heldenreise nach Campbell

In seiner 1949 erstmals erschienenen Studie »Der Heros in tausend Gestalten« verdichtet der US-amerikanische Religions- und Mythenforscher Joseph Campbell das Motiv der *Reise zur Heldenreise*. Campbell weist nach, dass die Mythologien und Überlieferungen aller Zeiten, Völker und Kulturen über vergleichbare Einsichten in die Grundbedingungen der menschlichen Existenz verfügen, über universell gültige Deutungen des menschlichen Lebens, auch wenn sie in jeweils kulturell abhängiger Sprache und Bildgestalt in heiligen Schriften und Erzählungen, Märchen und Weisheitslehren von Generation zu Generation weitergetragen werden. Es handelt sich um Orientierungs- und Deutungsmodelle, derer sich eine Kultur bedient, um sich ihrer selbst zu vergewissern und ihren Standort im Kosmos zu bestimmen bzw. das Wissen darum im Wechsel der Generationen erneuern und bekräftigen zu können.

Nach der Überzeugung Campbells reichen die universellen mythologischen Interpretationen des Lebens tiefer als die psychoanalytischen Ansätze der Neuzeit, weil sie nicht nur die seelische Realität des Individuums betrachten, sondern den ganzen Menschen in seiner Verflechtung mit Ahnen, Kollektiv und Welt sehen und ihm einen kosmologischen Ort zuweisen, von dem her seine Existenz gedeutet wird. Das universelle Bild für das menschliche Dasein, seine Stellung in der Welt und den Sinn seines Existierens überhaupt ist in den Überlieferungen aller Völker und Kulturen, wie Campbell überzeugend herausgearbeitet hat, die *Heldenreise*.

Ihr wohnt eine katalytische, transformatorische Kraft inne, die den Weg in die Zukunft frei macht; sie löst die Ketten, die den Menschen an eine Vergangenheit binden, die ihn nicht in seine Zukunft gehen lässt: »Immer hatten Mythen und Riten vor allem die Funktion, die Symbole zu liefern, die den Menschen vorwärtstragen, und den anderen, ebenso konstanten Fantasiebildern entgegenzuwirken, die ihn an die Vergangenheit ketten wollen.« (Campbell, S. 29) Deshalb ist das mythologische Modell der Heldenreise für den Weg, den Kriegsenkel gehen, von Interesse. Auch hier geht es darum, die Ketten zu lösen, die den Menschen an eine ältere, unheilvolle Zeit binden, und einen eigenen Weg in eine gute Zukunft zu bahnen.

Die »erste Tat« des Helden sei es daher, »sich vom Schauplatz der Erscheinungen, der offen zutage liegenden Wirkungen, zurückzuziehen und die ursächlichen Zonen der Seele aufzusuchen, wo die wahren Schwierigkeiten liegen, um dort die Hemmnisse aufzuklären und bei sich selbst, durch Bekämpfung der Ammendämonen seiner lokalen Kultur, zu überwinden und schließlich zur unentstellten, direkten Erfahrung und Aneignung dessen durchzubrechen, was C. G. Jung die Archetypen genannt hat« (Campbell, S. 31).

Der Held suche nach den tiefsten Quellen des Seins, dem tragenden Grund und dem Unvergänglichen des Lebens selbst. Das macht seine Fahrt so bedeutsam auch für die Gemeinschaft, in der er lebt, weil er den Keim ihrer Erneuerung mit zurückbringt:

»Der Held ist deshalb der Mensch, ob Mann oder Frau, der fähig war, sich über seine persönlichen und örtlich-historischen Grenzen hinauszukämpfen zu den allgemein gültigen, eigentlich menschlichen Formen. Seine Visionen, Ideen und Eingebungen kommen unverdorben von dem Urquell menschlichen Lebens und Denkens. Daher sind sie beredt, und zwar nicht von der gegenwärtigen, sich auflösenden Gesellschaft und Seele, sondern von der unberührten Quelle, aus der die Gesellschaft wiedergeboren wird.« (Campbell, S. 31f.)

Das deutsche Wort *Held* stammt aus dem Althochdeutschen und bezeichnet eine reale oder fiktive Person, die eine außergewöhnliche, heroische (von Heros, lateinisch für *Held*) Tat oder Leistung vollbringt (den Drachen tötet) und damit Ruhm erlangt. Äußerliche und innerliche Stärken heben ihn allen anderen gegenüber hervor; es können besondere Kräfte, Energie und Beharrlichkeit, aber auch Mut, Tapferkeit und Idealismus sein, die einen Helden auszeichnen. In Westdeutschland ist der Begriff Held nach dem Krieg und infolge seiner missbräuchlichen Verwendung im Nationalsozialismus in Verruf geraten und wurde tendenziell negativ verstanden. Im Sozialismus generell und damit auch in der DDR überlebte er allerdings mit neuer Konnotation als »Held der Arbeit« und bezeichnete Menschen, die sich besonders aufopferungsvoll für den Aufbau des Staates einsetzten. Analog wurden in der UdSSR die ordensgeschmückten »Helden der Sowjetunion« gefeiert.

Was sich als Kriegsenkel-Erfahrung bei so vielen Angehörigen der geburtenstarken Jahrgänge herausgebildet hat, zeigt auffallende Parallelen zum Archetypus der Heldenreise, wie er sich in allen Zeiten, Kulturen und Völkern entwickelt hat. Wenn ich im Folgenden die Heldenreise als Deutungsrahmen für die Kriegsenkel-Erfahrung verwende, dann beziehe ich mich gerade nicht auf die wagnerianische Konnotation des Wortes *Held* im Deutschen. Held gebrauche ich also nicht im Sinne von Siegfried, der den Drachen Fafnir tötet. Ich orientiere mich auch nicht an den ideologisch konnotierten Helden-Adaptionen im 20. Jahrhundert, die für Missbrauch und Manipulierung des Menschen stehen. Ich verwende den Begriff stattdessen in der von Campbell entworfenen bildhaften Bedeutung, als neutrale Metapher zum einen für einen Menschen, der sich vor eine Aufgabe gestellt sieht, und zum anderen als Deutungsbegriff für den Weg, den er beschreiten muss, wenn er seine Aufgabe lösen will. »Held« umfasst somit beides: das suchende Individuum und den Prozess, in dem es sich befindet.

Am Ende dieses Prozesses steht ein Übergang, eine wesenhafte Veränderung und Transformation. Er entspricht den *Rites de Passage,* den Übergangsriten in autochthonen Kulturen an der Schwelle des Lebens selbst: der Geburt, zu einem neuen Lebensabschnitt, Reife und Erwachsenwerden, Hochzeit, Bestattung. Ihr Zweck besteht darin, »den Menschen über jene schwierigen Lebensschwellen hinwegzuhelfen, bei deren Passieren eine Strukturänderung nicht nur des bewussten, sondern auch des unbewussten Lebens zu vollziehen ist« (Campbell, S. 29).

Die Phasen der Transformation

Dieser Prozess vollzieht sich in der Mythologie zu allen Zeiten als ein Ablauf von aufeinanderfolgenden Schritten, Stufen oder Phasen. Aus zahlreichen religiösen und mythologischen Überlieferungen hat Joseph Campbell ein Schema destilliert, das drei Hauptteile umfasst: Aufbruch, Initiation und Rückkehr. Diesen ordnet er 17 Schritte, Stufen oder Phasen zu, aus denen sich die Heldenreise zusammensetzt. Seine Konstruktion ist ein Modell, nicht jede einzelne Phase ist in jeder der ausgewerteten Überlieferungen und Erzählungen auch enthalten. Umgekehrt bedeutet dies, dass das campbellsche Modell keinen fixen Rahmen bereitstellen will, sondern als flexibles Interpretationsinstrument gedacht ist, das sich jeweils individuell unterschiedlich konkretisiert – allerdings im Kontext der feststehenden Rahmenschritte Aufbruch, Initiation, Rückkehr.

Die Grundstruktur von Aufbruch, Initiation und Rückkehr findet sich seiner Analyse zufolge jedoch überall. Die Reise führt dabei aus der konkreten Welt in eine jenseitige (innere, seelische bzw. geistige) Wirklichkeit, in der eine Erkenntnis gewonnen wird, die nach der Rückkehr den Schlüssel zur Heilung von Mensch und Welt beinhaltet. Dabei kann es zu mannigfachen Gefährdungen und Bedrohungen kommen, denen der Held entweder ausweichen oder die er aus eigener Kraft bewältigen kann oder bei denen er auf Hilfe von außen angewiesen ist.

Am Beginn der Heldenreise steht die Berufung. Eine Krise, die Erfahrung eines Defizits bzw. eine Aufgabe, vor die sich der Held gestellt sieht, markieren den Anfang. In der Berufungslegende des Prinzen Gautama wird von vier Ausfahrten aus dem väterlichen Schloss berichtet, bei denen der junge Prinz mit vier Grundwahrheiten des Lebens konfrontiert wird, nämlich erstens mit dem Alter, zweitens mit Krankheit, drittens mit dem Tod und viertens mit der Askese (als Weg, die Vergänglichkeit zu überwinden). Diese Erfahrungen lösen seine Suche nach dem Unvergänglichen aus, an deren Ende der erleuchtete Shakyamuni Buddha steht (Phase 1).

Um sich überhaupt auf die Suche machen zu können, muss der Prinz Gautama alle materiellen Sicherheiten hinter sich lassen. Er verlässt Frau, Kind und Schloss und wird zunächst Asket. Die Verankerungen in der materiellen Welt können aber auch schwer zu überwindende Hemmnisse sein. Deshalb beschreibt Campbell als zweite Stufe die Weigerung des Helden, den Auftrag anzunehmen (Phase 2). In dem Moment kann ein Helfer auf den Plan treten (Phase 3), der den Helden dabei unterstützen wird, den nächsten Schritt zu tun, die erste Schwelle zu überschreiten und seine Reise anzutreten. Nun gibt es kein Zurück mehr: Der Weg muss beschritten werden (Phase 4).

Die Schwelle steht dabei für den Übergang von der Alltagsrealität in eine erweiterte Wirklichkeit. Im Bereich des Mythologischen ist dies das Jenseitige, Geistige, die Welt der Götter oder die Anderswelt. Im Märchen ist es die Spiegelwelt von Alice im Wunderland. Für die Kriegsenkel-Erfahrung ist es der Traumaschatten.

Die darauf folgende Stufe bezeichnet Campbell als »Bauch des Walfisches«. Der Held begreift auf einmal, vor welch großer Aufgabe er steht und dass die Herausforderungen ihn zu verschlingen drohen (Phase 5). Die nächste Phase lautet »Der Weg der Prüfungen«. Mit dieser Phase beginnt der zweite Hauptteil der Heldenreise, die Initiation, die Einweihung des Helden in das tiefere Mysterium des Seins.

Initiation heißt Einweihung in ein tieferes Sein, ein größeres Geheimnis, eine verborgene Kraft. Auf einen Kriegsenkel übertragen bedeutet »Initiation« profaner die erste Erkenntnis des

Traumaschattens, eine Erkenntnis, der er fortan nicht mehr ausweichen kann und die nun seinen Weg bestimmt. Ich komme darauf zurück.

Innere und äußere Krisen treten auf und führen zu Auseinandersetzungen, denen nicht ausgewichen werden kann. Ein Gegner taucht auf (Phase 6). Wenn alle Schranken und »Ungeheuer« überwunden sind, trifft der siegreiche Held auf die göttliche Weltenmutter, und es kommt zur mystischen Hochzeit. Der Held hat einen umfassenden Lebenssieg errungen, denn die Göttin steht für das Leben, das er selbst jedoch eigenständig erkennt und meistert (Phase 7). Das Weibliche kann aber auch als Verführerin in Erscheinung treten und den Helden von seinem Weg abbringen bzw. ihn in die Stagnation hineinführen (Phase 8).

Jetzt erfolgt »Die Versöhnung mit dem Vater«. Nun erkennt der Held, dass er an der Spitze einer langen Ahnenreihe steht, die ihn formt, prägt und deren Erbe er in sich trägt und repräsentiert. Darin offenbart sich ihm – im Bild des Vaters – das Ewige, Universale und Kosmische. Nachdem er im Tal der Tränen mit Prüfungen und Problemen gekämpft hatte, wird die Welt nun zu einer segensspendenden und andauernden Offenbarung (Phase 9).

»Apotheose«: Der Held begreift, dass er göttlichen Wesens ist, dass er also Anteil hat an der Unvergänglichkeit des Kosmos. *Tat tvam asi* – das bist du, so lautet der Kernsatz der Upanishaden; er drückt aus, dass der Einzelne nicht getrennt ist vom universellen Strom des Seins. Biblisch gesprochen: Gott schuf den Menschen zu seinem Bilde. Er ist Sohn bzw. Tochter Gottes (Phase 10).

»Die endgültige Segnung«: Nun gewinnt der Held den mythischen Schatz, die eine kostbare Perle, das heilige Wasser, das die Welt, aus der er stammt und die er hinter sich gelassen hat, retten kann. In religiös-spiritueller Hinsicht entspricht diese Phase dem Erlangen der Befreiung oder der Erleuchtung, dem Durchbruch zur Wirklichkeit, wie sie an und für sich ist, und dem Gewinn der heilenden Kraft, die in dieser Wirklichkeit begründet ist (Phase 11). Damit endet die Initiation, die Rückkehr des Helden in seine angestammte Welt steht nun bevor.

Der dritte Hauptteil der Heldenreise, die Rückkehr, beginnt wieder mit einer (potenziellen, nicht jedoch notwendigen) Weigerung. Der Held nimmt den Auftrag, seine Welt zu heilen oder zu retten, nicht an; er will nicht in den Alltag zurückkehren, sondern in der Sphäre des Heiligen verharren (Phase 12). Es folgt, wiederum optional, »die magische Flucht«: Der Held wird durch eigene Erkenntnis oder einen Anstoß von außen bewogen, die Heimreise anzutreten. Diese vollzieht sich jedoch als Flucht vor negativen Kräften (Phase 13). Möglicherweise muss der Held auch »durch äußeres Zutun von seinem jenseitigen Abenteuer zurückgebracht werden ..., das heißt, die Welt muss kommen und ihn holen« (Phase 14, Campbell, S. 223).

Nun überschreitet er die Schwelle zur Alltagswelt wieder, über die er zu Beginn seiner Reise das erste Mal getreten ist. Jetzt hat er die Aufgabe, den gewonnenen Schatz, die kostbare Perle oder das heilende Wasser, mithin also die heilspendende Erkenntnis, in den Alltag zu integrieren. Dabei stößt er unter Umständen auf Unverständnis und Ablehnung (Phase 15). Als »Herr zweier Welten« vereint er die Welt des Alltags mit seinen neu gefundenen Erkenntnissen; er bewegt sich souverän in beiden Wirklichkeiten, derjenigen, aus der er ursprünglich stammte und in die er zurückgekehrt ist, und derjenigen, in die ihn seine Reise geführt hat und aus der er lebensspendendes Wissen zurückgebracht hat (Phase 16).

Die Erkenntnis des Helden hat die Welt des Alltags verändert. Das Resultat des »wunderbaren Hinübergehens und Wiederkehrens« (Campbell) ist eine neu gewonnene Freiheit zum

Leben, die nicht nur der Held erreicht hat, sondern die allen Menschen zugutekommt (Phase 17).

Das Schema, das Campbell hier konstruiert, ist natürlich eine Abstraktion, ein idealtypisches Modell, ein Extrakt der mythologischen Menschheitsüberlieferung. Diese Art des Kulturvergleichs anhand gemeinsamer Grundmotive, die in allen Überlieferungen zu finden wären, egal welcher zeitgeschichtlichen Epoche und welchem Kulturkreis diese entstammen, erlebte in der ersten Hälfte des 20. Jahrhunderts ihre Blütezeit. Weltweit wurden damals Lehrstühle für »vergleichende Religionswissenschaften« eingerichtet; ein Fachgebiet, das auch Campbell vertrat und das es sich zur Aufgabe gemacht hat, den gemeinsamen Kern hinter der Verschiedenheit religiöser und mythologischer Formen und Ideen bloßzulegen.

Heute betrachtet man die Ergebnisse der Bemühungen von damals kritisch, und dies durchaus zu Recht, sofern man sich auf die Gefahr einer impliziten Einebnung kultureller Unterschiede bezieht, die in der »Vergleichung« von Religionen und Mythologien gegeben sein kann. Allerdings sind Gemeinsamkeiten ja tatsächlich vorhanden. Sie ergeben sich nicht nur aus der Tatsache, dass Kulturen nicht isoliert voneinander zu betrachten sind, sondern sich im Strom der Zeit auseinander heraus entwickelt, voneinander abgespalten, dann verselbstständigt, erneut weiterentwickelt, neue Triebe hervorgebracht haben usw. usw. Kurz: Sie sind miteinander verwandt und enthalten gemeinsame Elemente. Insofern vermag die »vergleichende Religions- und Mythenforschung« tiefer liegende Kräfte und Motive freizulegen, die Menschen überall auf der Welt und zu allen Zeiten miteinander teilen.

Worin liegt der Nutzen einer solchen Extraktion? Sicher nicht darin, das gewonnene Modell einfach nur eins zu eins auf beliebige Phänomene zu übertragen. Als Interpretationsinstrument kann es jedoch hilfreich und nützlich sein. Wenn ich die Kriegsenkel-Erfahrung nun auf das Modell der Heldenreise nach Joseph Campbell beziehe, dann in diesem Sinn. Die Heldenreise zeigt, was die Kriegsenkel-Erfahrung in ihrem Kern bedeutet, was ihr Wesen ausmacht, worin ihr Sinn und Zweck liegt. Dabei wird es nicht darum gehen, alle einzelnen Phasen auf die Kriegsenkel-Erfahrung zu beziehen. Es zeigt sich, dass dies auch gar nicht möglich ist. Vielmehr geht es darum, diese spezifische Erfahrung, an der zahlreiche Menschen heute partizipieren, mithilfe eines in der Menschheitsüberlieferung verwurzelten und allgemeingültigen Deutungsmodells zu verstehen.

Damit wird der Lebensweg der Kriegsenkel nicht zur Heldenreise stilisiert, sondern ein an uraltem und bewährtem Weisheitswissen der Menschheit gewonnenes Interpretationsinstrument hilft dabei, die innere Struktur dieses Weges freizulegen, und zwar in seinen typischen, allgemeingültigen Strukturen. Das bedeutet nicht – um den konkreten Begriff des Helden ins Spiel zu bringen –, dass Kriegsenkel keine Helden wären. Das Gegenteil ist der Fall. Hier geht es allerdings nicht darum, den Einzelfall zu würdigen, sondern die Antwort auf eine einzige Frage herauszuarbeiten: Worauf zielt die Kriegsenkel-Erfahrung eigentlich ab? Was ist ihr Sinn? Wer diese Frage beantworten will, der muss einen Schritt zurücktreten, aus dem Schatten der individuellen Erfahrung heraus, damit er das Ganze wahrnehmen kann; nur so zeigen sich die besonderen Merkmale und Konturen, die aus der Nähe nicht wahrzunehmen sind.

DIE GEBURT DER ENTSCHLOSSENEN GENERATION

Viele Kriegsenkel fühlen sich als alles Mögliche, nur nicht als Helden. Und doch: Sie sind genau dies!

Wer eine Kriegsenkel-Erfahrung macht, der bewegt sich zunächst in einer Terra incognita, in einem wilden Land ohne Wegmarken und Orientierung. Ahnungen und vage Gefühle ersetzten klar umrissene Begriffe, bedeutungsvolle Symbole und treffende Formulierungen. Es gab lange Zeit keine Sprache für das, was Kriegsenkel mehr spürten als bewusst erkannten. Inzwischen hat sich die Sprachlosigkeit geklärt. Unzählige individuelle Schilderungen der Kriegsenkel-Erfahrung sind auf dem Buchmarkt erschienen und versorgen diejenigen, die auf dem Weg sind, mit Begriffen und Deutungen ihres eigenen inneren Erlebens. Psychologische Einordnungen, die es mittlerweile ebenfalls gibt, schaffen wissenschaftlich fundierte Begriffe. Ich will diese Ansätze hier durch eine aus der gesamten Breite der Kriegsenkel-Erfahrung selbst gewonnene, diese aufnehmende und widerspiegelnde Sprache ergänzen und weiterführen.

Warum ist sie wichtig? Ohne diese Sprache können individuelle Erfahrungen nicht objektiviert, das heißt, in einen Deutungsrahmen eingeordnet werden, der überindividuelle Gültigkeit besitzt. Ohne diesen bleiben die zahllosen Erfahrungsberichte von Kriegsenkeln das, was sie sind: zahllose Erfahrungsberichte von Kriegsenkeln, nicht aber Abbilder einer gemeinsamen, übergeordneten Wirklichkeit, an der alle auf ihre individuelle Weise partizipieren und aus der die sie deutenden Begriffe abgeleitet sind. Was aber ist diese Wirklichkeit? Warum erreichen auf einmal Bücher über Kriegsenkel-Erfahrungen eine Auflage im fünf- und sechsstelligen Bereich, nachdem sie teils jahrelang auf den großen Bestsellerlisten an oberster Stelle standen? Wieso boomt das Thema, warum machen sich Zehntausende deutsche Babyboomer auf den Weg, ihre Kriegsenkel-Existenz zu klären, und zwar zur gleichen Zeit und unabhängig voneinander?

Aufbruch

Am Anfang der Kriegsenkel-Erfahrung steht die Unklarheit über die wahren Konturen der eigenen Existenz. Die Lebensfundamente sind buchstäblich vernebelt, zeitgeschichtliche Bezüge sind verwischt und damit wesentliche Prägefaktoren der eigenen Biografie dem Bewusstsein, der Bearbeitung und Bewältigung nicht zugänglich. Dies kennzeichnet die Ausgangslage des Weges und ist die Grundbedingung für den Aufbruch der Kriegsenkel zu ihrem Erkenntnisweg. Wie am Anfang der mythologischen Heldenreise auch sind Kriegsenkel zu Beginn ihres Weges in Kindheit und Adoleszenz mit der Erfahrung eines Mangels konfrontiert, nämlich eines Mangels an Klarheit, Einsicht und Verständnis wesentlicher Grundbedingungen ihrer Existenz. Deshalb habe ich die Phase der Kriegsenkel zwischen Kindheit und Erwachsenwerden als »Nebeljahre« bezeichnet.

Der Mangel an Klarheit, Einsicht und Verständnis setzt sich zu Beginn des Erwachsenenlebens fort. Das Lebensgefühl der Kriegsenkel gleicht einem »Flachland«, dessen zweidimensionale Gestalt weder Höhe noch Tiefe kennt. Eigene Wurzeln fehlen vielfach, die Übersicht über die Richtung, den Weg und das Ziel für das eigene Leben ist unter solchen Umständen kaum zu gewinnen. Daraus folgen unklare, weil wenig fundierte Entscheidungen im Privaten wie im Beruf. Sie führen im Laufe der Jahre zu einer Chronifizierung der Vorläufigkeit, da die Gründe für die getroffenen Entscheidungen, etwa die Berufsausbildung oder das Eingehen einer Partnerschaft, unter »Flachland«-Bedingungen nicht wirklich fundiert sein konnten. Deshalb wird in beruflichen und persönlichen Angelegenheiten kaum Stabilität und Perspektive erreicht.

Das Leben gleicht manchmal einer dunklen Nacht der Seele (Johannes vom Kreuz), die nicht enden will. Die Kriegsenkel befinden sich, mythologisch betrachtet, im Bauch des Walfisches. Dort können sie bildlich viele Jahre, ja über ganze Lebensphasen hinweg gefangen sein, ganz im Unterschied zum biblischen Jona, der sich drei Tage und drei Nächte im Bauch seines legendären Wals befand. Und doch ist die Dauer dieser Dunkelheit eine existenzielle Erfahrung, die sich zum Katalysator für die Suche nach den Ursachen für die eigene Lebenssituation entwickelt.

Über die Schwelle treten

Der erste wichtige Schritt führt den Helden des Mythos über die Schwelle, die die Alltagswelt von der Anderswelt, der Sphäre des geistigen und göttlichen, der Dämonen, Engel, der hilfreichen und zerstörerischen Kräfte trennt. Auch Kriegsenkel überschreiten eine Schwelle. In ihrem Fall führt sie nicht in ein mythologisches Reich, sondern erweitert ihren Horizont. Die innere Wahrnehmung dehnt sich aus, über die Begrenzungen des eigenen Lebens hinaus, und wendet sich Kräften und Einflüssen zu, die dem eigenen Leben vorgelagert sind.

Die engen Grenzen, die die eigene Biografie bislang umschlossen, sind im Begriff, sich zu weiten und Bereiche einzuschließen, die weit über das eigene Leben hinausreichen. Der Schritt über die Schwelle ist keine Folge eines »du sollst« oder »du musst«, sondern er erwächst aus der emotionalen Erschütterung des Aufbruchs. Es existieren »dichte Grade des Emotionalen« und der »aufgewühlten Zeit«, die von solcher Sprengkraft sind, dass sie die Tore zur Anderswelt in Schwingungen versetzen können, wie der Philosoph Jochen Kirchhoff schreibt. Er fährt fort: »Der wirkliche Erschütterte erschüttert auch die Mauern seines Gefängnisses.« (Kirchhoff, Die Anderswelt, S. 69)

Es ist der Druck, endlich verstehen zu wollen, vielleicht verstehen zu müssen, der den Kriegsenkel-Helden dazu bewegt, sich auf unbekanntes Terrain zu wagen und dort nach Antworten zu suchen, wo sie bisher nicht zu vermuten waren.

Schicksalsgeschwister

Diejenigen, die sich verhältnismäßig früh auf die Suche nach einer Erklärung für ihre unklare innere Seelenlage gemacht hatten, also etwa um die Jahrtausendwende, waren noch auf sich allein gestellt. Ihre Reise bis zur Erkenntnis des eigenen transgenerationalen Erbes führte sie noch in eine weglose, nicht kartierte Terra incognita, und für die Entdeckungen und Funde, die sie machten, während sie ihren Weg in der Wildnis suchten, fehlten Sprache und Wort.

Das hat sich inzwischen geändert. Wie dem mythologischen Helden auf seiner Fahrt Helfer und unterstützende Kräfte zur Seite springen, wenn er sie braucht, so können Kriegsenkel heute voraussetzen, dass sie richtigliegen, wenn sie nach den Auswirkungen der Kriegserfahrungen ihrer Eltern bzw. ihrer Großeltern auf das eigene Leben fragen. Ihre Helfer sind die zahlreichen populären Veröffentlichungen zum Thema transgenerationale Weitergabe, die inzwischen auf dem Markt sind, Vorträge von Fachleuten sowie Seminare zum Thema Kriegsenkel.

Von zentraler Bedeutung sind aber die Begegnungen untereinander. Auf Menschen zu treffen, denen es ähnlich geht und die zu vergleichbaren Schlussfolgerungen gekommen sind, die also die gleiche Sprache sprechen, ist eine ungeheuer befreiende, bereichernde und unterstützende Erfahrung, die viele Kriegsenkel miteinander machen. Sie sind tatsächlich Schicksalsgeschwister: Mit dem eigenen Schicksal nicht allein zu sein, sondern Teil einer Strömung oder Bewegung von Menschen, das ist die vielleicht stärkste und wirksamste Hilfe für Kriegsenkel auf ihrem Weg.

Diese Erfahrung motiviert dazu, nicht im Ungefähren der eigenen Empfindungen und Vermutungen zu verharren, sondern sich auf die Suche nach den Ursachen dieser Wahrnehmungen zu begeben und die mythologische Schwelle zu einer Reise zu überschreiten, von der sie oder er verändert, gereift und geheilt zurückkehren wird.

Den eigenen Lebensort entdecken

Was ist die tiefste Triebfeder dieser Suche? Es ist das Bemühen, die Wahrheit über das eigene Leben zu erfahren, den Sinn hinter all den Brüchen und Unstimmigkeiten zu finden, um mit sich selbst ins Reine zu kommen.

Doch die schonungslose Auseinandersetzung mit der eigenen Biografie fördert die Ursachen für die »dunkle Nacht der Seele« nicht zutage. Wenn sie aber nicht in der eigenen Biografie ausfindig gemacht werden können, dann müssen sie von außerhalb kommen. Und damit treten familiäre Umstände als potenzielle Verursacher ins Bewusstsein, die Eltern, die Großeltern, Verwandte, die Ahnenreihe, die plötzlich wieder wichtig und relevant werden. Analog zum Helden der mythologischen Reise wird auch der Kriegsenkel jetzt mit der Einsicht konfrontiert, dass er an der Spitze einer genealogischen Kette steht und der Erbe seiner Vorfahren ist.

Jetzt geht es darum, sich des eigenen Erbes bewusst zu werden, wahrzunehmen, was ist, das heißt ein möglichst genaues Bild über Leben, Lebensumstände, Denken und Fühlen zunächst der unmittelbaren Vorfahren, der Eltern, und dann – sofern es noch möglich ist – weiterer Glieder der genealogischen Kette zu gewinnen. Es zeichnet sich ab, dass die Grunderfahrung der Kriegsenkel, die Vorläufigkeit, in diesem Erbe begründet sein könnte: Es könnte sein, dass ihre scheiternden Beziehungen, der immer weiter verschobene, letztlich bis zur biologischen Unmöglichkeit hinausgeschobene Kinderwunsch, das Driften von Ausbildung zu Ausbildung, von Beruf zu Beruf und von Ort zu Ort mit fehlenden Ankern im Leben zu tun haben, weil es an Mut, Ermutigung, glaubwürdigen Vorbildern und Unterstützung mangelte.

Allerdings ist es nicht einfach, diese Überlegungen weiter zu konturieren und die erforderlichen Schlussfolgerungen aus der Erkenntnis des eigenen Erbes zu ziehen. Wer Gewissheit über sich selbst und sein Leben gewinnen möchte, muss zuvor mit Widerständen kämpfen und die verbotene Zone durchqueren. Der mythologische Held hat einen Gegner, mit dem er sich auseinandersetzen muss und von dem es bei Campbell heißt, er sei es in Wirklichkeit selbst. Dieser Gegner ist im Hinblick auf die Kriegsenkel-Erfahrung natürlich keine Person, auch kein mythisches Wesen, es ist – analog zu den Vorbildern der Überlieferungen – eine hemmende Kraft, ein Widerstand, ein Tabu. Dieses Tabu ist äußerst wirkmächtig, und wie Lots Frau war auch die deutsche Nachkriegsgesellschaft davon bedroht, bei einem Blick nach hinten zur Salzsäule zu erstarren.

Der Widerstand wird im eigenen Inneren, in der eigenen Seele, im eigenen Geist wirksam. Dort muss der Held ihr auch begegnen, wenn er die Wahrheit über sich selbst entdecken will. Dazu gehört, dass er seinen ganzen Mut zusammennimmt und bereit ist, sich dem Gegner zu stellen und dem Widerstand entgegenzutreten.

Eine zentrale Entdeckung in dieser Phase des Weges ist der eigene Lebensort. Lebensort beschreibt jedoch keinen geografischen Platz, sondern einen inneren, geistigen Ort. Er umfasst das eigene Selbstverständnis und etwas darüber Hinausgehendes, nämlich die eigene Herkunft und Prägung, die eigene Geschichte im Verbund mit der Familiengeschichte und im Kontext der Ahnenreihe. Wo ist es unbedingt sinnvoll, zu sein? Die Fragen, wer ich bin, woher ich komme und wohin ich gehöre, finden hier eine Antwort.

Der Lebensort geht mit der tiefen Gewissheit einher, sich klar zu sein, wohin ein Mensch im Kontext des universellen Seins unbedingt gehört. Lebensort ist deshalb mehr als Heimat, der Begriff bezieht sich nicht nur auf den Raum, sondern erstreckt sich auch auf die Zeit, wobei an dieser Stelle noch ein Aspekt fehlt, der erst noch gefunden werden muss, nämlich die Aufgabe, die ihm aufgegeben ist.

Seiner Wahrnehmung trauen

Der Therapeut, Maler und Lukas-Cranach-Preisträger Raymond Unger war an der NDR-Dokumentation »Der Hamburger Feuersturm 1943« beteiligt, die als »Operation Gomorrha« Eingang in die Geschichtsbücher gefunden hat. Der 2009 entstandene Film von Andreas Fischer über die Folgen dieses verheerenden Luftangriffs bezog als eine der ersten Weltkriegsdokumentationen überhaupt nicht nur Zeitzeugen mit ein, sondern auch deren Kinder, also die Kriegsenkel. Unger berichtet, wie sehr er deshalb von Zeitzeugen angegriffen wurde, die einfach nicht verstehen konnten, dass jemand zu zeitgeschichtlichen Ereignissen Stellung nahm, der sie überhaupt nicht miterlebt habe.

Unger fragt: »Darf ich mich beklagen? Oder muss ich für immer schweigen, weil mein Vater barfuß lief? (Anmerkung: Er hatte den Feuersturm ebenfalls überlebt.) Warum darf ich meine Wahrheit nicht sagen: dass mein Vater mit Ursache für meinen Zustand ist. Ich sage ja nicht einmal schuldig – ich sage höchstens verantwortlich. Warum können wir nicht gemeinsam trauern? Über das, was meinem Vater passiert ist – und über das, was mir passiert ist? Es scheint nicht möglich.« (»Die Heldenreise des Künstlers«, S. 223)

Viele Kriegsenkel haben bereits die Erfahrung gemacht, dass ihre Selbsterfahrung von Angehörigen der Kriegskinder-Generation infrage gestellt wird, sei es von den eigenen Eltern, sei es vielleicht von älteren Teilnehmern auf Seminaren, bei denen sie sich geäußert haben. Nicht selten scheinen sie auch abgewehrt zu werden, weil die Eltern nicht schuld sein wollen am Leiden ihrer Kinder, an Lebensbrüchen und Unsicherheiten, die sie nicht verstehen.

Der erste Teil des Feuersturm-Films trägt den Titel »Brandwunden«. Darin erzählen Menschen von ihren fürchterlichen Erfahrungen im Bombenhagel. »Von der Hölle. Von Armageddon«, kommentiert Unger. Der zweite Teil des Films heißt »Brandnarben«. Hier kommen die Kinder der Erlebnisgeneration zu Wort – auch Unger selbst –, die von der emotionalen Abwesenheit ihrer Eltern berichten und wie schwer ihr Leben dadurch wurde. Raymond Unger notiert über diese Kriegsenkel-Erfahrungen: »Im Kontrast zum ersten Teil klingt es fast lächerlich.« (S. 223)

Angesichts der Katastrophe selbst ist es für die Nachgeborenen nicht einfach, den eigenen Erfahrungen und Empfindungen Gewicht beizumessen, ja sie überhaupt ernst zu nehmen. Sie ist nicht einzuholen und nicht zu überbieten, wenn man sich den Maßstab derer zu eigen macht, die sie erlebt haben. Aber das ist auch nicht der Weg. Es geht vielmehr darum, den eigenen Wahrnehmungen zu trauen und zu ihnen zu stehen. Sich selbst so ernst zu nehmen, dass die eigene Selbstwahrnehmung das ihr zustehende Gewicht auch tatsächlich erhält. »Lächerlich« mögen die eigenen Selbstwahrnehmungen sein, wenn man sie am Schicksal halb verbrannter Überlebender misst. Vor dem Horizont des eigenen Lebens aber und nach dessen Maßstäben kommen sie als existenzielle Fragen zur Sprache.

Trauma und Tabu

»Noch bis in die 1990er-Jahre war jedes Projekt, das sich mit dem Leid der deutschen Bevölkerung beschäftigte, ein Tabu. Der Fokus lag zu sehr auf der Täterschaft des deutschen Volkes, als dass Aspekte wie Bombenkrieg, Vertreibung aus dem Osten oder Kriegsgräuel an der deutschen Bevölkerung Thema gewesen wären«, schreibt Raymond Unger in seinem Buch »Die Heldenreise des Künstlers« (S. 227). Kriegsenkeln war dadurch der Weg zur Erkenntnis ihrer eigenen Wahrheit versperrt.

Aber wie kommt es überhaupt zu einer derart umfassenden Verdrängung von Erfahrungen, an denen so gut wie jede deutsche Familie Anteil hat? Wie ist es möglich, dass sie über Jahre und Jahrzehnte hinweg scheinbar unhinterfragt funktionieren kann?

Die zivilisatorische Katastrophe, die Deutschland in der Mitte des 20. Jahrhunderts ausgelöst hatte, das Trauma des millionenfachen Mordens und des unfassbaren Unrechts, das von den Nationalsozialisten verursacht wurde, die Überschwere der deutschen Schuld – all dies schuf einen Tabuort »Verbotene Zone« in unserem kollektiven Empfinden. Dorthin verschwand all das, was aus der Nachkriegsgesellschaft herausgehalten wurde: die Kriegsverbrecher in der eigenen Familie. Die Verantwortlichen für die Massenverbrechen und ihre willigen Vollstrecker. Die blond berauschten Claqueure der völkischen Heilsversprecher. Die Mehrheit der schweigenden Mitläufer. Und die Opfer, zu denen Millionen von ihnen schließlich wurden, als der von der nationalsozialistischen Mordmaschinerie entfachte Gewaltsturm ins »Reich« zurückbrandete. Es ist in diesem Zusammenhang bezeichnend, dass der erste Frankfurter Auschwitz-Prozess, mit dem die juristische Aufarbeitung der NS-Verbrechen in der Bundesrepublik einsetzte, erst 1963 begann und nicht schon 1949.

Die Verstrickung der meisten Deutschen in den National-sozialismus, die persönlichen Verluste und Opfer, die die meisten Familien zu beklagen hatten, der Schock der Erkenntnis über die Bösartigkeit des Systems, der Verlust von Heimat in einer Größenordnung, die in der Weltgeschichte ihresgleichen sucht – all dies löste ein Trauma aus, das einfach zu groß war, das in der unmittelbaren Nachkriegszeit noch nicht bewältigt werden konnte.

So schuf das Trauma der Katastrophe selbst einen inneren Tabuort. Trauma und Tabu, das sind zwei Seiten einer Medaille. Ein Trauma ist eine überschwere Erschütterung, die vom Bewusstsein abgespalten wird, um es nicht zu zerstören. Es hat also eine Schutzfunktion für die Integrität der Person und, auf das Ganze bezogen, auch für ein Volk und eine Nation. Die Tabuisierung bestimmter Erfahrungen ist so existenziell wie die Anwesenheit von Zerberus an den Pforten der Hölle: Niemand darf wieder heraus, aber auch niemand hinein, weil er sonst zugrunde ginge. Das von Deutschen begangene Unrecht war zu groß, das Töten zu monströs, die Kriegsfolgen viel zu erschütternd, als dass man sie in den ersten Nachkriegsjahrzehnten hätte erfassen, geschweige denn bearbeiten können.

In den legendären »Planet-der-Affen«-Filmen aus den späten 1960er-Jahren existiert ein Gebiet namens »Verbotene Zone«. Niemand darf es betreten. Sich dort aufzuhalten würde den Tod bedeuten. So jedenfalls behaupten es die Autoritäten. Auf dem Planeten der Affen hat sich eine Zivilisation intelligenter Primaten entwickelt, deren heiliges Buch sie als Krone der Schöpfung bezeichnet und allen anderen Lebewesen gegenüber heraushebt. Dies gilt vor allem gegenüber den Menschen, die stumm sind und die man offiziell als Tiere betrachtet. In den Gemeinschaften der Affen werden sie als Sklaven gehalten.

In einer Höhle am Rand der Verbotenen Zone haben Forscher aus der Affenstadt Artefakte gefunden, die das kollektive Geschichtsverständnis umstürzen könnten. Sie beweisen nämlich, dass nicht die Affen, sondern die Menschen zuerst da waren. Und dass sie über eine Zivilisation verfügt hatten, die derjenigen der Affen technologisch weit voraus war. Die Trümmer des untergegangenen New York zeigen zugleich die zerstörerische Macht der Menschenzivilisation. Es stellt sich heraus: Das Betreten der Verbotenen Zone selbst ist in Wahrheit gar nicht lebensgefährlich. Die Herrschenden haben das Gebiet natürlich geschaffen, um ihre Gesellschaft vor den Gefahren zu beschützen, die mit der menschlichen Ursprungszivilisation verbunden gewesen waren. Dass damit zugleich die eigene Macht zementiert wird, liegt natürlich ebenfalls in ihrer Absicht.

Die Schutzfunktion eines Tabus ist wichtig. Und sie ist legitim, sofern sie die zersetzende Wirkung eines Traumas verhindert. Schreckt ein Tabu aber nur ab und verhindert – aus ideologischen oder anderen Gründen – die Suche nach Wahrheit, muss es im Interesse der Wahrheit beiseitegeräumt werden. Und wenn bereits die Fragen delegitimiert werden, die den Suchenden antreiben, dann darf das durchaus als Ermutigung betrachtet werden, jetzt erst recht zu fragen und umgekehrt die Legitimität des Tabus infrage zu stellen. Tabus können eine zeitlich begrenzte Schutzfunktion ausüben, die sich erledigt, sobald die gesellschaftlichen und seelischen Kräfte vorhanden sind, die es endlich erlauben, die Traumata dahinter aufzuarbeiten.

Drachenkampf

Anlässlich des 70. Jahrestages der Beendigung des Zweiten Weltkriegs veröffentlichte der Historiker Jan Plamper einen kritischen Essay zur bundesdeutschen Erinnerungskultur des Jahres 2015. Darin beklagt er, dass es zu einer Umcodierung der Vergangenheit gekommen sei. Es gebe eine neue »Meistererinnerung« von den Deutschen als Opfer, die in populären Veröffentlichungen und Fernsehbeiträgen durchbuchstabiert werde und die das Bild der Deutschen als Täter zunehmend verdränge, dem Richard von Weizsäcker in seiner Rede zum 8. Mai 1985, aber auch die Wehrmachtsausstellung 1995 zum Durchbruch verholfen habe.

70 Jahre nach dem Ende des Krieges habe sich aber eine Vorstellung breitgemacht, so Plamper, der zufolge Kriegstraumata nicht nur in der Generation der Kriegskinder festzustellen seien, sondern auch an die Generation der Kriegsenkel vererbt würden. Immer breitere gesellschaftliche Kreise würden sich mit den Opfern identifizieren, die Schuld laste auf immer weniger Tätern: »Der Generationenwechsel macht den Opferstatus zur

Eintrittskarte in die globale Liga der Guten.« Der Autor zitiert den Kriegskinder-Pionier Hartmut Radebold mit der Frage: »Dürfen wir uns als Deutsche mit diesem Teil unserer Geschichte befassen?«

Plamper ist angesichts der von ihm konstatierten Entwicklung sehr skeptisch. Denn das heute gültige Trauma-Verständnis, wonach das traumatische Ereignis außerhalb von Sprache und Bewusstsein liegt, entziehe das Trauma der Darstellbarkeit und mache es so anschlussfähig für die Rechte. Er gehe davon aus, dass in den nächsten Jahren »immer mehr Menschen als traumabelastet gelten wollen«. Auch ermögliche das Konzept seiner Auffassung nach »widersinnige Diagnosen, wie eben die Behauptung, die Kinderlosigkeit der heute 40-Jährigen stehe ebenfalls in Zusammenhang mit Kriegstraumata der Großeltern«. Kriegsenkel, die unter ihrer Kinderlosigkeit leiden und sich in langwierigen und schmerzhaften Prozessen auf die Suche nach den Ursachen begeben haben, wissen es besser. Widersinnig ist für sie, den Generationenzusammenhang in dieser Frage außer Acht zu lassen!

Die Auffassungen von Jan Plamper repräsentieren eine in der deutschen Gesellschaft weitverbreitete Sichtweise. Die Beschäftigung mit den Opfern unter der deutschen Zivilbevölkerung während des Zweiten Weltkriegs und danach wird dort gern als Relativierung der deutschen Schuld an diesem Krieg und seinen Opfern bewertet, und nicht als notwendige Ergänzung im Interesse der historischen Wahrheit. Der Diskurs bewegt sich argumentativ auf der Ebene von wahr und falsch und produziert moralisch begründete Gegensätze: Die Beschäftigung respektive Identifikation mit deutscher Schuld wird als moralisch erforderlich und insofern als gut bewertet. Die Beschäftigung mit Opfern gilt folgerichtig als amoralisch und unzulässig. Wer es dennoch tut, der läuft Gefahr, als »rechts« zu gelten und sozial geächtet zu werden.

Eine Anschlussfähigkeit an rechte, und damit meine ich keine konservativen, sondern neo-nationalsozialistische Einstellungen, existiert aber nur dort, wo das Opfer-Dasein seiner historischen Ursachen entkleidet wird, wie etwa bei den jährlichen Aufmärschen von Neo-Nazis anlässlich des Jahrestages der Bombardierung Dresdens. Diese Anschlussfähigkeit ist nur dann gegeben, wenn sich jemand in seinem Leiden einrichtet und das Opferdasein zum eigentlichen Existenzzweck stilisiert.

Diejenigen, die die ganze Geschichte im Blick haben, sich reflektierend der Vergangenheit und der Gegenwart annehmen und sich ihrer Verantwortung für die Zukunft bewusst sind, sind nicht anschlussfähig an neo-nationalsozialistische Haltungen.

Was macht eine Kriegsenkelin, deren Mutter auf ihrer Flucht aus Schlesien von Rotarmisten vergewaltigt wurde, die also tatsächlich Opfer war? Oder ein Kriegsenkel, dessen Mutter das Gleiche in Pommern widerfuhr und der das Gefühl hat, diese Geschichte gehe ihn unbedingt an? So wie Jens Orback, Vorsitzender der Olof-Palme-Stiftung in Stockholm und früherer schwedischer Integrationsminister. In seinem Buch »Schatten auf meiner Seele« porträtiert er seine aus Pommern stammende deutsche Mutter und rekonstruiert die Geschehnisse während ihrer dramatischen Flucht gegen Ende des Krieges. Er schreibt: »Die Geschichte lebt in uns allen. Vielleicht bilden diejenigen, die sich noch erinnern, mit ihren Kindern ein feinmaschiges Netz aus dünnen Fäden, die sich über die Erde verzweigen. An manchen Stellen gibt es dichte Knäuel, viele davon in Europa. Bei einem Kind oder einem Enkel des Krieges bildet sich manchmal auch ein Knoten.« (S. 89)

Die Angst davor, auf der falschen Seite zu stehen, sobald

man sich dem Schicksal seiner Angehörigen zuwendet, dem falschen politischen Lager zugeordnet bzw. als »Revanchist« ausgegrenzt zu werden, ist in der Tat für viele ein schwerwiegendes Hemmnis bei ihrer Suche nach Wahrheit gewesen. Die Drohung sozialer Ausgrenzung, die nicht nur im Mythologischen ihr abschreckendes Potenzial aus der Furcht vor einer existenziellen Vernichtung bezieht, ist der stärkste Schutz, den das Tabu aufzubieten hat.

Aber: Die Drohung ist das Tor, hinter der die Wahrheit verborgen liegt. Deshalb muss es durchschritten werden. In der Mythologie trifft der Held jetzt auf den sprichwörtlichen Drachen, der ihm den Weg versperrt. Er muss sich mit all seiner Klugheit und Kraft dem Monster stellen und es vom Tor der Erkenntnis vertreiben, indem er es besiegt. Ohne den Kampf mit dem Drachen kann der Held seinen Schatz nicht bergen. Er darf sich nicht abschrecken lassen, auch nicht von der Drohung mit Ausgrenzung und Vernichtung, denn das ist die Voraussetzung für seinen Sieg.

Die Alternative lautet in Wirklichkeit nicht links oder rechts, politisch korrekt oder politisch inkorrekt, gut oder böse, sondern schlicht und einfach wahr oder unwahr. Es ist der Mut zur Wahrheit, der den sprichwörtlichen Drachen zur Strecke bringt und die Drohung vor dem Tor zur Erkenntnis verpuffen lässt. Es ist dieser Mut, den Kriegsenkel aufbringen, wenn sie sich ihrer Familiengeschichte stellen. Der ausgelobte Preis ist der Gewinn des vollen, heilen Lebens.

Die Wirklichkeit ist immer differenziert und mehrschichtig, sie lässt sich niemals in einem Schwarz-Weiß-Schema angemessen beschreiben. Es geht immer darum, die jeweilige Einzelerfahrung so genau wie möglich zu erfassen, denn nur so lässt sich die historische Wahrheit ermitteln.

War der junge Günter Grass ein Täter, als er sich im Alter von 17 Jahren freiwillig zur Waffen-SS meldete? Oder war er aufgrund seines jugendlichen Alters ein Opfer der ideologischen Lügen der Nazis?

Waren die 14-jährigen Eduard Pachmann und Toni Lanka Opfer, als sie am 3. Juni 1945 im Internierungslager Postelberg/Postoloprty zusammen mit drei anderen Jungen von tschechoslowakischen Milizionären an die Wand gestellt und erschossen wurden, um andere Häftlinge abzuschrecken und von einem Fluchtversuch abzuhalten? Ist es eine Rechtfertigung für diesen Willkürakt, dass die Jungen Mitglieder in der Hitlerjugend waren? So argumentierte der verantwortliche Lagerkommandant Bohuslav Marek vor einer Untersuchungskommission des tschechoslowakischen Parlaments im Jahr 1947. (Glotz, »Vertreibung«, S. 230) Waren sie Täter?

Die beiden Beispiele zeigen, dass der Wirklichkeit nicht gerecht wird, wer nur in Täter-Opfer-Kategorien denkt. Er geht darüber hinweg, was tatsächlich geschehen ist.

Insofern könnte man mit den Begriffen des Mythos sagen, dass Kriegsenkel auf ihrem Weg den Drachen der Eindimensionalität und Vereinfachung überwinden müssen, um zur Vielschichtigkeit des wirklich Geschehenen vorzudringen. Wer die Vergewaltigung seiner Mutter am Kriegsende erforscht, ist kein Revanchist; er lenkt auch nicht von deutscher Schuld ab, sondern sucht schlicht und einfach nach der historischen Wahrheit. Denn er weiß, dass diese historische Wahrheit am Grund der eigenen Familiengeschichte etwas über sein Leben heute aussagen kann. Keine Drohung, kein Tabu sollten ihn von dieser Einsicht abhalten.

Ich habe Kriegsenkel schon mehrfach als »Forscher am eigenen Leben« charakterisiert. Grundlage ihres Weges und ihrer Erkenntnisse sind persönliche, mithin subjektive Erfahrungen von Familienangehörigen. Aber diese Erfahrungen sind genauso wahr wie das Ereignis des Kriegsendes am 8. Mai 1945. Wenn auch nicht automatisch im Sinne historisch überprüfbarer Tatsachen, denn oft lassen sich genaue Details der Erfahrungen, die ja immerhin eine oder zwei Generationen zurückliegen und oft schriftlich nicht belegt werden können, nicht mehr rekonstruieren.

Noch einmal Jens Orback: »Wann genau die Geschichte meiner Mutter ein Teil von mir wurde, weiß ich nicht, aber ich erinnere mich an einen Morgen, der bestimmt zwanzig Jahre zurückliegt. Ich lag im Bett in unserem Sommerhaus an der schwedischen Ostküste, in Grisslehamn. Das unangenehme Gefühl, dass ich beim Aufwachen empfand, ging in eine Art Panik über; es war, als fiele ich in einen Abgrund, und ich wusste nicht, wie weit ich noch fallen würde. Als würden sich ständig weitere Schichten öffnen ins Bodenlose. Ich wurde in etwas hineingezogen, womit ich nicht umgehen konnte, konnte es nicht in Worte fassen, aber es war etwas in meiner Mutter, dass jetzt in mir war.

Kann das möglich sein? Gibt es in der Geschichte dünne Fäden, die sich über die Generationen hinweg spinnen und schließlich jemanden einschnüren können, der glaubte, frei zu sein? Das sind meine Überlegungen, und ohne zu wissen, was das Geheimnis ist oder wohin es mich führt, bin ich mir sicher, dass der einzige Weg aus diesem schwarzen Loch ist, Licht in die Dunkelheit zu bringen.« (S. 9)

Diese Phase, die ich »Drachenkampf« genannt habe, ist für viele Kriegsenkel die schwierigste auf ihrem Erkenntnisweg, weil sie über sich das Damoklesschwert der sozialen Ausgrenzung schweben sehen, weil sie sich mit den Opfer-Erfahrungen ihrer

Kriegskinder-Eltern beschäftigen. Aber anders geht es nicht: Wer die Wahrheit über sein Leben entdecken will, der muss diesen Weg gehen. Wer sich nicht dem Drachen stellt, sondern ihm aus dem Weg geht, kann sich dem Trauma bzw. dem Traumaschatten nicht stellen! Und wer die Wahrheit über seine Kriegskinder-Eltern ermittelt, der findet den kostbaren Schatz, die heilende Erkenntnis, die sein Leben und das seiner Gemeinschaft für immer zum Positiven zu wenden imstande ist.

Wer das wagt, wird wie die mutigen Archäologen in »Planet der Affen« feststellen, dass auch die Wächter ihrer »Verbotenen Zone« nichts weiter sind als ziemlich erbärmliche, windzerzauste Vogelscheuchen, von denen keine Gefahr ausgeht, wenn man an ihnen vorübergeht.

Die Entdeckung der kostbaren Perle

Der Höhepunkt der Heldenreise ist erreicht. Alle Mühen des Helden werden nun belohnt, indem ihm ein kostbarer Schatz, das lebensspendende Elixier, die rettende Erkenntnis übergeben wird. Kriegsenkel entdecken die transgenerationale Wahrheit und die in ihr verborgene Befreiung, die heißt: Nicht ich bin schuld am krummen Verlauf meines Lebens. An seinem Drehbuch haben andere mitgeschrieben, seine Richtung haben andere mitbestimmt.

Diese Einsicht kommt einer tiefen Befreiung gleich, der neuer Lebensmut und neue Perspektiven folgen. Die eigenen Wunden können nun angenommen werden und heilen, aus der Versöhnung mit den Vorfahren erwächst neue Kraft, der Lebensfluss ist von Geröll befreit und wiederhergestellt. Und gleichzeitig entsteht das Bewusstsein für die Aufgabe, die mit der Entdeckung verbunden ist, der sich der nächste Abschnitt zuwendet.

Kriegsenkel sind nun in der Lage, ihre Lebensgeschichte und damit auch sich selbst anzunehmen: Die Selbstentwertung hört auf!

»In Bezug auf die Folgen für meine Generation finde ich es lindernd zu wissen, dass Orientierungslosigkeit, Verlangsamung in der Entwicklung, mangelnde materielle Verankerung, Beziehungsprobleme und Kinderlosigkeit zum Teil auf die transgenerationale Weitergabe des Kriegstraumas der Eltern zurückzuführen sind. Allein die Feststellung, Teil eines kollektiven Problems zu sein, empfinde ich als Erleichterung (und nicht eine etwaige Schuldzuweisung an die Adresse meiner Eltern).« So fasst Raymond Unger den Kern der Kriegsenkel-Erfahrung zusammen (»Die Heldenreise des Künstlers«, S. 218). Die Erleichterung, von der der Maler hier spricht, spüren alle, denen aufgegangen ist, wie das Schicksal der Eltern in ihr eigenes Leben hineinragt.

Es ist, als würde eine schwere Last von ihren Schultern genommen. Und in der Tat, das ist es ja auch. Im Grunde ist der Weg der Kriegsenkel ein kollektiver Aufstand gegen die alleinige Verantwortung für eigenes Scheitern und Schuld. Gegen die ausschließliche Schuldzuweisung an die eigene Adresse für die Schwierigkeiten im Leben und dagegen, dass das Scheitern dort, wo es Kriegsenkel-Biografien belastet, das letzte Wort über einen Menschen ist.

Das ist die heilende Erkenntnis, die den Menschen und, wie es der Mythos aussagt, auch die Alltagswelt des Helden retten kann. Denn das eigene Schicksal steht nun nicht mehr in seiner Ausschließlichkeit und Unbedingtheit als eine dunkle Wolke über dem eigenen Leben oder verschlingt es wie ein schwarzes Loch, sondern wird durch das Verständnis seiner letzten Bedingungen begreifbar und damit aufgeklärt. Wenn ich weiß, was mich belastet, dann kann ich anders damit umgehen, als wenn ich es nicht weiß. Ich kann daraus lernen und einen anderen Weg einschlagen. Das ist jetzt möglich.

Das eigene Leben findet sich in einen größeren Rahmen gestellt, von dem aus es auf neue Weise verstanden werden kann. Jeder einzelne Mensch bildet die Spitze einer langen Ahnenreihe, die über die Eltern und Großeltern tief hinabreicht in die Geschichte der Menschheit und des Lebens selbst. Diese Reihe der Vorfahren und damit mich selbst gibt es überhaupt nur deswegen, weil Menschen das Leben geliebt und seine Herausforderungen angenommen haben. Sie ließen sich nicht von seiner dunklen Seite entmächtigen, sondern ihren Weg vom Licht der Zuversicht erhellen.

Nehmen wir dies wahr, dann sind die empfundenen Defizite und Opfer Aspekte unseres Lebens, aber nicht alles. Sie sind in Wahrheit nur ein Ausschnitt, ein begrenzter Teil des eigenen Weges, und jetzt im Begriff, überwunden zu werden! Die Erkenntnis, an erster Stelle einer in die Unendlichkeit hinabreichenden Reihe von Menschen zu stehen, relativiert die Auswirkungen des Traumas nicht; es macht seine Auswirkungen auch nicht kleiner, aber stellt etwas anderes daneben: Gäbe es nur die dunkle Höhle der Lieblosigkeit, dann wäre ich wahrscheinlich überhaupt nicht da. Die Kriegsenkel-Reise zeigt, dass es auch Licht und Liebe gibt, Entschlossenheit und Kraft, die ebenfalls transgenerational weitergegeben sein müssen. Und mit dieser Einsicht ist die Schwelle wieder erreicht, die zurück in den Alltag führt.

Rückkehr und Aufgabe

Im Mythos kehrt der Held am Ende seiner Reise gereift und mit heilendem Wissen ausgestattet in seine Welt zurück. Seine Findungen haben nicht nur ihn selbst verändert, sie besitzen auch das Potenzial, die Welt zu ändern, in der er lebt. Immer wieder ist der Fokus der Alltag. Ein mystischer Weg, der nicht in den Alltag zurückführt, ist ein Irrweg, sagt der Benediktinerpater und Zen-Meister Willigis Jäger. In der chinesischen Zen-Tradition, dem Chan, wird der spirituelle Weg in der grafischen Parabel vom Ochsen und seinem Hirten dargestellt, die auch im Westen als die zehn Ochsenbilder bekannt sind.

Die ersten fünf Bilder zeigen die Suche nach dem Ochsen, es folgt die Entdeckung einer Spur, die zum Tier führt, das schließlich gefangen und gezähmt wird. Die letzten fünf Bilder stellen dar, wie der Hirte auf seinem Ochsen heimkehrt, diesen vergisst, Erleuchtung findet – es handelt sich schließlich um eine spirituelle Heldenreise – und zuletzt mit offenen Händen auf den Marktplatz tritt.

Der Ochse kann als das »Ich« gedeutet werden, der Hirte steht für den Menschen, und der Marktplatz symbolisiert die Welt, in der er lebt. Die zehn Ochsenbilder beschreiben auf idealtypische Weise den Zen-Weg, wie das Ich des Menschen diszipliniert und schließlich in einer überwältigenden Erfahrung der Wirklichkeit, der Leere überwunden wird, weil es eine Eingrenzung darstellt, durch die die Erfahrung der wahren Wirklichkeit nicht möglich ist.

Was ist das Ziel des Zen-Wegs? Eine geistige Erkenntnis? Die Erleuchtung? Nein! Sein Ziel ist die Rückkehr auf den Marktplatz der Wirklichkeit, in den Alltag, wie auf dem letzten Ochsenbild zu sehen ist. Und was geschieht da? Dieses letzte Bild zeigt auf vielen Darstellungen einen Mönch mit einem strahlenden Lächeln, der einen gefüllten Sack an seinen Wanderstab gehängt hat und einem anderen Menschen eine Kanne Tee reicht: Jetzt gibt er weiter, was er auf seinem Weg erfahren hat.

Die Alltagswelt ist auch das Ziel der mythologischen Heldenreise. Das heilende Wissen, das der Held auf seiner Fahrt gewonnen hat, kommt nun allen Menschen zugute und eröffnet allen einen neuen Lebenshorizont.

»Werde der, der du bist«, so lässt sich der Weg zusammenfassen, den Kriegsenkel gehen. Die Aufgabe, die aus diesem Weg erwächst, ist diejenige des Hirten der Ochsenbilder und des Helden der mythologischen Heldenreise auch: nämlich andere an ihren Erfahrungen teilhaben lassen, damit auch sie endlich heil werden können. Nicht mehr, aber auch nicht weniger.

Den Weg bis zum Ende gegangen zu sein, durchgehalten zu haben und nicht aufzugeben, das erfordert Mut, Ausdauer und Entschlossenheit. Das mythologische Modell von der Heldenreise beschreibt den Transformationsprozess von Menschen, die sich nicht abfinden wollen mit ihrem Schicksal, nämlich die Wandlung der Kriegsenkel zu einer mutigen, wahrhaft entschlossenen Generation.

WIE KRIEGSENKEL DEUTSCHLAND VERÄNDERN

Ihr seid das Salz der Erde.
Neues Testament

MANIFEST DER FREIEN

Die Reise hat begonnen.
Der eine Ton erklingt
hell und klar.
Die Rätsel unseres Daseins
– gelöst.

Heil geworden und ganz
wie es unser Geburtsrecht meint,
nehmen wir Abschied
vom Dasein des Zorns
und den Platz ein,
der auf uns wartet
seit Anbeginn der Zeit.

Jetzt
leben wir den Ton,
auf den wir gestimmt sind,
den Stimmton unserer Existenz
im universellen Einklang des Seins.

Endlich verstehen wir,
wer wir sind
und warum wir geworden sind,
was wir sind.

Wir,
die Entschlossenen.

Wir haben –
allen Warnungen trotzend –
die Grenze in ein unbekanntes Land
überschritten –
die Terra incognita unserer eigenen Seele
und Wege in einem weglosen Land gebahnt.

Nicht alles gefällt uns,
und nicht alles ist gut,
was wir dort vorfanden.

Aber:

Wir haben uns mutig
der Angst entgegengestellt
und sind daran gewachsen.

Endlich darf die Vergangenheit ruhen
und Neues beginnen.
Das Erbe wird Teil von uns bleiben,
doch seine Macht über uns ist erloschen.

Erlöst
sind wir frei.

DIE STILLE REVOLUTION

Im Unterschied zu den sogenannten 68ern, der Vorgängergeneration also, sind Kriegsenkel in dieser Eigenschaft öffentlich kaum präsent. Von wenigen Repräsentanzen im Internet und einem Verein abgesehen, existieren keine institutionalisierten Strukturen. Es gibt keine politische Bewegung von Kriegsenkeln, die etwa mit dem SDS vor 50 Jahren vergleichbar wäre und die genauso lautstarke Forderungen stellen würde. Demonstrationen auf den Straßen finden nicht statt, auch keine Sit-ins, und von durch Kriegsenkel besetzten Hörsälen an den Universitäten hat auch noch niemand gehört.

Natürlich hinkt dieser direkte Generationen-Vergleich. Diejenigen, die sich der sogenannten Studentenrevolte von 1968 anschlossen, waren jung. Kriegsenkel sind mindestens älter, wenn nicht inzwischen alt geworden. Sie haben ihre Lebensmitte längst erreicht oder überschritten, und in diesem Alter neigt man nicht mehr zu spektakulären Aktionen in der Öffentlichkeit. Ausnahmen bestätigen wie immer die Regel. Wie also ist das Phänomen Kriegsenkel einzuordnen? Um diese Frage zu beantworten, werfe ich zunächst einen Blick auf die Entwicklungsgeschichte der Kriegsenkel-Bewegung.

Hier lassen sich bis heute drei klar aufeinanderfolgende Phasen voneinander unterscheiden.

Zunächst existiert auch hier eine Vorgeschichte. Ab den 1990er-Jahren entwickelte sich das gesellschaftliche Bewusstsein für die sogenannte vergessene Generation der Kriegskinder. Ihre Erfahrungen mit Faschismus und Krieg wurden nun erstmals Gegenstand sozialpsychologischer Forschungen. Mit 50 Jahren Verspätung, könnte man sagen. Zum ersten Mal seit Ende des Zweiten Weltkriegs erlebten Menschen, die Jahrzehnte nicht über ihr Schicksal sprechen konnten, eine öffentliche Würdigung. Den Höhepunkt dieser Phase stellt der Kriegskinder-Kongress an der Universität Frankfurt am Main im Jahr 2005 dar.

Mitte der 2000er-Jahre beginnt dann die eigentliche Entwicklung der Kriegsenkel-Bewegung. Der Begriff war zu diesem Zeitpunkt noch nicht gebräuchlich, allerdings begannen die Kinder der Kriegskinder, sensibilisiert durch die verhältnismäßig breite Wahrnehmung, die das Schicksal ihrer Eltern nun öffentlich erfuhr, selbst zu fragen, ob dieses Schicksal nicht auch Auswirkungen auf ihr eigenes Leben gehabt haben könnte. Erste Veröffentlichungen erschienen, die dieser Frage nachgingen, und erste Kriegsenkel-Seminare verhalfen Betroffenen zur Einsicht, mit ihrer Frage gar nicht allein zu sein.

Ab etwa 2010 entstehen dann auch organisatorische Strukturen. Im Internet werden spezifische Seiten für Kriegsenkel eingerichtet, und in vielen größeren Städten vor allem Westdeutschlands bilden sich sogenannte Kriegsenkel-Gruppen. Das sind ähnlich wie Selbsthilfegruppen organisierte Treffen von Kriegsenkeln, die der Annäherung an das gemeinsame Thema dienen und durch den Austausch gemeinsamer Einsichten und Erfahrungen eine affirmative und stärkende Wirkung auf die Teilnehmer ausüben. Oft werden sie von ausgebildeten Psychotherapeuten geleitet. Der erste wissenschaftliche Fachkongress zum Thema Kinder der Kriegskinder wurde wie schon erwähnt im Jahr 2012 an der Universität Göttingen durchgeführt. Das Datum markiert überdies, dass das Thema nun auch Eingang in die wissenschaftliche Arbeit gefunden hat.

Inzwischen ist der Begriff »Kriegsenkel« tatsächlich Allgemeingut geworden und wird auch von den Medien rezipiert.

Wenn ich von Kriegsenkel-Bewegung spreche, dann *qualitativ* im Sinn einer soziologischen Einordnung. Soziale Bewegungen entstehen dadurch, dass viele unterschiedliche Individuen eine gleich gerichtete Intention miteinander teilen und diese artikulieren. Sie sind zunächst nicht organisiert, wohl aber können charismatische Individuen im Prozess der Formierung einer solchen Bewegung eine vorbildhafte und richtunggebende Rolle einnehmen. Allerdings ist damit noch nichts über die *quantitative* Stärke dieser Bewegung ausgesagt. Vermutlich sind es in Deutschland mehrere 100 Personen, die das Kriegsenkel-Thema in Internetforen, lokalen Kriegsenkel-Gruppen und in der Vereinsarbeit offensiv voranbringen und sich öffentlich zu diesem Thema bekennen.

Die Zahl der »stillen Kriegsenkel«, für die das Thema relevant geworden ist, ohne dass sie mit anderen in Verbindung treten, dürfte allerdings bei Weitem höher liegen. Darauf deuten die Verkaufszahlen der weitverbreiteten Bücher zum Thema hin, die im fünf- bzw. sechsstelligen Bereich liegen, und das bei jahrelanger Präsenz auf den einschlägigen Bestsellerlisten. Die Gesamtzahl derer, die sich mit dem Thema beschäftigt haben und bis heute beschäftigen, müsste demzufolge ebenfalls im sechsstelligen Bereich liegen. Genaue Zahlen bleiben einer empirischen Untersuchung vorbehalten, sie steht jedoch noch aus.

Kriegsenkel, so kann ein erstes Fazit ihrer Wirksamkeit lauten, gehen nicht auf die Straße. Sie gehen nach innen. Das macht sie, wie wir in den Folgekapiteln noch sehen werden, langfristig vielleicht noch wirkmächtiger als Revolutionäre, die ihr kurzlebiges Feuerwerk auf den Straßen einer medial konstituierten Öffentlichkeit zünden. Sie sind wie das biblische »Salz der Erde«: Zahlreiche Einzelne, überwiegend unorganisiert und allenfalls lose durch die kaum vorhandenen institutionellen Strukturen miteinander verbunden, bearbeiten überall im Land dasselbe Thema.

In vielen traditionellen afrikanischen Kulturen erzählt man sich die Legende vom Regenmacher. In einer Gegend hatte es seit langer Zeit nicht mehr geregnet. Die Ernten fielen immer schlechter aus, und am Ende fingen die Einwohner des Dorfes an zu hungern. Da beschlossen die Ältesten, einen Medizinmann um Rat zu fragen, der als Regenmacher bekannt war. Er sollte ihr Problem endlich lösen. Der Regenmacher kam, und ihm wurde eine Hütte zum Wohnen zugewiesen. Dorthin zog er sich für eine sehr lange Zeit zurück. Als er wieder hervorkam, kam auch der Regen zurück. Die Menschen jubelten und waren glücklich, weil der Zyklus der Natur wiederhergestellt war. Sie fragten den Regenmacher, wir das geschafft habe, schließlich hätte man ihn ja tagelang nicht aus seiner Hütte kommen sehen. Und er antwortete ihnen: »Zuerst habe ich mich selbst in Ordnung gebracht. Als mein Leben wieder in Ordnung war, kamt auch ihr Ordnung, und als euer Leben in Ordnung gekommen war, kam auch das Land und mit ihm die Natur in Ordnung. Als alles in Ordnung war, kam auch der Regen zurück.«

Das Entscheidende ist also, bei sich selbst anzufangen und Ordnung in das eigene Leben zu bringen. Dann, so lehrt uns das systemische Denken, kommen die Dinge um einen herum ebenfalls wieder in Ordnung und werden heil. Es kommt also nicht darauf an, wie groß eine Gruppe bzw. Bewegung von Menschen ist, um gesellschaftliche Veränderungen zu bewirken. Entscheidend ist, dass jeder Einzelne die angestrebte Veränderung zuerst bei sich selbst realisiert. Das lehrt uns diese afrikanische Geschichte.

Alle Menschen, die sich Kriegsenkel nennen oder vielleicht nur für eine gewisse Zeit dem Thema verbunden fühlen, weil sie ihm existenziell bedeutsame Erkenntnisse abgewinnen können, bilden eine gemeinsame Bewegung, die »Generation der Entschlossenen«. Sie alle verbindet ein gemeinsames Ziel: die Überwindung des Traumaschattens und der Durchbruch zu einem von vererbten Kriegstraumata und Kriegslasten befreiten, selbstbestimmten, heil gewordenen und darum fruchtbringenden Leben.

Welche Bilanz dürfen wir ziehen? Welchen Erkenntnisfortschritt hat das Thema gebracht?

Mit der Entdeckung des Traumaschattens unterlaufen Kriegsenkel den ehernen Glaubenssatz der Moderne von der Bedingungslosigkeit des Individuums. Sie fördern die Einsicht in seine tatsächliche »Zeit- und Geschichtsdurchlässigkeit« und eröffnen ein Verständnis für die wahren Zusammenhänge des persönlichen und gesellschaftlichen Lebens. Das Individuum ist keine Monade, sondern es ist mit den Generationen vor ihm in Freud und Leid aufs Tiefste verbunden. Deren Schicksal ragt, ob es will oder nicht, tief ins eigene Leben hinein. Bestimmte Ursachen dafür, dass ein Mensch zu demjenigen geworden ist, der er ist, liegen in den Stärken, aber auch in den Tragödien seiner Vorfahren.

Kriegsenkel übernehmen zugleich aktiv Verantwortung für unsere Geschichte. Sie klären, pointiert formuliert, das letzte noch unabgeschlossene Kapitel des Zweiten Weltkriegs auf. Die Essenz ihrer Beschäftigung mit der Familienbiografie lautet: Sie sind ein Teil der Geschichte dieses Landes und können sich nicht nach Belieben aus ihr verabschieden. Dies hat Konsequenzen für das Handeln hier und jetzt. Wer die Tätergeschichte seiner Vorfahren wirklich durchdrungen hat, der kann kein Täter mehr sein. Und wer die Opfergeschichte seiner Vorfahren erforscht hat, wird eher Empathie für die gegenwärtigen Opfer von Kriegen als die Neigung empfinden, sie zu stigmatisieren und abzulehnen.

Zusammenfassend kann festgehalten werden, dass sich in der Kriegsenkel-Bewegung ein großer, kollektiver Heilungsimpuls ausdrückt. Das Licht, das dadurch in die düsteren Abgründe unserer Vergangenheit geworfen wird, erhellt nach und nach die schwarzen Gewölbe, die Gewaltherrschaft und Krieg gegraben haben. Es vertreibt die Schatten der uralten Traumata und lässt die Wunden allmählich verheilen, wie die folgenden Kapitel zeigen werden.

Hier, in der Heilung alter Wunden und der allmählichen Beruhigung des transgenerationalen Erbes, liegt der historische Auftrag für die Kriegsenkel. Und er besteht darin, eine Gesellschaft mitzugestalten, die dem Schwur der Häftlinge von Buchenwald verbunden bleibt: Nie wieder Krieg und Faschismus! Nie wieder eine totalitäre Gesellschaftsordnung zulassen, die andere Menschen als höher- oder minderwertig kategorisiert und am Ende vernichtet. Vielleicht haben damit die Babyboomer alle ihre Spötter eines Besseren belehrt und in und mit diesem Auftrag eine klar konturierte Generationenidentität entdeckt. Vieles spricht dafür.

Kriegsenkel haben im Interesse von Aufklärung und Heilung bereits jetzt viel erreicht. Wohin die Reise von nun an geht, ist natürlich schwer vorauszusagen. Es wird sicher weiter darum gehen, die transgenerationalen Zusammenhänge aufzuklären,

Betroffene zu beraten und kommunikative Räume bereitzustellen, in denen sie sich austauschen können. Daneben wird es, meine ich, zusätzlich um die Frage gehen, wie unser Thema und die damit verbundenen Einsichten gesellschaftlich fruchtbar gemacht werden können, und zwar für unser Land wie auch für Europa.

Interessant wird auch zu beobachten sein, ob und wie sich unser Thema in europäischer Hinsicht entwickelt. Die Zahl der europäischen Länder, in denen Menschen an der Aufarbeitung der dunklen Flecken auf der offiziellen Geschichtserzählung ihres Landes arbeiten, ist gar nicht so gering. In Spanien beispielsweise entstand die sogenannte »Gesellschaft zur Wiedererlangung des historischen Gedächtnisses«. Sie beschäftigt sich auch mit den im Land immer noch virulenten, vielerorts noch immer unaufgearbeiteten Lasten der Franco-Diktatur und ihren generationenübergreifenden Folgen.

In der Tschechischen Republik bearbeitet die Gruppe »Antikomplex« die dort heute weitgehend unbekannte Geschichte der Sudetendeutschen oder Deutsch-Böhmen inklusive ihrer Vertreibung 1945/46. Nach dem Krieg wurde dieses Erbe aus ideologischen Gründen verleugnet, und bis heute findet es in den Lehrbüchern an den Schulen des Landes kaum Erwähnung.

In Polen sind es jüngere Schriftsteller, die mit den Mythen des Kommunismus wie den sogenannten »wiedergewonnenen Gebieten« – gemeint sind die früheren deutschen Ostgebiete – aufräumen und damit auch der deutschen Geschichte des heutigen polnischen Westens Gerechtigkeit widerfahren lassen. Stellvertretend sei hier nur die auch bei uns bekannte Breslauer Autorin Olga Tokarczuk erwähnt.

Empathie

Die Preisträgerin des Ingeborg-Bachmann-Preises 2016, die in Ghana geborene und in Berlin lebende Schriftstellerin und Bürgerrechtsaktivistin Sharon Dodua Otoo, stellte in einem Radiointerview fest: Ihre wichtigste Aufgabe sei es, die eigenen Verletzungen und Wunden verheilen zu lassen, damit sie sie nicht an ihre Kinder weitervererben müsse.

Der Weg der Kriegsenkel führt durch Nebel, Traumaschatten und Tabu hindurch und verwandelt die Person. Was sie findet, ist nichts weniger als das Leben, das ihr von Anbeginn an zugedacht ist. Diese Entdeckung verändert wie die kostbare Perle, das Elixier oder der Schatz, den der Held der antiken Mythen auf seiner Reise gewinnt, nicht nur ihn selbst, sondern allmählich, aber dafür nachhaltig auch die Wirklichkeit um ihn herum.

Ist es überzogen, einen Zusammenhang zu sehen zwischen den Bemühungen Hunderttausender Menschen um transgenerationale Klärung und der immensen Hilfsbereitschaft für Menschen in Not, wie wir sie so eindrucksvoll im vergangenen Jahr erlebt haben?

Auf der kollektiven, gesellschaftlichen Ebene wächst zurzeit etwas heran, das man als »Leitkultur des Mitgefühls« bezeichnen könnte. Die »Willkommenskultur«, die den Umgang Deutschlands mit den vielen Geflohenen vor Krieg, Gewaltherrschaft und Armut aus Nordafrika, Syrien und anderswo im vergangenen Jahr ausgezeichnet hat, auch dieser Satz der Kriegsenkelin Angela Merkel, »Wir schaffen das«, all dies lässt sich doch auch als Frucht der Bemühung von Menschen verstehen, die dunklen Kapitel ihrer vererbten Geschichte aufzuhellen und zu heilen. Dieser Prozess ist eine große Schule der Empathie!

Wer hätte nach all den fremdenkritischen Diskursen gedacht, dass wir Deutschen zu einer solchen Welle des Mitgefühls fähig sind? Zahllose Menschen in diesem Land leisteten und leisten immer noch freiwillig Hilfe für ankommende und unterzubringende Menschen. Sie kümmern sich ehrenamtlich um ihre Versorgung, auch, so wie unser Kinderarzt, um ihre medizinische Versorgung, erledigen Behördengänge und geben Deutschkurse. Als es im Sommer darum ging, den drei Flüchtlingskindern in der Klasse meiner ältesten Tochter die Teilnahme an der Abschlussfahrt zu ermöglichen, legten Eltern und Schulträger sofort zusammen. Ohne die drei zu fahren war nie eine Option.

Diejenigen, die keinerlei Mitgefühl aufbringen, sind derzeit lauter und bestimmen den öffentlichen Flüchtlingsdiskurs. Aber all die Menschen, die sich zur Leitkultur des Mitgefühls bekennen, die ihr verbunden sind, stellen die große Mehrheit. Die Hilfe, die sie leisten, geschieht im Stillen. Ihr Engagement ist dennoch eine Ermutigung, und es wirkt sich heilend aus, nicht nur für die Hilfsbedürftigen, sondern für das ganze Land.

ANKOMMEN IM EUROPÄISCHEN HORIZONT

*Wir müssen unsere Verletzungen zeigen, damit die andere Seite
die ihren zeigt. Nur so ist Versöhnung möglich.*

Peter Glotz

In ihrem Buch »Wenn die Orte ausgehen, bleibt die Sehnsucht
nach Heimat: Fragmente einer geerbten Geschichte« beschreibt
die katholische Autorin Andrea Schwarz die Flucht und Lebensgeschichte ihrer Eltern zwischen Breslau, Königsberg und Wiesbaden. Nach dem Tod ihrer Mutter 2006 entdeckt sie im Nachlass Dokumente, die über die Flucht der Mutter von Ostpreußen
über die Ostsee nach Dänemark und die anschließende Internie-
rung in Randers/Dänemark Auskunft geben. Zusammen mit
diesen Dokumenten hat die Mutter auch die Haarlocke eines
Kindes aufbewahrt.

Es stellt sich heraus, dass sie von Gotenhafen mit der *Wil-
helm Gustloff* nach Westen fliehen wollte, die Fahrkarten waren
vorhanden. Die Mitfahrt wird ihr jedoch verweigert, weil ihr
kleiner Sohn infolge der Strapazen der Flucht Durchfall bekommen hat. Wenig später stirbt er und wird noch in Gotenhafen
bestattet. Mit ihrer verbliebenen Tochter gelingt es der Mutter,

im letzten Moment auf ein anderes Schiff zu kommen und nach Dänemark zu fliehen. Zwei Tage vor der Ankunft stirbt auch die kleine Tochter auf See.

Obwohl nach dem Krieg zu Hause von den verstorbenen Geschwisterkindern erzählt wurde, werden sie für Andrea Schwarz doch erst mit dem Nachlass ihrer Mutter lebendig.

Über die Situation ihrer Familie in der unmittelbaren Nachkriegszeit formuliert sie: »Mein Vater war immer in einer Ordnung eingebunden gewesen – die Wehrmacht, auch die Gefangenschaft. Und nachdem er frei war, kümmerten sich relativ schnell Behörden um ihn. Meine Mutter stand dem Chaos in der gesamten Zeit alleine gegenüber. Sie verliert zwei Kinder – und lebt für zwei Jahre in einem Lager, ohne zu wissen, was wird. Man muss ganz neu anfangen ... Und die beiden haben ganz neu angefangen.« (S. 58)

Ob der Neuanfang nach Krieg, Flucht und Vertreibung wie in diesem Fall gut oder weniger gut gelingt, die Geschichte der eigenen Eltern haben wir in unserem Gepäck, wie Andrea Schwarz schreibt.

»Das, was meine Eltern erlebt haben, ist eine Geschichte von neun Millionen Geschichten, die Menschen erlebt haben. Es ist eine Geschichte, die Millionen von Menschen heute erleben.

Eine Erfahrung bleibt: Es ist machbar. Man kann neu anfangen. Diese Generation hat es bewiesen.

Nein, ich erbe keine Häuser und keine Grundstücke. Muss ich auch nicht.

Das, was ich erbe, ist etwas anderes: die Erinnerung daran, dass man alles verlieren kann – und damit die Frage: Was ist wirklich wichtig? Ich habe Heimatlosigkeit geerbt – und Heimat in meinem Glauben geschenkt bekommen. Und ich glaube, auch die Sehnsucht gehört zu diesem Erbe dazu. Ich spüre die Verantwortung, anderen zu helfen, denen es schlechter geht – weil uns damals andere geholfen haben – und weil es nicht mein Verdienst ist, dass es mir heute gut geht. Ich habe auch gelernt, dass Barmherzigkeit wichtiger sein mag als manches Gesetz. Und ich habe den Grundsatz meiner Eltern übernommen, dass man aus allem das Beste machen muss.

Aber ich habe auch die Fragen geerbt, ob das alles so richtig ist, was Menschen einander antun – und ich habe das Verständnis geerbt, dass es Menschen geben mag, die sich gezwungen sehen, ihre Heimat zu verlassen.« (S. 89f.)

Umgekehrt gilt aber auch: Wenn eine Trauma-behaftete Geschichtserfahrung verdrängt und nicht bearbeitet wird, kann sie als Phantomschmerz zurückkehren, sehr zur Freude von Demagogen und Extremisten vor allem rechter Couleur. Die Ausbrüche von Hass und Fremdenfeindlichkeit, die hauptsächlich Deutschlands Osten nicht erst seit dem Flüchtlingszustrom von 2015 so schrecklich heimsuchen, und die anschwellenden rechtspopulistischen Bocksgesänge von (neuerdings) Washington über Brexit-Britannien bis Warschau und Budapest zeigen anschaulich, was geschieht, wenn vorhandene Ängste und ihre Ursachen eben nicht aufgedeckt und bearbeitet werden.

Menschen sind keine Monaden, die in einem anonymen Universum beziehungslos umherirren, auch wenn dies das Credo der aufgeklärten Welt zu sein scheint. Wir sind Beziehungswesen in einem sozial-familiären Geflecht, das am Ort unserer Herkunft gewebt wurde und das sich tief in Raum und Zeit hinab erstreckt.

Heimat und Zuhause, das sind Begriffe, die für den Ort unserer Zugehörigkeit stehen, für den Ort, an dem alle Dinge in

Ordnung sind. Wieder verbindet die Sprache zwei Worte zu einem für uns bedeutsamen Zusammenhang: Ort und (in) Ordnung – Heimat also ist derjenige Ort, an dem die Dinge in Ordnung sind oder es zumindest sein könnten. An dem alles seinen angestammten Platz hat – von Anfang an.

Heimat markiert den Ort im Kosmos, zu dem ein Mensch ganz unbedingt gehört. Hier ist er vollkommen lebendig, weil er diesem Ort entstammt, der ihn mit seinen Traditionen in einen sinnhaften Daseinszusammenhang rückt und ihn, ganz materiell mit den Früchten des Feldes, am Leben hält.

Heimat ist, theologisch gesprochen, der Ort im Kosmos, an dem Gott mich geschaffen hat, oder noch stärker formuliert: an dem Gott mich gewollt hat. Hier gehöre ich unbedingt hin. Hier bin ich bedingungslos bejaht.

Wenn jemand seine Heimat aus eigenem Antrieb und freiwillig verlässt, dann nimmt er sie gleichsam als seelischen Schatz mit sich mit. Sie ist nicht verloren, sondern bleibt als inneres Abbild erhalten, als der heile Ort, die Urquelle seines Lebens. Auch wenn er weit von ihr entfernt lebt, so ist sie ideell doch immer da. Und man kann grundsätzlich wieder zu ihr zurückkehren.

Erzwungener Heimatverlust, unter Gewaltandrohung oder Gewaltanwendung erfolgt, kommt dagegen einer schweren Schädigung oder gar einer Zerstörung dieser Beziehung gleich.

Wenn ein Herkunftsort materiell ausgelöscht oder das Elternhaus von Fremden besetzt wurde, wenn es keine Möglichkeit einer Rückkehr mehr gibt, wie für die deutschen Heimatvertriebenen nach 1945, dann ist das Band, das den Menschen mit dem Quellort seines Seins verbindet, durchtrennt. Die Nabelschnur, die ihn mit der Gewissheit verband, einer langen Ahnenreihe anzugehören, ist abgerissen; die Lebenswurzeln von Identität und Geschichte sind schwer geschädigt oder sogar gekappt.

So lässt sich die existenzielle Dramatik beschreiben, in die die Flüchtlinge und Heimatvertriebenen aus Ostpreußen, Pommern, Westpreußen, Schlesien, Böhmen, Ungarn und den weiter östlich gelegenen deutschen Siedlungs- und Kulturräumen nach dem Krieg hineingerieten. Hier sei noch einmal an das Diktum der Schriftstellerin Jenny Schon erinnert: »Flucht und Vertreibung bedeutet unfruchtbar werden an Körper, Geist und Seele, herausgerissen aus dem Zyklus der Ahnen.«

Die Vertriebenen zahlten mit dem Verlust ihrer Heimat letztlich die Zeche für die Barbarei, die der Nationalsozialismus zu verantworten hatte, und zwar gegenüber anderen Opfergruppen (z.B. Ausgebombten) überproportional hoch. Ihr Verlust wurde an ihre Kinder vererbt. Doch ihnen, den Kriegsenkeln, geht es nicht um »Gebiete« und um Heimatorte als solche, denn Heimat bedeuten sie für sie, die diesen Begriff mit ganz anderen Orten und Landschaften verbinden, nicht.

Ihnen geht es um »Identität« und damit um die Frage, wie sich die Herkunft der Eltern in ihrem Leben abbildet und welchen Einfluss sie auf sie genommen hat. So werden die Herkunftsregionen und Herkunftsorte der Familie wieder bedeutsam, aber die »wiedergewonnenen Gebiete« der Kriegsenkel sind geistiger Natur und keine territorialen Besitztümer.

Verlorene Orte neu entdecken

Im polnisch-tschechischen Grenzgebiet befindet sich der großartige Naturpark Góry Stołowe (deutsch Heuscheuergebirge). In den Mittelsudeten gelegenen, erheben sich die aus Sandstein bestehenden Tafelberge bis zu 900 Meter hoch und bilden fantastische Felsformationen, bizarre Schluchten und verzweigte höhlenartige Ganglabyrinthe. 1790 hielt sich Johann Wolfgang von Goethe auf der Großen Heuscheuer auf, dem höchsten

Berg in der Region. Noch heute erinnert eine Tafel an diesen Besuch. In den tiefen Felsrinnen des Plateaus kann man selbst an heißen Augusttagen noch Schnee finden. Das ganze Areal mit seinen tief eingeschnittenen, teils wie von Künstlerhand geformten Felsriesen und Sandsteinskulpturen hat seit jeher die Fantasie der Besucher angeregt, die bizarren Naturerscheinungen tragen Namen wie »Teufelsschlucht«, »Hexenküche« und »Wilde Löcher«.

Die »Wilden Löcher«, eine skurrile, natürliche Felsenstadt, liegen unmittelbar an der Grenze zu Tschechien. Als ich dort vor einigen Jahren mit meiner Tochter wanderte, entdeckte ich unterhalb einer Ausflugsgaststätte, im Straßengraben liegend und von Moos überwuchert, einen alten beschrifteten Stein. In ihn waren die Buchstaben »K G« und »D« eingraviert. Mir war nicht sofort bewusst, was sie bedeuten könnten, bis der Blick auf meine Wanderkarte das Rätsel löste. »K G« ist die Abkürzung für Kreis Glatz, »D« steht für Deutschland. Ich war mit meiner Tochter also an der alten deutsch-tschechischen Grenze unterwegs, was mir dieser Fund erst so richtig bewusst machte. Bis 1945 gehörte die alte Grafschaft Glatz zu Niederschlesien und war ein Teil Deutschlands. Heute liegt der Naturpark Góry Stołowe etwa 150 km östlich vom deutschen Hoheitsgebiet entfernt.

Jahrhunderte hinweg waren die Räume diesseits und jenseits von Oder und Neiße in einem einzigen kulturellen Raum miteinander verbunden. Einen aus heutiger Sicht hochinteressanten beruflichen Werdegang finden wir bei Adalbert Czerny, dem Begründer der modernen Kinderheilkunde. 1863 im österreichischen Galizien geboren, wuchs Czerny in Wien und in Pilsen auf, wo er auch Abitur machte. Er studierte an der Deutschen Universität in Prag Medizin und wurde Professor zunächst an der Universität Breslau und später Ordinarius für Kinderheilkunde an der Universität Straßburg. Seine berufliche Laufbahn beendete er als Lehrstuhlinhaber an der Universität Düsseldorf und kommissarischer Leiter der dortigen Kinderklinik. Czerny starb 1941 in Berlin und wurde in seiner zeitweiligen Heimatstadt Pilsen beigesetzt. Sowohl Breslau als auch Straßburg sind immer noch Universitätsstädte, aber sie liegen nicht mehr in Deutschland.

Was bedeutet es, solche historischen Sachverhalte wahrzunehmen? Wie können wir angemessen über die historische Tiefendimension in der Mitte Europas sprechen? Was bedeutet es vor allem für die Generation derer, die diesen Raum des historischen Deutschland nicht mehr durch eigenes Erleben kennenlernen konnten? Es ist nicht einfach, im Bewusstsein der komplexen Historie für die Überlagerung historischer Räume in der alten und neuen Mitte Europas eine angemessene Sprache zu finden. Keine Sprache zu finden hieße allerdings, die geschichtlichen und kulturellen Tiefendimensionen der Landschaften ostwärts von Oder und Neiße zu ignorieren. Damit aber wäre nur wieder jener Geschichtsverleugnung Vorschub geleistet, die bis zur politischen Wende von 1989/90 sowohl den Umgang vieler Heimatvertriebener mit den früheren Ostgebieten Deutschlands und mit den Fakten der Nachkriegsordnung als auch die offizielle Propaganda von den wiedergewonnenen Gebieten durch die sozialistische Führung Polens kennzeichnete.

Der Historiker Karl Schlögel schrieb in seinem Essay »Unser Atlantis, unser Pompeji«: »Heimatsverlust ist Verlust nicht nur von ›Haus und Hof‹, von Eigentum und vertrauter Umgebung Es handelt sich um mehr. Darüber zu sprechen ist nicht einfach. Denn jenen, die den Verlust erlitten haben, muss man das nicht erklären. Sie wissen es. Und jenen, die nichts verloren haben, die ›dort nichts verloren haben‹, kann man kaum verständlich machen, was sie verloren haben.« (Die Mitte liegt ostwärts,

S. 241) Schlögel fragt weiter: »Was bedeutet der Verlust von Ostpreußen und von Königsberg für die Deutschen? Was bedeutet der Verlust von Lwow oder Pinsk für Polen? ... Was bedeutet das Verschwinden der Deutschbalten für die europäische Kultur, und was bedeutet das Verschwinden der Russlanddeutschen für die russische Kultur? Was bedeutet die Auslöschung der Zentren jüdischen Lebens und jüdischer Kultur für Europa? ... Das Verschwinden Königsbergs als der bedeutendsten Großstadt im deutschen Osten, das Verschwinden eines Zentrums jahrhundertelanger deutscher Kultur, das ist doch etwas. Aber was ist es genau? Das Verschwinden von Breslau aus dem deutschen Horizont, einem der bedeutendsten Zentren des wirtschaftlichen und geistigen Lebens in Deutschland – das ist doch etwas. Aber was ist es genau? Dass Schlesien verloren ist, dass die Städte von anderen bewohnt sind – was ist das eigentlich genau? Der Totalaustausch der Bevölkerung ganzer Provinzen und Landesteile – das ist doch etwas. Aber was ist es eigentlich?« (ebd.)

Vor allem die Westdeutschen hätten sich infolge des Kalten Krieges von der alten Mitte Europas abgewandt, beklagt der Autor. Mallorca sei ihnen näher gerückt als Prag, und Miami vertrauter als Warschau oder Budapest. Die ideologische Teilung des Kontinents, deren Folge die deutsche Teilung über viele Jahrzehnte hinweg gewesen ist, forderte ihren Tribut. In den Schulatlanten dieser Zeit schnurrt Mitteleuropa auf das schmale, gewundene Band der Nachkriegs-Bundesrepublik zusammen. Und Osteuropa beginnt direkt hinter dem Eisernen Vorhang. Die geografische kontinentale Mitte, die über Jahrhunderte hinweg mehr noch eine kulturelle und politische Mitte gewesen war und der die baltischen Staaten ebenso angehörten wie Polen, die Slowakei und Rumänien, verschwand mit atemberaubender Geschwindigkeit aus der Wahrnehmung. Preußen war ein mitteleuropäischer Staat, er lag im Zentrum des Kontinents, nicht an seinem östlichen Rand.

Unter dem Vorzeichen des Kriegsenkel-Themas kehrt diese Mitte in das Bewusstsein der Deutschen zurück. Wer sich mit dem Flucht- und Vertriebenenschicksal der eigenen Eltern auseinandersetzt, kann die Orte ihrer Herkunft dabei nicht außer Acht lassen. Und so ereignet sich heute etwas eigentlich Unerhörtes. Viele frühere Bewohner Ostpreußens, Pommerns, Ostbrandenburgs und Schlesiens nehmen mit Erstaunen wahr, dass ihre Kinder nicht nur nach ihrer alten Heimat fragen. Viele machen sich auf den Weg und besuchen die Orte, die in ihrer Familienchronik nicht in der Rubrik »Zuhause«, sondern unter »Heimat« abgelegt sind.

Dort entdecken sie sowohl in Vergessenheit geratene Orte und Landschaften wieder, aber sie entdecken auch, wie sehr ihre Familien mit der Geschichte dieser Orte und Landschaften verbunden sind, im Guten wie im Bösen. Denn sie haben diese Geschichte mitgeschrieben, oft unterhalb der Wahrnehmung durch die Geschichtsbücher; manchmal fanden sie sogar in diese Eingang. Ihre Kinder und Enkel nehmen das kulturelle Erbe des alten deutschen Ostens als ihr eigenes Erbe wieder an. Als Kriegsenkel begreifen sie, dass sie ebenfalls Teil dieser Geschichte sind, denn über ihre Familienbiografie ist sie ebenfalls Teil ihres eigenen Lebens. Man kann entscheiden, ob man sich diesen Wurzeln stellt oder nicht. Man kann sich aber nicht von ihnen verabschieden. Sie sind einfach da.

Der Historiker Andreas Kossert teilt diese Überlegung, wenn er auf die Frage, wem Ostpreußen »gehöre«, antwortet: »Es gehört natürlich den Menschen, die heute dort leben. Aber das kulturelle Erbe gehört durch die Familiengeschichte genauso auch Millionen Menschen, die in Deutschland und anderswo leben.« (Die Deutschen im Osten Europas, S. 93)

Viele Kriegsenkel engagieren sich heute für den Erhalt des kulturellen Erbes. Manche tun das sehr konkret, indem sie alten Familienbesitz erwerben und ihn wieder restaurieren.

Grenzmeditationen

In der Nähe von Jelenia Góra im Westen Polens befindet sich das Hirschberger Tal vor der großartigen Kulisse der Schneekoppe, der höchsten Erhebung im Riesengebirge. Nirgendwo sonst in Europa stehen mehr Schlösser, Herrensitze und Burganlagen auf engem Raum wie in dieser Gegend, die wegen ihrer architektonischen Schätze und ihres landschaftlichen Reizes auch den Beinamen »schlesisches Elysium« trägt. Das landschaftlich reizvolle Riesengebirgsvorland avancierte im 19. Jahrhundert zum Treffpunkt des europäischen Hochadels. Namhafte Architekten schufen Prachtbauten, die erst seit Ende des Zweiten Weltkriegs in Vergessenheit gerieten und verfielen. Inzwischen wurde die einzigartige Kulturlandschaft von europäischem Rang wiederentdeckt, und mit ihr begann der Wiederaufbau vieler historisch bedeutender Schlossanlagen.

Ein Beispiel dafür ist das alte Schloss Lomnica/Lomnitz. Das 1720 erbaute Barockschloss wurde Anfang der 1990er-Jahre vom Enkel der letzten deutschen Besitzer, der Familie von Küster, wiedererworben und in Eigenleistung und mit Mitteln der Stiftung für deutsch-polnische Zusammenarbeit komplett saniert. Schloss und Wirtschaftsgebäude beherbergen heute ein Hotel, Restaurants, Hofläden und den deutsch-polnischen Verein zur Pflege schlesischer Kunst und Kultur e.V. Schloss Lomnitz ist heute weit über die Grenzen des berühmten Hirschberger Tals bekannt und ein beliebtes Ausflugsziel für polnische und deutsche Besucher geworden.

In den Herkunftsregionen vieler Kriegsenkel-Familien hat die mittlerweile 70-jährige polnische Geschichte die deutschen Fundamente mit einem neuen kulturellen Anstrich versehen. Verschwunden sind sie dadurch nicht, wenn auch verschiedentlich nur schwer identifizierbar. Für die Identität der polnischen Kriegsenkel, also der nach dem Krieg geborenen Kinder der ersten polnischen Siedlergeneration nach dem Verschwinden der früheren deutschen Bewohner, stellt das eine große Herausforderung dar. Viele fragen sich, wie mit den 100-jährigen Hinterlassenschaften eines anderen Volkes umzugehen ist und was dies für ihr eigenes Selbstverständnis bedeuten könnte.

Der polnischen Schriftstellerin Olga Tokarczuk fiel als Kind auf, dass die Grabinschriften auf den Friedhöfen ihrer Umgebung in deutscher Sprache gehalten waren. Da ihr aber im Alltag keine Menschen begegneten, die diese Sprache gebrauchten, folgerte sie: Deutsch sei eben die Sprache der Toten. Die Publizistin Beata Kozak (geb. 1967) analysiert in ihrem Essay »Postdeutsches Stettin« die Situation ihrer Generation, die nach dem Krieg in den »wiedergewonnenen Gebieten«, also Polens neuem Westen, aufwuchs (Zugezogen, S. 109 ff). Das Deutsche war in ihrer Kindheit und Jugend überall präsent und gehörte für sie unhinterfragt zum Alltag. Sie und ihre Altersgenossen besuchten Schulen, in denen bis 1945 deutsche Kinder unterrichtet wurden. In ihren Wohnungen wurden Möbel benutzt, die jenen Menschen gehörten, die nach 1945 vertrieben worden waren. An den Türen der Mietwohnungen waren Klappen befestigt, die die Prägung »Briefe & Zeitungen« trugen.

Die postdeutsche Wirklichkeit, in der sie aufwuchs, charakterisiert sie »als ein kurzes Jetzt, das die Last der Vergangenheit hinter sich herschleppt« (S. 109). Beta Kozak beschreibt ihre Identität und die ihrer Generation als »Postdeutschsein«. Damit bringt sie eine Erfahrung zum Ausdruck, die auch für deutsche Kriegsenkel konstitutiv ist. Man kann den Prägekräften der Geschichte nicht entkommen, sondern muss sich mit ihnen auseinandersetzen, will man die eigene Biografie verstehen.

Im Unterschied zu Kozak, für die die Vergangenheit ein offenes Buch darstellte, auch wenn es in ihrer Kindheit und Jugend noch nicht zu lesen war, hatten es deutsche Kriegsenkel mit einer hermetischen Vergangenheit zu tun. Ihre Quellen für das Verständnis des eigenen Lebens waren die längste Zeit verschüttet. Was sie darüber erfuhren, war oft eine ausgesuchte Beschönigung der wahren Sachverhalte. Die Geschichte, die eigentlich weiter hätte erzählt werden müssen, weil sie die nachfolgenden Generationen ebenso betraf wie die Erlebnisgeneration, verschwand in den 70er- und 80er-Jahren weitgehend aus den öffentlichen und historischen Diskursen.

Und so beantwortet sich die von Karl Schlögel im Jahr 2000 aufgeworfene Frage, was das Verschwinden von Königsberg oder Breslau aus dem deutschen Horizont bedeutet. Die Identitätssuche der Kriegsenkel hat Königsberg und Breslau wieder zurückgeholt. Sie stellt das ostdeutsche Erbe in einen Horizont, der mindestens drei Ebenen hat, die deutsche, die polnische – was Königsberg-Kaliningrad betrifft, eine russische – und insgesamt eine postnational-europäische.

So wie polnische Kriegsenkel die postdeutschen Dimensionen ihrer Heimat als Teil ihrer Identität begreifen lernen, wird für deutsche Kriegsenkel das alte ostdeutsche Erbe wichtig, in dem sie es in seiner geschichtlichen Gestalt innerhalb seiner polnischen Realität heute wahrnehmen. Ihr Bezugspunkt ist die Faktizität dessen, was ist. Dazu gehören die heutige polnische Realität ebenso wie das familiengeschichtliche Erbe mit seinen östlichen Wurzeln, sofern sie vorhanden sind.

Antikomplex

Das Geschichtsverständnis, das der Kriegsenkel-Weg impliziert, sprengt die herkömmlichen Definitionen von Nation und Identität und eröffnet ein vielschichtiges Panorama von Durchdringungsprozessen und Überlagerungen in historischer, kultureller und individuell-menschlicher Hinsicht. Daran knüpfen auch die bereits erwähnte tschechische Initiative mit dem programmatischen Namen »Antikomplex« und ihr Geschichtsprojekt an. Um die Jahrtausendwende schlossen sich junge Intellektuelle, Schriftsteller, Fotografen und Wissenschaftler zusammen, um die Geschichte des Sudetenlandes und seiner deutschen Besiedlung zu erforschen. Dabei entstand zunächst die Ausstellung unter dem Titel »Das verschwundene Sudetenland«, die anhand von Bildern und Postkarten aus der Vorkriegszeit und aktuellem Bildmaterial, das jeweils aus der gleichen fotografischen Perspektive das Panorama der alten Motive noch einmal einfängt, zeigt, was war und was heute in den einst von den 3,4 Millionen Sudetendeutschen bewohnten Gebieten Tschechiens zu sehen ist.

Die Geschichtsschreibung der kommunistischen Zeit blendete deutsche Kultur und Präsenz vollkommen aus. Antikomplex will diese Leerstelle ausfüllen und damit eine vergessene Region im Norden, Süden und Osten Tschechiens in das Bewusstsein der Nation zurückholen. Die Ausstellung »Das verschwundene Sudetenland« wurde 2002 zuerst in Prag gezeigt, 2005 folgte die gemeinsame polnisch-deutsche Ausstellung in Breslau. Sie ist in dem Band »Zmizelé Sudety, Das verschwundene Sudetenland«, der 2006 zweisprachig erschienen ist, dokumentiert worden.

Ziel der Initiative Antikomplex ist eine kritische Reflexion der Vergangenheit. Dazu heißt es auf ihrer Website: »Die Fähigkeit einer möglichst offenen Reflexion der eigenen Geschichte gehört spätestens seit dem Zweiten Weltkrieg zu den Grundfertigkeiten jeder freien Gesellschaft. Es geht darum, dass nicht uralte Traumata aus der Vergangenheit vor uns auftauchen, mit denen jemandem Angst eingejagt werden könnte. Befreiung bedeutet in diesem Fall, alle Fragen zu erkennen, die unsere Vergangenheit offen gelassen hat, und sich ihnen zu stellen.« (www.antikomplex.cz)

Es ist interessant, wie sich die Motive dieser tschechischen Aktivisten und deutscher Kriegsenkel ähneln. Beiden ist daran gelegen, den Traumata einer katastrophalen Geschichtsepoche den Boden zu entziehen, indem sie Licht in das Dunkel dieser düsteren Vergangenheit bringen. Die einen, indem sie eine verdrängte Geschichtsepoche ihres Landes aufklären, die anderen, indem sie verdrängte Erfahrungen ihrer Familiengeschichte untersuchen und aufklären. Beide sind im besten Sinne des Wortes aufklärerisch, und sie treffen sich in der Bewertung der konkreten historischen Erfahrung.

Im Vorwort zu: »Zmizelé Sudety« heißt es: »Sicher, es verschwanden konkrete Menschen, mit denen wir einen schwierigen Dialog über die Vergangenheit führen und noch führen werden, so wie sie ihn auch mit uns führen. Es verschwanden aber vor allem die Früchte der Arbeit ganzer Generationen, aufbewahrt in einer unpolitischen Landschaft als dem einst sicheren Ort.«

Und weiter lesen wir: »Was dort in den ersten Nachkriegsjahren geschah, hinterließ in der Kulturlandschaft, also auch in den menschlichen Siedlungen, eine solche Spur, die nicht einmal ehrliche und fleißige Arbeit hätte verwischen können. Es blieben also viele Fragen. Weniger Wege, die zum Ziel führen. Weniger Steine, deren Anhäufung einen Sinn ergibt. Weniger Birnbäume, die Früchte tragen. Und weniger Siedlungen, in de-

nen Menschen leben. Und umso mehr Fragen. Diese Fragen –
sie sind das heutige Sudetenland.«

Die deutsche Erfahrung im Osten lässt sich nicht auf die Hitlerzeit reduzieren. Sie ist größer, umfangreicher und für die Geschichte Deutschlands und der Deutschen fundamentaler und
grundlegender, als dies der wahrnehmungsreduzierte Vorwen-
deblick westdeutscher Provenienz behauptet, der immer noch
die Haltung vieler Zeitgenossen zu unserem östlichen Erbe
kennzeichnet. Diese Geschichte ist kein Randphänomen, sondern ein Hauptereignis der deutschen Geschichte überhaupt,
wie Karl Schlögel konstatiert (Grenzland Europa, S. 303).

Wer nach den Erfahrungen und Erlebnissen seiner Eltern im
Nationalsozialismus und im Krieg fragt, der kommt nicht an
den Orten vorbei, an denen sie sich zugetragen haben. Er wird
sich mit »Heimat« auseinandersetzen müssen, jenem schweren
melancholischen deutschen Gefühl, das auch enthalten ist,
wenn man sich mit dem Kriegsenkel-Thema befasst, und einfach nicht weichen will. Und er sieht sich mit dem Verlust dieser
Heimat durch seine Familienangehörigen konfrontiert und wird
sich auch damit auseinandersetzen müssen. Auf den Theologen
Christian-Erdmann Schott, Wortführer der evangelischen Schlesier, geht der Satz zurück: »Heimatgefühl lässt sich nicht verer-
ben.« Kriegsenkel, die einen Vertriebenenhintergrund besitzen,
müssen allerdings hinzufügen: »Heimatsverlust schon!«

Und so kehren mit den Fragen der Kriegsenkel nach dem
Schicksal ihrer Familie noch andere Fragen auf die Tagesordnung zurück, die wir aus den Augen verloren haben. Noch einmal Karl Schlögel: »Der Osten, das östliche Deutschland, der
deutsche Osten – das ist durch die Kriegs- und Vertreibungser-
eignisse traumatisiertes Gelände geworden«(Grenzland Europa,
S. 297). Darüber zu sprechen hieß in den Nachkriegsjahren und

im Kalten Krieg, vermintes Gelände zu betreten. In der gesellschaftspolitischen Aufbruchssituation der 1970er-Jahre umging man dieses Areal weitläufig, nachdem es zuvor immerhin noch zahlreiche fruchtlose Grabenkriege zwischen den Vertriebenenvertretern einerseits und einer gesellschaftlichen Mehrheit andererseits gegeben hatte, die von alledem nichts hören wollte.

Die sozialliberale Ära schlug eine andere Richtung ein und bahnte in neuen gesellschaftlichen Diskursen – Gleichberechtigung, Chancengleichheit, neue Ostpolitik, Versöhnung statt Revisionismus usw. – ein neues Bewusstsein für die konstitutiven Elemente deutscher Geschichte an, in welchem deren östliche Fundamente nicht mehr vorkamen.

Jetzt werden die Fragen nach den östlichen Wurzeln auf einmal in einem ganz persönlichen, biografischen Sinn konkret: Wo und wie, unter welchen Umständen haben die Eltern gelebt? Welche prägenden Kräfte bestimmten ihr Leben, wie standen sie zu den politischen Verhältnissen ihrer Zeit, wie kam es zum Bruch, zu Flucht bzw. Vertreibung aus der Heimat? All diese Fragen werden auf einmal wichtig, sobald die inneren Beziehungen zwischen den Generationen in den Blick treten. Ihnen auszuweichen ist nicht mehr möglich, wenn die Erfahrungen vor 1945 transgenerational bedeutsam werden.

Mit diesen Fragen und der punktuellen Heimat der eigenen Vorfahren rücken die größeren Landschaften und historischen Bezüge ins Blickfeld, in die das individuelle Leben der Eltern und Großeltern eingebettet war. Auf einmal ist alles wieder da: Königsberg, Goldap, Tilsit und Allenstein, Stolpe, Stargard und Stettin, Schwiebus, Sorau, Sagan Glogau, Löwenberg, Hirschberg, Liegnitz, Striegau, Schweidnitz, Breslau usw. Es ist diese Erkenntnis, die die Kinder und Kindeskinder der Betroffenengeneration tief erschüttert und berührt, dass sie selbst der Geschichte angehören, die sich an diesen Orten zugetragen hat, dass sie von dieser Geschichte geprägt wurden und dass es unmöglich ist, sich selbst in Gänze zu verstehen, wenn man diese Geschichte und die eigenen Wurzeln in ihr nicht wahrnehmen will.

Die Historie des deutschen Ostens, der inzwischen selbst Geschichte geworden ist, als generelles »Hauptereignis der deutschen Geschichte« wieder in den Blick zu nehmen, das ist natürlich kein Verdienst von Kriegsenkeln allein, dies nicht einmal in erster Linie. Die Vertriebenen selbst und die Wissenschaft haben schon früh begonnen, Wege in die alte Mitte Europas zurückzubahnen. Viele Kriegsenkel beschreiten mit ihrer familiengeografischen Suche diese Wege weiter. Und sie verleihen ihnen einen europäischen Akzent.

Wir Deutsche hatten uns lange von allem abgewandt, das östlich von Oder und Neiße liegt, und hielten dies für eine Befreiung – eine Befreiung von der Schuld des Nationalsozialismus, aber auch eine unbewusste Befreiung von der Trauer um Landschaften, Städte und Dörfer, die für immer verloren gegangen waren. Allerdings schuf das zeitweilige Ausblenden dieser Geschichtsorte auch den Raum dafür, die polnischen und tschechischen Realitäten anzuerkennen und zu einer Normalisierung der Beziehungen auf der Grundlage der Nachkriegsordnung beizutragen.

Kriegsenkel haben wiederentdeckt, dass das große Vergessen gleichzeitig mit einem Verlust einherging. Wer nach Wrocław reist, findet Breslau. Und mit dieser Stadt entdeckt er ein Zentrum des Humanismus und der deutschen Barockdichtung, die Wirkungsstätte von Gerhart Hauptmann und Hoffmann von Fallersleben und den Geburtsort des Rundfunks in Deutschland. Das Stadtmuseum ist im früheren preußischen Stadtschloss untergebracht, es präsentiert 800 Jahre deutscher Geschichte in einer Sammlung beeindruckender Exponate. So können

Besucher den originalen Schreibtisch Friedrich Wilhelms IV. bewundern, auf dem sich die Gründungsurkunde und ein Exponat des Eisernen Kreuzes befindet, jenes legendären preußischen Ordens, der in den Freiheitskriegen an ebenjener Stelle in ebenjener Stadt von diesem Herrscher gestiftet worden war.

Im Stadtmuseum sind aber auch die Darstellung der nunmehr gut 70-jährigen polnischen Geschichte dieser Stadt und die Höhepunkte ihrer Entwicklung zu besichtigen. In Wroław bildete sich in den 80er-Jahren eines der Zentren der Solidarność-Bewegung gegen die kommunistische Militärdiktatur. Und so entdeckt, wer nach Breslau reist, die äußerst lebendige und dynamische polnische Stadt Wrocław, die sich ihrer jahrhundertelangen deutschen Vergangenheit stolz und buchstäblich an jeder Ecke erinnert.

Durch die Gegenwart hindurch die Geschichte erkennen und vor dieser Geschichte die Gegenwart würdigen – das ist ein großes, ein europäisches Geschenk des Kriegsenkel-Weges. Wenn das Tabu der Verdrängung durchbrochen wird, kehren diese Orte in das kollektive Gedächtnis zurück, aber sie kehren zurück als das, was sie heute sind, und nicht nur als das, was sie einmal gewesen waren.

ABSCHIED VON DER ANGST

Wir sind Flüchtlingskinder, und ich bin ein Flüchtlingskind.
Flüchtlingskinder flüchten, wo immer sie sind.
Wir haben die Russen im Rücken,
Wo immer wir sind.

Rainald Grebe

Am 9. November 2016 wurde der Milliardär Donald Trump zum 45. Präsidenten der USA gewählt. Sein rüpelhafter Wahlkampf, der in einer Verächtlichmachung von Minderheiten, in unverhohlenem Rassismus und Sexismus gipfelte und der den Status quo der Politik in Europa und der Welt infrage stellte, löste umgehend massive Ängste in Deutschland aus: Was kommt da auf uns zu, wenn der Putin-Versteher Trump mit dem Atomkoffer in der Hand die wirtschaftlich und militärisch stärkste Nation der Welt anführt?

Konsequenterweise beschrieb die Wochenzeitung *Die Zeit* am Tag nach der Wahl die atomare Macht des neuen Präsidenten unter dem Titel »Countdown für die Hölle«. Der Spiegel assistierte mit dem Titelblatt »Das Ende der Welt« und setzte die Unterzeile dazu in Klammern: »Wie wir sie kennen«. Das

Cover zeigte ein stilisiertes Trump-Konterfei, das mit geöffnetem Rachen wie ein riesiger Meteorit auf eine klein und zerbrechlich wirkende Welt zurast.

Die Wahl des neuen US-Präsidenten markiert den (vorläufigen) Höhepunkt einer weiteren deutschen Angst-Hysterie, die schon seit geraumer Zeit mit anschwellender Intensität in den Medien und den sogenannten sozialen Netzwerken grassiert. Die Zeiten sind natürlich auch so, dass diese Hysterie mit reichlich Brennstoff gefüttert wird. Als Angela Merkel gemeinsam mit dem französischen Präsidenten François Hollande in die weißrussische Hauptstadt Minsk aufbrach, um mit Russland über einen Frieden in der umkämpften Ost-Ukraine zu verhandeln, orakelte Hollande, es gelte, einen, wie er wörtlich sagte, »totalen Krieg« in Europa abzuwenden. Und eine Rundfunk-Moderatorin fragte ihren Gesprächspartner allen Ernstes, ob der russische Präsident Putin nach der Stationierung einiger Hundert NATO-Soldaten im östlichen Bündnisgebiet nun den »nuklearen Weltenbrand entfachen« werde: »Und wieder stehen die Russen vor Berlin, nur heute mit den Iskander-Raketen aus Kaliningrad« – so lässt sich die Stimmung zusammenfassen, die erneut durch dieses Land schwappt.

Wir sind wieder einmal tief, sehr tief eingetaucht in die wohlvertraute »German-Angst«.

Nun ist die Tatsache, dass die alte Schutzmacht des Westens, seiner Werte und seiner Freiheit, von einem offenkundig unberechenbaren Egomanen beherrscht wird, in der Tat beängstigend, genauso wie das Säbelrasseln des »Scheinriesen Russland« *(Süddeutsche Zeitung)* an der Ostgrenze von EU und NATO, die Zerstörung der Demokratie in der Türkei und die anhaltende Flüchtlingsbewegung aus dem Nahen Osten und Afrika. Aber drohen tatsächlich ein »totaler Krieg« und ein »nuklearer Weltenbrand«?

Es wäre angesichts der heutigen Weltlage naiv zu behaupten, dass diese Gefahren nicht existierten. Woher aber kommt die Massivität solcher Befürchtungen, warum steigt die Verunsicherung der Deutschen wieder einmal in astronomische Höhen, wenn sich die politische Großwetterlage ändert? Die enorme Dramatik und die düstersten Farben, mit denen das Bild einer näheren Zukunft gezeichnet wird, das uns die Medien Tag für Tag, Stunde für Stunde ins Haus liefern, korrespondieren doch nur verhältnismäßig eingeschränkt mit realen Ereignissen und Fakten.

Ja, die russischen Streitkräfte üben regelmäßig den Angriffskrieg an der Grenze zum Baltikum, und die dänische Ostseeinsel Bornholm ist zum Ziel atomarer Übungsangriffe von Putins Luftwaffe geworden. Die Indizien für eine politische Beeinflussung westlicher Demokratien durch gezielte russische Cyber-Attacken sind genauso wenig von der Hand zu weisen wie das Interesse Putins an einer Zerstörung von EU und NATO. Diese Fakten sind unerfreulich, auch bedrohlich, aber sie bedürfen einer eingehenden politischen und militärischen Bewertung, die einer bedachten und rationalen Antwort vorausgehen muss. Stattdessen lösen sie in der deutschen Öffentlichkeit hysterische Epidemien aus. Warum?

Angst und Beunruhigung lösen die aktuellen weltpolitischen Entwicklungen auch in anderen Ländern aus, und sie führen nicht nur bei uns in Deutschland zur Flucht vieler Menschen aus der als bedrohlich empfundenen Komplexität der Wirklichkeit in die scheinbare Sicherheit hinter nationalen Mauern. Aber, wie schon der alte Begriff der »German-Angst« zeigt, hat die Angst in unserer Gesellschaft noch eine andere Konnotation.

Die Urkatastrophe der nationalsozialistischen Barbarei und des vollständigen Zusammenbruchs Deutschlands mit all seinen schrecklichen Folgen für Millionen von Menschen rumort noch immer in den Sedimenten unseres kollektiven Unbewussten. Es ist die Angst vor der vollkommenen und endgültigen Vernichtung, dem nicht mehr abwendbaren Untergang und dem finalen Ausgelöschtwerden durch lebensbedrohliche Mächte. Es ist die Angst derer, die in ihren kleinen Widerstandszellen gegen Hitler arbeiteten und von denen zu viele enttarnt und zum Tode verurteilt wurden, und derer, die in den Konzentrationslagern hungerten und starben. Es ist die Angst der Soldaten vor dem überlegenen Feind, die Angst der Zivilisten vor den gegnerischen Soldaten einer immer näher an die Heimat heranrückenden Front, der Flüchtlinge aus dem Osten und der Kinder in den Schutzräumen, deren Wände unter dem Bombenhagel über den Städten bedrohlich wackelten.

Die sogenannte Stunde null hat diese Angst in die abgelegensten Winkel der Seele verbannt und dort lediglich versteckt. Werden die Umstände wieder bedrohlich, kommt sie aus ihrem Versteck hervor. Für unser Land ließe sich eine regelrechte »Nachkriegsgeschichte der Angst« schreiben. Sie würde von der Endzeitangst im Kalten Krieg der 1950er-Jahre über das Waldsterben in den 1980ern und die Erwartung einer drohenden Öko-Katastrophe in den 1990er-Jahren bis zum »Ende der Welt, wie wir sie kannten« reichen, das nun schon wieder einmal bevorzustehen scheint.

Es sind die Kriegsenkel, die Einspruch gegen dieses Eigenleben der Angst erheben. Natürlich sind sie nicht per se von Angst und Verunsicherung frei, nur weil sie sich entschlossen haben, dem Schrecken nachzuspüren, der im Untergrund der eigenen Familienbiografie haust. Kriegsenkel sind in diesem Sinne Seismografen für das Unerinnerte, Detektoren für die unverarbeiteten Überreste einer unseligen Geschichte. Und in dem Maße, in dem sie den Traumaschatten ihrer geerbten Geschichte verarbeiten, werden sie fähig zu differenzieren.

Die Angst hat einen Grund, aber er liegt nicht in der Gegenwart, sondern in einer unbewältigten Vergangenheit. Wenn die Lage erneut bedrohlich zu werden scheint, tritt die alte Schimäre ans Licht und treibt die Menschen in die Verzweiflung. Aber: Sie stammt aus einer anderen Zeit. Macht über uns gewinnen kann sie nur so lange, wie sie nicht verstanden wird. Angst lähmt und macht handlungsunfähig. Wenn sie in Hysterie umschlägt, wird sie gefährlich und verleitet schnell zu irrationalem Handeln.

Aus dem Traumaschatten herauszutreten bedeutet sich aus der Einflusszone von Angst und Hysterie herauszubewegen. Frei zu werden vom transgenerationalen Trauma-Erbe heißt, die Ursachen der Angst klar benennen zu können: Sie ist ein Abbild der Bedrohung, unter der die Kriegskinder-Eltern so wie alle Deutschen jener Zeit zu leben hatten. Sie ist kein Reflex auf konkrete Erfahrungen: Die USA haben sich nicht gegen Deutschland gestellt, und Putin hat den Dritten Weltkrieg nicht begonnen. Die Welt, wie wir sie kennen, sie existiert noch.

Den Kriegsenkel-Weg gegangen zu sein bedeutet, fähig zu sein, die Dinge realistisch und sachgerecht betrachten und bewerten zu können – auf der Grundlage von Faktenwissen und Tatsachen, nicht durch den Nebel von Ängsten hindurch, die durch bedrohliche Umstände einer anderen Zeit hervorgerufen worden sind.

Differenzieren können heißt auch, Abschied von der dem aktuellen Bedrohungsgefühl innewohnenden Kriegslogik zu nehmen. Vor einiger Zeit äußerte eine Musikerin aus der Schweiz, die das Rahmenprogramm eines meiner Workshops gestaltet hatte, sie könne dieses »ewige Thema Krieg« nicht mehr hören, das wir Deutschen ihrer Meinung nach so obsessiv im Munde führten. Ihr sei Krieg völlig fremd. Sie hatte ja recht, und ich beneidete sie sehr um das Glück, so empfinden zu dürfen. Das sagte ich ihr auch. Sie stammt aus einem Land, dem seit Jahrhunderten Kriege fremd sind. Wir übrigen Europäer beginnen dagegen gerade erst, uns in dieses »Fremdwerden des Krieges« einzuüben.

Ein Weg, das zu tun, ist die Verarbeitung und Bewältigung der destruktiven Kräfte, die heute immer noch aus unserer dunklen Vergangenheit in unser Leben hineinragen.

Die Bertelsmann-Stiftung veröffentlichte im Frühjahr 2015 eine Umfrage, der zufolge 81 Prozent der Deutschen ein Ende der Holocaust-Debatte befürworteten. Solche Umfragewerte erschrecken. Dagegen steht jedoch die tief greifende Einsicht einer wachsenden Zahl von Menschen in Deutschland, dass sie existenziell mit der Geschichte unseres Landes verwoben sind und sich nicht einfach nach Belieben aus ihr verabschieden können. Dieses Eingebundensein in die unteilbare, ganze Geschichte entlarvt jede Vorstellung, es könnte jemals ein Schlussstrich unter die Aufarbeitung der NS-Zeit und ihrer Folgen gezogen werden, als pegidahafte Absurdität.

Der Nationalsozialismus fußte in der Abgabe der Verantwortung für Leben und Land an den Führer. Die Kehrseite dieser Delegation der eigenen Zuständigkeit waren Machtverlust und Passivität sowie die Unfähigkeit, sich der Lawine des Todes entgegenzustemmen. Kriegsenkel haben die Destruktivität der NS-Ideologie und was sie auslöste, durch die transgenerationalen Prozesse an Leib und Seele selbst erfahren. Ihr Weg ist ein Weg der Rückgewinnung eigener Souveränität, eigener Handlungskompetenz und eigener Verantwortung. Diese Verantwortung gilt zugleich der deutschen Geschichte, ohne deren Verlauf auch sie nicht die geworden wären, die sie sind.

GANZ MENSCH SEIN

Passing through, passing through
Sometimes happy, sometimes blue
Glad that I ran into you
Tell the people that you saw me passing trough

Leonard Cohen

»Es war einmal eine arme Frau, die gebar ein Söhnlein, und weil es eine Glückshaut umhatte, als es zur Welt kam, so ward ihm geweissagt, es werde im vierzehnten Jahr die Tochter des Königs zur Frau haben.«

Mit diesen Worten beginnt das Märchen »Der Teufel mit den drei goldenen Haaren« aus der Sammlung der Gebrüder Grimm. Ein klassisches Märchen, dessen Erzählung alle Zutaten aufweist, die es zu einer wirklich märchenhaften Geschichte machen. Da ist einmal die fantastische Glückshaut, die das Kind umgibt, und schon in der Krippe wird ihm die Königstochter und damit Ansehen, Ruhm und Macht versprochen. Auch ein böser König kommt darin vor, es handelt sich um den Vater der Königstochter aus der Weissagung, und er stellt dem Knaben mit dem Ziel nach, ihn zu töten. Der muss sich auf eine Reise begeben, auf der ihm allerlei Probleme begegnen. Schließlich gelangt er in die Hölle, kann dem Teufel mithilfe von dessen Großmutter drei goldene Haare entwenden und erfüllt damit die Forderung des bösen Königs, der ihn buchstäblich zur Hölle schickte und hoffte, ihn auf diese Weise endgültig als Schwiegersohn loszuwerden. Der böse König wird natürlich zum Schluss für seine Bosheit bestraft und gebannt.

Märchen sind mehr als nur unterhaltsame Geschichten, die des Abends den Kindern vor dem Einschlafen vorgelesen werden (bei nicht wenigen ist dies wegen mancher Grausamkeiten inzwischen umstritten). Ihr Reichtum an archetypischen Bildern und ihre metaphorische Sprache treten mit dem Rezipienten in einen Dialog, sie sprechen seine eigene innere Wirklichkeit an und bieten einen Deutungsrahmen für Erfahrungen, die der Hörer/Leser gemacht hat.

Das gilt auch für die Kriegsenkel-Erfahrung. Das Märchen vom Teufel mit den drei goldenen Haaren bietet eine Fülle von Ansatzpunkten, die geeignet sein können, das Verständnis für die inneren Zusammenhänge und die Bedeutung dieses besonderen Themas zu vertiefen; und es hält die eine oder andere Erkenntnis für Kriegsenkel bereit, die sich auf ihrem Weg zu ihrer Wahrheit befinden.

Das zentrale Motiv dieses Märchens ist der Weg, genauer gesagt der Lebensweg des Knaben mit der »Glückshaut«. Von den leiblichen Eltern aus Armutsgründen weggegeben, von einem mächtigen Gegner, dem bösen König, bedroht, durchreist er die Stationen seines Lebens bis zur Hochzeit mit der Königstochter im Alter von 14 Jahren. Diese Hochzeit war ihm ja an der Wiege prophezeit worden, aber sie markiert keinesfalls die Endstation seines Weges. Im Gegenteil: Sein Gegner zwingt ihn zu einer weiteren Fahrt, einer regelrechten Mutprobe, um dem Teufel drei goldene Haare zu entreißen.

Auch die Altersangabe »vierzehn« ist in unserem Zusammenhang aussagekräftig, kennzeichnet sie doch den Übergang von der Kindheit ins Erwachsenenalter, der traditionellerweise mit einem Übergangsritus begangen wird. In vielen traditionellen Kulturen ist dieser Übergang auch heute noch mit einer Mutprobe verbunden, etwa einer Zeit der Einsamkeit in der Wildnis, an deren Ende man geläutert und gereift in die Gemeinschaft zurückkehrt. Manchmal führt der Ritus des Übergangs in eine dunkle Höhle, den Mutterschoß, aus dem man nach einer gewissen Zeitspanne als erwachsener Mensch neu geboren wird.

Unterwegs begegnen unserem Helden drei Lebenshemmnisse, und er verspricht, die Ursachen zu ergründen: Zuerst gelangt er an einen Brunnen, der Wein gab und nun versiegt ist. Dann kommt er zu einem Baum, der goldene Äpfel trug, aber unfruchtbar geworden ist, und schließlich zu einem Fährmann, dem auferlegt ist, den Fluss immer und immer wieder zu überqueren. Er trifft also auf das Versiegen der Lebendigkeit, dann auf Unfruchtbarkeit und schließlich auf die Stagnation, die Gefangenschaft im Übergang.

Auch die Hölle im Märchen lässt sich als läuternder Ort an der Schwelle einer neuen, gereiften Existenz verstehen. Er hat sich in die Hölle gewagt, mithin also großer Gefahr ausgesetzt, und kehrt siegreich und beschenkt daraus zurück. Unser Held verlässt sie mit dem gewonnenen Schatz, den drei goldenen Haaren des Teufels. Gold als Farbe steht für Erleuchtung und göttliche Einsicht, also für ein neu gewonnenes Wissen, das vorher nicht vorhanden war und eine neue Deutung, ein neues, vertieftes Verständnis der Wirklichkeit mit sich trägt. Folglich wird dem Helden des Märchens das Wissen darüber zuteil, wie die drei Lebenshemmnisse geheilt werden können, denen er auf seinem Weg begegnet ist: Der Brunnen ist durch eine Kröte vergiftet, die auf seinem Grund sitzt, sie muss getötet werden. An den Wurzeln des Apfelbaums nagt eine Maus, die ebenfalls getötet werden muss, und der Fährmann braucht nur seinen Stab an einen anderen zu übergeben und ist augenblicklich frei.

Die Kontaminierung der Lebenskraft, »angenagte«, beschädigte Wurzeln und das Gefangensein im nicht enden wollenden Übergang – dies sind auch drei entscheidende Facetten des transgenerationalen Erbes unter dem Traumaschatten.

Das Märchen endet, indem der böse König und damit eine Gefahr für Leib und Leben neutralisiert wird: Der Held des Märchens wird mit Gold beschenkt, weil er Brunnen und Apfelbaum heilen konnte. Von Gier nach Gold getrieben, macht sich der König ebenfalls auf die Reise und trifft den Fährmann. Dieser drückt ihm den Stab in die Hand und wird augenblicklich frei, der König ist von nun an gefangen. Der König wird Fährmann – die Gefahr ist für den Knaben mit der Glückshaut damit gebannt.

Das Märchen schildert einen archetypischen Weg hin zu sich selbst. Es zeigt eine Reise, die zu Heilung und Ganzheit führt. Der Mensch, der sie antritt, ist dabei von Anfang an mit einer »Glückshaut« ausgestattet, das heißt, ihm ist von vornherein zugesagt, dass sein (Lebens-)Weg zu einem guten Ende führt. Heil und ganz zu sein, das ist sein Geburtsrecht.

Am Anfang seines Lebensweges steht das Weggegebenwerden durch die Eltern. Es symbolisiert die Durchtrennung der Ahnenreihe und bürdet dem eigentlichen »Glückskind« die Last des Abschieds von seiner Herkunftsfamilie, von Heimat, Geborgenheit und Glück auf. Sein Lebensweg von nun an, die Gefährdungen, die er auf diesem Weg zu überstehen hat, schließlich der Abstieg in die tiefsten Tiefen der Hölle und die letztendliche

Rückkehr dienen dazu, den Ursprungszustand der Verbundenheit wiederherzustellen. Allerdings geschieht dies auf einer anderen, höheren Ebene. Er kehrt nicht in sein ursprüngliches Elternhaus zurück, sondern gründet eine eigene, neue Familie, indem er die Königstochter heiratet.

Nach langer und mühevoller Reise kommt er schließlich im eigenen Leben an und wird mit Glück, Reichtum und Zukunft reich beschenkt; beides findet in der Figur der Königstochter märchenhaft Versinnbildlichung. Ohne die Prüfungen, die ihm auf seinem Weg begegneten, und ohne den Abstieg in die Dunkelheit und Gefahr der Hölle wäre ihm dies alles nicht zuteilgeworden; auch dies ist eine Lehre, die das Märchen bereithält.

Am Ende ist der Held im Märchen ganz Mensch geworden, er hat Licht und Schatten in sich vereint und den Bruch, die Trennung, die Last, die er mit ins Leben gebracht hatte, in die eigene Zukunft hineintransformiert. Am Ende ist er ganz er selbst geworden.

Das Märchen »Der Teufel mit den drei goldenen Haaren« verdeutlicht somit noch einmal, was es mit der Kriegsenkel-Erfahrung und dem Weg, den Kriegsenkel gehen, auf sich hat. Es zeigt, worin der Auftrag besteht und was sein Ziel ist.

Wer diesen Weg, die Heldenreise der Kriegsenkel, gegangen ist, hat die Dämonen einer unseligen Vergangenheit besiegt und Herausforderungen gemeistert, die andere Menschen zurückschrecken lassen. Er hat erfahren, dass die Angst vor der Hölle größer sein kann als die Hölle selbst, die im Märchen mit ironischem Unterton wie eine warme und behagliche Hobbithöhle geschildert wird, in der eine fürsorgliche Großmutter auf den Teufel wartet. Die dunklen Kräfte aus einem anderen Leben haben keine wirkliche Macht. Wer dies erkannt hat, der hat seinen Weg mit Erfolg beschritten und ist frei geworden.

Nach langer Reise nehmen Kriegsenkel an deren Ende den Platz ein, den das Leben für sie vorgesehen hat. Ihre Gefangenschaft unter dem Traumaschatten ist beendet. Sie haben das Erbe von Gewalt und Zerstörung, das über die Generationsgrenzen hinweg auch in ihrem unschuldigen Leben wirksam geworden ist, erkannt und abgetragen. Damit haben sie ihr eigenes Opfersein überwunden, das ihnen der Schatten einer unseligen Vergangenheit aufgebürdet hat. Sie sind aus der mit dem Erbe verbundenen Stagnation herausgetreten und nun frei, ihr Leben selbstbestimmt in die eigenen Hände zu nehmen.

Sie sind durch die jahrelange Nacht ihres transgenerationalen Erbes hindurchgegangen, um am Ende bei sich selbst anzukommen – frei. Sie haben auf ihrem Weg die eigene Wahrheit gefunden, zu der auch weitergegebene Lasten gehören. Aber diese Lasten binden sie nun nicht mehr, sie haben ihre Macht über das eigene Leben verloren, ihre Wirkung ist erloschen.

Rainald Grebe singt: »Ich bin auf der Flucht – Wir sind Flüchtlingskinder. Flüchtlingskinder flüchten, wo immer sie sind – Wir haben die Russen im Rücken – wo immer wir sind.« So lautete der Status quo ante. Nie mehr flüchten müssen, weil man bei sich angekommen ist, das ist der neue Status quo. Am Ende des Weges ist das Erbe zur Ruhe gekommen. Die Kriegsenkel-Urerfahrung, immer weiter zu müssen, woanders hingehen, umziehen, nicht dort sein und bleiben zu können, wo man gerade ist, sie hat aufgehört.

Wer endlich bei sich selbst angekommen ist, der ist nicht länger Kind unter dem Traumaschatten und ein Enkel des Krieges, sondern ganz Frau, ganz Mann sui generis. Die Bürde einer bösen Vergangenheit, die unbewussten Wirkkräfte, die den Menschen geängstigt und gefesselt haben, ohne die Ursachen dafür zu kennen – sie hat sich gelöst.

Das Ziel

Das Ziel der Reise liegt in der Entdeckung des eigenen Lebensortes. Damit ist jenes integrale Dasein gemeint, das das eigene Leben so, wie es ist, mit seiner einzigartigen Geschichte, seinen Leistungen, aber auch seinen Beschädigungen mit dem Ganzen des Seins, der universellen Existenz bzw. mit dem Kosmos, wie Ken Wilber die Gesamtheit aller Seinswirklichkeiten nennt, verbindet und damit Heilung und Sinn stiftet.

Nebeljahre und Traumaschatten haben auf bedrohliche Art und Weise die Wahrheit der eigenen Existenz im Verborgenen gehalten, mit oft gravierenden Folgen für den eigenen Lebensweg. Deshalb musste der Weg notwendigerweise durch das Verborgene, Dunkle, auch das Böse hindurchführen, um zur Erkenntnis des eigenen Lebensortes zu gelangen und damit endlich das Nicht-beheimatet-Sein beenden zu können, das Kriegsenkel über Jahre hinweg schmerzlich erfahren mussten.

Nach dem Vorbild des antiken Mythos steht auch am Ende des Kriegsenkel-Weges ein Mensch, der ganz in seiner Wirklichkeit angekommen ist. Das, was sein Leben ausmacht, enthält auch weiterhin Licht und Schatten. Im Unterschied zur Aufbruchssituation aber ist er sich des Schattens bewusst geworden. In dem Maße, in dem er ihn als Teil seiner Selbst annehmen kann, weil er zur Geschichte seiner Vorfahren und seines Landes gehört, wird er sich auch des Lichtes stärker bewusst, das diesen Schatten umgibt, durchdringt und zuletzt auflöst.

Darin liegt der Sinn und das letzte Ziel der Kriegsenkel-Erfahrung: die eigene Lebenssituation annehmen, wie sie ist, und mit dem Instrument der transgenerationalen Erkenntnis gleichsam reparieren, um als ein geläuterter, gereifter und vollständiger Mensch aus diesem Prozess zurückzukehren, ausgestattet mit der Kraft zur Veränderung und zur Heilung.

Der Sinn

Das Wort »Kriegsenkel« ist kein Identitätsbegriff, auch wenn sich viele Menschen so nennen und inzwischen »Kriegsenkel« als Selbstbezeichnung verwenden. Das, was eigentlich gemeint ist, bezieht sich auf einen inneren Erkenntnis- und Reifeprozess. Insofern steht »Kriegsenkel« für eine lebensgeschichtliche Phase, innerhalb derer dieser Erkenntnisprozess abläuft. Diese Phase hat einen klar erkennbaren Beginn und ein klar zu benennendes Ende.

Der Beginn dieser Phase gleicht dem Aufbruch des mythologischen Helden zu seiner Initiationsreise, nachdem eine unklare oder unbefriedigende Situation als solche wahrgenommen wurde und das Bedürfnis nach Klärung und Antwort ausgelöst hat. Endpunkt der Fahrt ist die erlösende Erkenntnis, das Auffinden der kostbaren Perle, des lebensspendenden Elixiers oder des Schatzes, der den Helden beschenkt und reich an Weisheit und Wissen nach Hause zurückkehren lässt.

Auf Kriegsenkel bezogen bedeutet dies: Wer die prägenden Kräfte seiner Biografie in den transgenerationalen Prozessen ausfindig gemacht hat, die der eigenen Familiengeschichte und -dynamik innewohnen, und zwar jene Prägekräfte, die nicht aus der eigenen Lebensgeschichte ableitbar sind, hat das Ende seines Kriegsenkel-Weges erreicht. Er hat die Antworten auf jene Fragen gefunden, die am Anfang seines Weges standen, und Klarheit in die bisher dunklen Abschnitte des eigenen Lebens gebracht.

Das Leben wird damit kein anderes, das Erbe der Eltern bleibt Teil der eigenen Geschichte. Doch mit seiner Bewusstwerdung verliert es einen großen Teil seiner Kraft und seinen Einfluss. Die Nebel haben sich gelichtet, der Traumaschatten ist verflogen. Das Erbe wird Teil des eigenen Lebens bleiben, und auch sein Verlauf bleibt, was er war, mit allen Konsequenzen in beruflicher und persönlicher Hinsicht, die damit verbunden sind. Aber nun gibt es keine dunklen Flecken mehr, keine Terra incognita, die durchmessen werden müsste, keine »Verbotene Zone« mit ihrem unheilvollen Einfluss.

Mutig, entschlossen und voller Kraft sind die Kriegsenkel ihren Weg gegangen und haben sich entgegen aller familiären und gesellschaftlichen Tabus der dunklen Vergangenheit ihrer Familie und damit im Grunde auch ihres Landes gestellt. Dieser Mut, diese Entschlossenheit und diese Kraft sind der eigentliche Gewinn ihrer Heldenreise, der bleibt. Die Verbundenheit mit den Opfern, den Opfer-Eltern und Opfer-Großeltern, die für die Kriegsenkel-Erfahrung konstitutiv ist, löst sich nicht auf, wird jedoch stark zurückgenommen und verliert ihre Bedeutung für die eigene Identität.

Mit der Philosophin Susan Neiman können wir formulieren, dass am Ende nicht mehr entscheidend und damit biografisch prägend ist, wie man von der Welt behandelt wird, sondern in den Fokus gerät, wie man in der Welt handelt. Auf diese Weise werden die Post-Kriegsenkel ihrer Verantwortung gerecht, und zwar sowohl gegenüber dem eigenen Leben als auch gegenüber der (Familien-)Geschichte. Denn ihr über viele Jahre hinweg mühsam vorangetriebener familienbiografischer Erkenntnisprozess hat einer vergessenen Personengruppe Gerechtigkeit widerfahren lassen: den deutschen Zivilisten, die Opfer des Nationalsozialismus und des Krieges wurden. So haben sie bewiesen, dass sie Verantwortung für die Geschichte übernehmen, indem sie ihren Beitrag zur Bewältigung eines noch offenen, unabgeschlossenen Kapitels mit hohem persönlichem Einsatz erbracht haben. Nun folgt die Übernahme von Verantwortung für Gegenwart und Zukunft.

Am Ende des Kriegsenkel-Weges wird die Vergangenheit

wieder zu dem, was sie immer schon war und ist: vergangen. Damit tritt die Gegenwart mit all ihren Herausforderungen und Anforderungen in den Blick, und sie erhält die Aufmerksamkeit, die sie immer schon verdient hat. Was muss ich jetzt tun? Welchen Weg soll ich nun einschlagen? Wer diese Fragen stellt, ist durch seine Kriegsenkel-Erfahrung hindurch und endlich auch über sie hinausgegangen. Mit ihnen beginnt das Post-Kriegsenkel-Dasein.

In den Lebensfluss eintauchen

Die neue Qualität der Lebendigkeit, der Duft des Seins, der am Ende des Kriegsenkel-Weges wartet, ist das Ende der Lähmung, die durch die transgenerationale Bürde hervorgerufen worden ist. Man kann aus seiner Erstarrung aufwachen, in den großen Fluss des Lebens eintauchen und selbst ins Fließen kommen. Das transgenerationale Erbe entfaltet seine destruktiven Kräfte dadurch, dass es den inneren Lebensfluss behindert. Die Kräfte des Lebendigen werden durch die unverarbeiteten Traumata einer noch nicht abgeschlossenen Vergangenheit blockiert und hindern den Menschen daran, seine Rolle im Leben einzunehmen. Die Überwindung dieser Traumata bedeutet, sich der Entfaltung der eigenen Potenziale nicht zu verschließen und die Entwicklungen zuzulassen, die das Leben für den Einzelnen bereithält.

Damit aber dringt man zu einer existenziellen Seinswirklichkeit vor, der tiefsten Wahrheit über das eigene Leben: der Einsicht in den allgegenwärtigen Wandel und die andauernde Veränderung, der alles Lebendige unterliegt. Die kürzeste Spruchweisheit des außerbiblischen Thomasevangeliums lautet: »Werdet Vorübergehende« (Spruch 42). Nicht mehr hinter der Bewegung des großen Lebens zurückzubleiben, sondern zu

Durchreisenden zu werden, die wissen, dass sie sich am Ende selbst zurücklassen müssen, die also vergängliche Wesen sind, darin liegt die tiefste Einsicht, die der Kriegsenkel-Weg bereithält.

Er eröffnet damit die Chance, zu demjenigen zu werden, der man im tiefsten Wesensgrund immer schon war: zu einem Vorübergehenden. Wer diese Einsicht für sich angenommen hat, der ist an seinem jeweiligen Ort und in seiner jeweiligen Zeit wirklich ganz Mensch geworden.

VERANTWORTUNG UND SCHULD

Was eine humane, zivilisierte Nation von einer barbarischen unterscheidet, ist nicht ihre Schuldlosigkeit, sondern ihr Umgang mit den Schattenseiten und problematischen Aspekten der Geschichte.

Erazim Kohák

Schuld bzw. Schuldigsein zählt zu den Kernthemen der Kriegsenkel-Erfahrung. In der Beziehung zu den Eltern, zu anderen Menschen, aber auch zu sich selbst ist es untergründig vorhanden und jederzeit aktivierbar.

Um seine Relevanz für Kriegsenkel zu erläutern, wähle ich ein Bild. Stellen wir uns zwei Menschen vor, denen das gleiche Missgeschick passiert: Beiden fällt beim Aufräumen eine Flasche auf den Boden und zersplittert. Der eine ärgert sich vielleicht ein bisschen, holt sich aber schnell Kehrschaufel und Putzlappen und beseitigt das Malheur. Der andere sucht sofort nach einem Schuldigen. Sein Zorn richtet sich auf den bellenden Hund, der ihn erschreckt hat, auf ein Hindernis, das ihn stolpern ließ, oder irgendeine andere Ursache. Entscheidend ist: Er selbst darf nicht schuldig werden. Er ist vermutlich Kriegsenkel.

Was an diesem kleinen Beispiel deutlich wird, das ist der Mechanismus von Schuld und Verantwortung, der Kriegsenkeln so häufig Probleme bereitet. Im ersten Fall spielt vielleicht Ärger über das Missgeschick eine Rolle, aber das Thema Schuld nicht. Der Akteur übernimmt Verantwortung für sein Versehen und beseitigt die Folgen. Im zweiten Fall wird das eigene Verschulden an dem kleinen Missgeschick sofort abgewehrt. Die Übernahme von Verantwortung für das eigene Handeln wird dadurch mindestens erschwert, wenn nicht unmöglich gemacht.

Das Verhältnis von Schuld und Verantwortung ist bei vielen Kriegsenkeln fundamental schief, weil ihnen eine Verantwortung für Erfahrungen und Taten aufgebürdet wurde, die überhaupt nicht in ihrem Verantwortungsbereich liegen, die nicht von ihnen zu verantworten sind und auf die sie – selbst bei noch so großer Anstrengung – keinerlei Einfluss nehmen konnten.

Viele Kriegsenkel wehren Schuld ab, weil sie diese als derart überdimensioniert empfinden, dass sie von ihnen überhaupt nicht mehr aufgelöst werden kann. Die Schuld, die abgewehrt wird, hat überhaupt nichts mit der konkreten Tat zu tun, um die es, etwa wie in unserem kleinen Beispiel, gerade geht. Sie unterliegt schlichtweg nicht ihrem Einflussbereich und damit auch nicht ihrer Verantwortung, sondern geht auf einen transgenerationalen Zusammenhang zurück.

Kleinkinder verfügen über besonders sensible Sensoren, die sofort mitbekommen, wenn es ihren Eltern schlecht geht. Ihr eigenes Wohlergehen, ja ihre gesamte Existenz ist ganz auf die Existenz der Eltern bezogen und völlig von deren Wohlergehen abhängig. Wenn es den Eltern schlecht geht, fühlen sie sich dafür verantwortlich und suchen die Ursache bei sich selbst: »Mama fühlt sich nicht wohl, weil ich böse war.« Oder: »Papa ist nicht lieb zu mir, also muss ich nicht brav gewesen sein.«

Kleinkinder können nicht über die Symbiose-Beziehung zu den Eltern hinausdenken, in ihrer Wahrnehmung existiert die Welt als dieses Verhältnis, ja die Eltern-Kind-Beziehung ist der ganze Kosmos, in dem sich das kleine Leben abspielt. Aus der Perspektive des Kleinkindes besteht die einzige Möglichkeit, das Umfeld bekömmlich und lebenserhaltend zu regulieren, in seinem Verhalten. Es kann nicht riskieren, nicht mehr geliebt zu werden, deshalb tut es alles, was ihm möglich ist, um die Eltern wieder glücklich zu machen. Wenn das Kind aber, unter Verleugnung eigener Bedürfnisse, ganz und gar brav und gar nicht mehr »böse« war, seine Eltern aber trotzdem traurig, zornig oder apathisch bleiben, wenn also das kindliche Verhalten keinerlei Einfluss auf die Eltern hat, funktioniert dieser Regulationsmechanismus nicht mehr. Das Ergebnis ist: Das Kind fühlt sich schuldig.

Es fühlt sich schuldig, wenn es seiner Mama und seinem Papa schlecht geht, und es spürt, dass es nichts dagegen tun kann. Dass in diesem »Schlechtgehen« etwas verborgen sein könnte, das gar nichts mit ihm selbst zu tun hat, dass die Ursachen für das elterliche Verhalten mit deren eigenem Leben, deren eigenen Erfahrungen zu tun haben und auf sie zurückzuführen sind, das liegt außerhalb seines kindlichen Ermessens. Und wenn sich das Verhalten der Eltern nicht verändert, bleibt auch die eigene Existenz latent bedroht. »Ich kann nichts tun, mein Leben bleibt bedroht, und ich bin selbst daran schuld.« Dies ist dann die Lehre, die zu ziehen ist, natürlich nonverbal und vorbewusst. Es kommt zu einer Chronifizierung eines Schuldempfindens durch Aussichtslosigkeit.

Da aber niemand mit der Bedrückung durch ein andauerndes Schuldgefühl leben kann, muss es verdrängt werden. Dies ist ein Akt des unbedingten Überlebenswillens, ein Ausdruck der eigenen Lebensenergie, die sich nicht von einer hohen Schuldmauer erdrücken lassen will. Was verdrängt worden ist, kann jedoch wieder an die Oberfläche kommen. Und wenn ein entsprechender Anlass vorliegt, ist auch das tief in der eigenen Seele eingeprägte Muster wieder zur Stelle: »Ich habe etwas getan, ich bin schuldig, ich darf nicht schuldig sein, die Schuld ist zu gewaltig, sie würde mich vernichten, also muss ich die Schuld abwehren.«

Was bei solchen Erfahrungen wie in unserem eingangs geschilderten Fall bei Kriegsenkeln immer mitschwingt, das sind Dinge, die mit dem konkreten Handeln und dem aktuellen Anlass überhaupt nichts zu tun haben. Diese Dinge rumoren im Hintergrund; sie haben sich als unlösbar herausgestellt, weil sie mit ihrem eigenen Leben überhaupt nichts zu tun haben, sondern mit dem Leben der Eltern und den Erfahrungen, die diese im Dritten Reich und im Zweiten Weltkrieg gemacht haben und die ihr Leben negativ prägten.

Schuldabwehr für Kriegsenkel ist deshalb Ausdruck ihres Überlebenswillens. Sie wissen oder ahnen doch zumindest, dass sie mit einer Verantwortung für Dinge konfrontiert worden sind, für die sie überhaupt nichts können und auf die sie keinerlei Einfluss haben. Die Kindheitskatastrophe ihrer Eltern war in ihrem Leben von Anfang an präsent, hat es überschattet, ihre ersten Erfahrungen geprägt und sich im späteren Leben weiter fortgesetzt. Ein Kriegsenkel durfte nicht einfach ein kleines Mädchen oder ein kleiner Junge sein, der einfach einen Ball in eine Scheibe schoss; dieser Ball war auch die Gewehrkugel, die der Rotarmist in die Luft feuerte, um die Vergewaltigung der Mutter zu erzwingen, oder die den Bruder des Vaters tötete, als sich beide vor der heranrückenden Front in Sicherheit bringen wollten.

Was Kriegsenkel auf ihrem Weg lernen, ist zu differenzieren. Sie bringen die Dinge wieder ins rechte Lot.

Sich nicht mehr die Verantwortung aufbürden lassen für Dinge, die andere zu verantworten haben und für die man selbst nichts, aber auch gar nichts kann, sich nicht mehr als Versager zu fühlen, das bringt echte Verantwortung mit sich, und zwar für das, was leistbar und bearbeitbar ist. Die Komfortzone der Unmündigkeit hinter sich zu lassen und die selbst verursachten Scherben zusammenzukehren, das ist eine zu bewältigende Aufgabe. Die zerbrochene Flasche durch eine andere, eventuell gehaltvollere zu ersetzen kann ein Gewinn sein und sogar Spaß machen!

Es geht also darum, genau voneinander zu trennen, was im Bereich der eigenen Verantwortung liegt und was nicht. Dies ist ein langwieriger und schwieriger Prozess, weil die Wirkung des transgenerationalen Erbes schon zu Beginn des eigenen Lebens einsetzte und sich somit subtil in alle Lebensbereiche hinein auswirkte. Die mittlere Generation in Deutschland hat durch ihre Kriegskinder-Eltern kein vernünftiges Verhältnis zu Schuld und Verantwortung lernen können. Aber ein Jahre, Jahrzehnte dauernder Erkenntnisprozess, der Kriegsenkel-Weg, hat dazu geführt, dass sie schließlich doch zu einer eigenen und eigenverantwortlichen Haltung finden konnten.

Die Erkenntnis der schlimmen Erfahrungen, die ihre Eltern in ihrer Kindheit und Jugend den Umständen entsprechend machen mussten, hilft, den eigenen Verantwortungsbereich abzustecken und ihm Kontur zu verleihen. Am Anfang ihres Weges saßen die Kriegsenkel noch Sonntag für Sonntag am elterlichen Mittagstisch und versuchten, Vater und Mutter zu retten. Am Ende hatten sie begriffen, dass sie dies weder als Erwachsene können noch als Kind erreichen konnten. Es war schlicht unmöglich. Und dies führt zur Einsicht dessen, was tatsächlich in ihrer Zuständigkeit liegt, nämlich ihr eigenes Leben.

Das Unglück der Eltern ist nicht ihre Schuld. Es sind nicht ihre Verhaltensweisen, es sind nicht sie selbst, die die Chronifizierung der Leiden ihrer Eltern verursacht haben. Andere sind dafür verantwortlich zu machen. Es ist eine befreiende Erkenntnis, dies zu sehen. Befreiend, weil sich einerseits bedrohliche Schuldgefühle auflösen und weil andererseits nun Energie und Raum frei geworden sind, um verantwortlich das eigene Leben zu gestalten.

Dies ist die Essenz, der Höhepunkt und die Krisis der Kriegsenkel-Erfahrung: erkennen, was im Bereich meiner Verantwortung liegt und was nicht. Schuld darf zurückgewiesen werden für Dinge, die man selbst nicht verschuldet hat. Und der Auftrag lautet, diese Verantwortung auch zu übernehmen, sich für das eigene Leben einzusetzen und dafür einzustehen, dass es Bedingungen vorfindet, die es nicht blockieren, sondern gedeihen lassen.

Wenn der Auftrag der Kriegsenkel an einer Stelle wirklich konkret werden kann, dann dort, wo gesellschaftliche Kräfte heute wieder versuchen, ein falsches Bild der deutschen Vergangenheit zu zeichnen und die Kräfte des Bösen zu beschönigen. Hier ist ihr entschlossener Einspruch gefragt, denn Kriegsenkel wissen, welche destruktiven Kräfte in der ersten Hälfte des 20. Jahrhunderts am Werk waren und wie ihre Wirkung aussah: Holocaust, Völkermord in Osteuropa, Verfolgung Andersdenkender, Konzentrationslager, Weltkrieg, Zerstückelung Deutschlands, millionenfache Vertreibung und die gewaltigen seelischen Wunden, die dies alles in ihren Familien riss. Und sie wissen, dass diese Wirkung sie selbst Jahre und Jahrzehnte ihres eigenen Lebens unter die Düsternis des Traumaschattens zwang.

Eine Episode aus der Post-Kriegsenkel-Zeit: Eine Flasche fällt zu Boden und zerspringt in tausend Scherben. Ärgerlich. Weiter nichts. Sie oder er geht gleich los, räumt auf und holt sich eine andere. Damit ist die Angelegenheit erledigt. »Offene Weite« – mit diesen an ein Koan des Zen-Patriarchen Bodhidharma (440–528) angelehnten Worten lässt sich die Lebensperspektive umschreiben, die am Ende des Kriegsenkel-Weges steht. Nicht mehr der Schatten des transgenerationalen Erbes, sondern der weite Raum des Möglichen bestimmt künftig den Weg.

WEITERGEHEN

Lange Zeit nahm man die geburtenstarken Jahrgänge in Deutsch-land insgesamt als grau und konturlos, als unscheinbar und ohne klares Generationenprofil wahr. Die Entdeckung der Auswirkungen von Kriegstraumata auf die eigene Persönlichkeit verfestigte dieses Bild sogar noch, weil nun das »Opfersein« der eigenen Eltern und Großeltern in das eigene Leben hineinragte und das eigene Opfergefühl verstärkte. Dieses Opfergefühl resultierte aus einer negativen Sicht, mit der man das eigene Leben bilanzierte. Eigene, als negativ empfundene Erfahrungen und Persönlichkeitsaspekte fanden ihre Begründung in Verlusten, Ängsten und Schmerzen – erlebt von den eigenen Eltern. Kriegsenkel, das schien zunächst eine unheilvolle und generationenübergreifende Kontinuität von Opfererfahrungen zu bedeuten.

Es sollte sich herausstellen, dass diese Sicht auf das eigene Leben mitnichten ein endgültiges Urteil war. Sie war vielmehr eine notwendige Durchgangsphase auf dem Weg hin zu seiner nachhaltigen Heilung, eine erste Analyse der eigenen Lage und eine Bestimmung ihrer Ursachen, der Beginn des Kriegsenkel-Weges. Die Babyboomer haben als Kriegsenkel bewiesen, dass sie den Kopf keineswegs in den Sand stecken, sondern notfalls auch über größte Hindernisse steigen, um sich aus einer als bedrückend und unbefriedigend empfundenen Lage zu befreien.

Die leichtere Möglichkeit wäre stets gewesen, sich mit dem Status quo des eigenen Daseins abzufinden und sich im eigenen Unvollendetsein und – möglicherweise auch – Unglück einzurichten. Genau das haben sie nicht getan. Wenn schon der Kauf eines neuen Handys angesichts einer unübersichtlichen Marktlage oder die Lektüre des Kleingedruckten einer Versicherungspolice ein beachtliches Überforderungspotenzial beinhalten kann, dann diese Heldenreise in die Abgründe einer furchtbaren Zeit und in das eigene familiäre Unbewusste doch erst recht! Und trotzdem sind die Kriegsenkel genau dort hineingegangen und haben das Risiko auf sich genommen, das die Fahrten in unerforschte Regionen der Seele mit sich bringen können. Sie haben sich nicht beirren lassen, von eigenen Ängsten nicht und auch nicht von den Tabus, von denen auch unsere aufgeklärte, demokratische und freie Gesellschaft keineswegs frei ist, vor allem wenn es um dunkle Phasen ihrer eigenen Geschichte geht.

Durch ihren Mut und ihre Entschlossenheit, den vor dem Hintergrund ihrer Lebensgeschichte notwendigen Weg durchzuhalten und zu Ende zu gehen, sind die Babyboomer zu einer entschlossenen Generation herangewachsen. Sie sind nicht von den Dämonen einer dunklen Zeit verschlungen worden. Vielmehr hat ihre Reise sie verändert und gestärkt. Und diese Veränderung wirkt heilend und stützend in die Gesellschaft hinein.

Wer die Kraft wieder und wieder aufbringt, konsequent an seinem Weg festzuhalten, wer sich nicht einfach abfindet mit dem, was ist, sondern weitergeht, weil er heil und ganz werden will und muss, wer sich nicht zurückzieht in das Scheitern, der hat bewiesen, wie viel Energie und Lebenswillen in ihm steckt. Und zwar unabhängig davon, ob er das gerade so empfindet oder nicht. Denn er hat die Fähigkeit gewonnen, sein Leben in die eigenen Hände zu nehmen und es zu gestalten, wie es für ihn gut und richtig ist.

Das bedeutet keineswegs, in jeder Hinsicht nach Veränderung zu suchen. Es kann auch heißen, die Erfahrungen, die unter dem Kriegsenkel-Gesichtspunkt als schwierig und negativ wahrgenommen wurden, erst einmal anders zu bewerten. Die Potenziale zu erkennen, die vorher nicht zu sehen waren. Immer wieder umziehen heißt ja nicht nur, etwas aufzugeben – es heißt auch, sich auf Neues einzulassen. Mehr als einen Beruf zu lernen heißt ja nicht nur, bei etwas nicht bleiben zu können, sondern über das richtige Sensorium für die Suche nach dem zu verfügen, was das Richtige für einen ist. Und es heißt, sich nicht mit Unstimmigem abzufinden, weil man nach seiner eigentlichen Berufung sucht.

Keine eigenen Kinder zu haben kann jenseits der Trauer darum Freiräume eröffnen, seine Fürsorge anderen zu widmen und beispielsweise Kinder in Pflege zu nehmen oder sie zu adoptieren.

Und indem sie das Potenzial erkennen, das auch in einem von transgenerationalen Prozessen geformten Lebensstil vorhanden ist, werden Kriegsenkel zu Pionieren für sich und für andere, denn ihre lange Suche hat sie gelehrt, dass sie über eine wertvolle Kraft verfügen: Entschlossenheit. Sie sind Pfadfinder und kennen sich im unwegsamen Gelände aus. Sie lassen sich von Tabus nicht einschüchtern, sondern befragen diese nach ihrer Legitimität. Sie haben allein aus eigenem Antrieb die Wahrheit über ihre Familie in der NS-Zeit, während des Krieges und danach herausgefunden und damit eines der letzten noch unbearbeiteten Kapitel dieser Zeit geöffnet.

Gemeinsam mit anderen haben sie daran mitgearbeitet, den Begriff Kriegsenkel und sein Bedeutungsumfeld, das destruktive transgenerationale Weiterwirken traumatischer Erfahrungen, im gesellschaftlichen Diskurs zu verankern. Sie sind zu Wegbereitern für andere geworden, die nun nicht mehr Jahrzehnte unter einem ererbten Traumaschatten leiden müssen, sondern an jenem Wissen partizipieren und sich von ihm inspirieren lassen können, das diese entschlossene Generation erarbeitet hat. Damit sind Kriegsenkel für zahlreiche andere Menschen, auch für jene, die jünger sind und einer anderen Generation angehören, zu Wegbereitern der Zukunft geworden.

Das ist eine erstaunliche Bilanz für eine Generation, die immer auch im Schatten ihrer 68er-Vorgänger stand und sich viel zu lange selbst nichts zugetraut hat.

Dieser Generation ist es gelungen, durch wirkmächtige gesellschaftliche Diskurse hindurchzudringen, trotz aller Verschleierungen und Widerstände. Sie hat nicht aufgegeben, immer weiterzugehen und herauszufinden, was im eigenen Leben, aber auch in unserer Gesellschaft fehlt, wo es Leerstellen in unserer Geschichtswahrnehmung gibt, was es dort aufzufinden und aufzuarbeiten gilt. Ihrer Entschlossenheit, ihrer Zähigkeit ist es zu verdanken, dass die Zukunft nicht mehr von destruktiven Kräften aus der Vergangenheit versperrt wird, weder ihre persönliche noch die gesellschaftliche.

Ihr Credo lautet: Niemand ist seinem Schicksal hoffnungslos ausgeliefert.

Diese Entschlossenheit, dieser Mut sowie die Kraft der Beharrlichkeit und Ausdauer werden dazu beitragen, dieses Land im positiven Sinne zu verändern. Der Blick nach hinten erlaubt eine mehrdimensionale, umfängliche Perspektive auf die Geschichte – dies als Voraussetzung, an einer mehrdimensionalen, weil offenen Zukunft mitzuarbeiten, die von faktisch begründeten Entscheidungen und nicht von unverarbeiteten Ängsten und Traumatisierung beherrscht wird. Er erlaubt auch, eigene Ängste zu ergründen und die Macht der Ängste im sogenannten postfaktischen Zeitalter zu bannen und als Gespenster der Vergangenheit zu demaskieren. Wer diesen Weg gegangen ist, wird schwerlich bei Pegida mitmarschieren. Er fürchtet die Zukunft nicht, sondern er gestaltet sie.

Kriegsenkel sind dazu berufen, nicht bei ihren Einsichten und Findungen stehen zu bleiben, sondern weiterzugehen und ihre Gaben, ihre tiefen Einsichten in die Bedingungen des Menschseins zu teilen. Das bedeutet auch, für eine menschenwürdige, demokratische Gesellschaft einzutreten, die Lebensmöglichkeiten erschließt, statt sie zu blockieren.

Heute ist oft zu hören, man müsse die Ängste der Menschen verstehen. Ihre Angst vor den Fremden, vor Zuwanderung und vor der Globalisierung, vor dem Klimawandel und vor einer ungewissen, nicht voraussagbaren Zukunft. Das Gegenteil ist der Fall: Man muss die Ängste der Menschen bekämpfen, indem man ihnen begegnet. Die Menschen muss man verstehen. Wenn man das tut, versteht man auch ihre Ängste, aber man lässt sich nicht von ihnen beherrschen. Dies ist die Lehre des Kriegsenkel-Weges: nicht bei den Ängsten stehen bleiben, sondern auf die Kraft des Lebens setzen.

Was die Zukunft bringt, können wir nicht wissen. Doch wir können uns mit demselben Mut und derselben Entschlossenheit schon jetzt an ihrer Gestaltung beteiligen, mit der wir auch den Kriegsenkel-Weg gemeistert haben.

LITERATURAUSWAHL

Weitere Veröffentlichungen von Joachim Süss

Breslau und ich, in: Schieb, Roswitha/Zens, Rosemarie (Hrsg.): Zugezogen, Flucht und Vertreibung – Erinnerungen der zweiten Generation. Schöningh, Paderborn 2016, S. 117–124

Der lange Schatten unserer Vergangenheit. Über das transgenerationale Erbe der Nachkriegsgenerationen in Deutschland, in: Haus der Geschichte Baden-Württemberg (Hrsg.): Die dritte Generation und die Geschichte. Stuttgart 2016, S. 45–65

mit M. Schneider (Hrsg.): Nebelkinder – Kriegsenkel treten aus dem Traumaschatten der Geschichte. Europa, Berlin, München, Wien 2015

mit Jenny Schon: PostelbergKindeskinder – Träume und Trauma. Gerhard Hess Verlag, Bad Schussenried 2011

mit Sibylle Dreher (Hrsg.): Vertreibung, Verständigung, Versöhnung. Gerhard Hess Verlag, Bad Schussenried 2011

Veröffentlichungen anderer Autoren

Antikomplex A Kolektiv Autorů, Zmizelé Sudety, Das verschwundene Sudetenland (tschechisch-deutsch). Domažlice 2006

Bode, Sabine: Die deutsche Krankheit – German Angst. Piper, Stuttgart 2008

Brunner, Claudia/Seltmann, Uwe von: Schweigen die Täter, reden die Enkel. Edition Büchergilde, Frankfurt/Main 2004

Campbell, Joseph: Der Heros in tausend Gestalten. Insel Verlag, Berlin 2011

Draesner, Ulrike: Sieben Sprünge vom Rand der Welt. btb, München 2014

Drescher, Anne/Rüchel, Uta/Schöne, Jens (Hrsg.): Bis ins vierte Glied, Transgenerationale Traumaweitergabe. Schwerin 2015

Glotz, Peter: Die Vertreibung, Böhmen als Lehrstück. Ullstein, Berlin 2003

Großbongardt, Annette/Pötzl, Norbert F.: Randlage mit Bollwerksfunktion, Gespräch mit dem Osteuropahistoriker Andreas Kossert, in: Großbongardt, Annette/Klußmann, Uwe/ Pötzl, Norbert F. (Hrsg.): Die Deutschen im Osten Europas, Eroberer, Siedler, Vertriebene. München 2011

Hagemeister, Karin: »Sei brav, Mutti hat schon genug Schlimmes durchgemacht!« Brigitte Woman 06/2015, S. 1065–111

Haus der Geschichte Baden-Württemberg (Hrsg.), Die dritte Generation und die Geschichte. Stuttgart 2016 (Laupheimer Gespräche 2015)

Heese, Thorsten/Heetderks, Gabi/Winkelmüller, Anette: Als die Jeans noch gebügelt wurden, Spuren des Krieges in einer heilen Welt. Lutherisches Verlagshaus, Hannover 2014

Heinl, Peter: »Maikäfer flieg, dein Vater ist im Krieg ...« Seelische Wunden aus der Kriegskindheit. Kösel, München 1994

Kalckhoff, Andreas (Hrsg.): Versöhnung durch Wahrheit, Der »Fall Postelberg« und seine Bewältigung 1945–2010 (deutschtschechisch). Stuttgart 2013

Keen, Sam: Das Feuer im Herzen entfachen. Die Kraft der Spiritualität. Kreuz Verlag, Freiburg im Breisgau 2011

Kirchhoff, Jochen: Die Anderswelt, eine Annäherung an die Wirklichkeit. Klein Jasedow 2002

Knoch, Heike/Kurth, Winfried et.al. (Hrsg.): Die Kinder der Kriegskinder und die späten Folgen des NS-Terrors. Mattes Verlag, Heidelberg 2012 (Jahrbuch für psychohistorische Forschung 13)

Lohre, Matthias: Das Erbe der Kriegsenkel, Was das Schweigen der Eltern mit uns macht. Gütersloher Verlagshaus, Gütersloh 2016

Lorenz, Hilke: Weil der Krieg unsere Seelen frisst: Wie die blinden Flecken der Vergangenheit bis heute nachwirken. List, Berlin 2014

MacGregor, Neil: Deutschland: Erinnerungen einer Nation. C. H. Beck, München 2015

Mahlke, Rainer: Prophezeiung und Heilung. Dietrich Reimer, Berlin 1997

Martin, Gerhard Marcel: Werdet Vorübergehende. Das Thomasevangelium zwischen alter Kirche und New Age. Radius-Verlag, Stuttgart 1988

Orback, Jens: Schatten auf meiner Seele: Ein Kriegsenkel entdeckt die Geschichte seiner Familie. Herder, Freiburg 2015

Plamper, Jan: Die Deutschen als Opfer. NZZ vom 08.06.2015, www.nzz.ch/meinung/debatte/die-deutschen-als-opfer-1.185 57580; Zugriff 04.01.2017

Radebold, Hartmut/Bohleber, Werner/Zinnecker, Jürgen (Hrsg.): Transgenerationale Weitergabe kriegsbelasteter Kindheiten: Interdisziplinäre Studien zur Nachhaltigkeit historischer Erfahrungen über vier Generationen. Beltz, München 2008

Rennefanz, Sabine: Die Mutter meiner Mutter. Luchterhand, München 2015

Satjukoff, Silke (Hrsg.): Kinder von Flucht und Vertreibung. Landeszentrale für politische Bildung Thüringen, Erfurt 2010

Schieb, Roswitha: Literarischer Reiseführer Breslau. Deutsches Kulturforum östliches Europa, Potsdam 2009

Schieb, Roswitha/Zens, Rosemarie (Hrsg.): Zugezogen, Flucht und Vertreibung – Erinnerungen der zweiten Generation. Schöningh, Paderborn 2016

Schlögel, Karl: Die Mitte liegt ostwärts. Bundeszentrale für politische Bildung, München, Wien 2002

Schlögel, Karl: Grenzland Europa: Unterwegs auf einem neuen Kontinent. Hanser, München 2013

Schwarz, Andrea: Wenn die Orte ausgehen, bleibt die Sehnsucht nach Heimat, Fragmente einer geerbten Geschichte. Herder, Freiburg 2009

Tamaro, Susanna: Verso Casa, Heimwege. Knaur, München 2002

Treichel, Hans-Ulrich: Das Schweigen, Geo-Epoche 9, Deutschland nach dem Krieg, S. 100-102

Unger, Raymond: Die Heldenreise des Künstlers: Kunst als Abenteuer der Selbstbegegnung. CreateSpace Independent Publishing Platform, Münster 2013

Unger, Raymond: Die Heimat der Wölfe: Ein Kriegsenkel auf den Spuren seiner Familie. Europa, Berlin, München, Zürich, Wien 2016

Whitman, Walt: Grasblätter. Hanser, München 2009

Wilber, Ken: Vom Tier zu den Göttern: Die große Kette des Seins. Herder, Freiburg 1997